Tsinghua
Journal of Social Sciences
清华社会科学

第 4 卷第 1 辑（2022）

主办单位：清华大学社会科学学院

学术委员会（以姓氏拼音或字母为序）：

陈明明（复旦大学）
Deborah Davis（耶鲁大学）
James Fishkin（斯坦福大学）
李　强（清华大学）
刘守英（中国人民大学）
刘涛雄（清华大学）
彭凯平（清华大学）
Philip Zimbardo（斯坦福大学）
Richard Nisbett（密歇根大学）
时殷弘（中国人民大学）
王天夫（清华大学）
项　飙（牛津大学）
谢喆平（清华大学）
阎学通（清华大学）
应　星（清华大学）
俞可平（北京大学）
张　静（北京大学）
张小劲（清华大学）
周黎安（北京大学）
周晓虹（南京大学）

主　　　编：应　星
编辑部主任：杜　月
编　　　辑：刘小溪　颜燕华　董焱尧　齐　群（特约）　何居东　李泓博

目 录

清华大学社科学院成立十周年纪念专栏

3 十年树木,百年情怀,不渝传承,不息求索

——庆祝清华大学社科学院成立十周年院长致辞 /彭凯平

专题·"阶级"与"国家"的概念史

15 马克思"阶级"概念的多重构造

——一个问题式的反思 /李里峰

59 国家作为受害者:伤害索赔的伦理政治和国际关系中的

报复行为 /陈 利

85 迈向广土众民的帝国-国家

——19世纪末英帝国理论与中国现代国家概念的相遇

/刘亦凡

论 文

135 数据要素交易的难点与解决之道　/汤　珂　王锦霄

152 今文经学的礼学观念与汉代的制礼问题　/陈壁生

168 "后真相"时代网络民粹主义的特征与挑战　/贺东航　吴俊儒

189 南京国民政府初期江苏省地方自治组织建设研究　/项浩男

评 论

235 如何戒掉布迪厄？　/刘思达

247 社会学本土化：知识社会学的合理"悖论"　/吴肃然

书 评

273 自戕以绝宗：论鲁迅《孤独者》中的继承法　/赵晓力

289 《清华社会科学》投稿指南

清华大学社科学院成立十周年纪念专栏

十年树木,百年情怀,不渝传承,不息求索

——庆祝清华大学社科学院成立十周年院长致辞

彭凯平[*]

清华大学社会科学学院成立十周年院庆很快就要到来了。这是我们社科学院的一个大喜事,也是我们大家的一个大喜事!

2012年是中国特色社会主义进入新时代的第一年,也是清华大学新百年的起始之年。为更好地推进学科建设和服务中国社会发展,清华大学决定在原人文社科学院基础上成立今天的社科学院。

学院成立以来,全体教职员工秉承"古今贯通、中西融会、文理渗透、综合创新"的学术传统,倡导运用现代科学的思想和方法探讨政治、经济、文化、社会、心理、国际关系诸现象,努力引领和推动形成基于中国经验的"清华学派",富有活力与创见地开展社会科学新理论与新方法的研究、建构与实践,为应对重大社会挑战、解决社会问题、构建社会和谐,提供新思路、新方法、新行动。

特别是最近五年来,学院持续深入学习贯彻习近平总书记代表党和国家对清华大学成为"我国高等教育的一面旗帜""建设中国特色世界一流大学"的殷切期待,扎实修炼内功,快速稳健地提升学院综合实力。同时,全面贯彻落实清华大学中长期发展的三个规划——《清华大学2030高层次人才培养方案》《清华大学2030创新行动计划》《清华大学2030全球战略》——的各项要求,努力完成新时代社科学院的新使命与新任

---

[*] 彭凯平,现任清华大学心理学系教授,清华大学社会科学学院院长。

务,与时俱进、砥砺前行。

过去十年,也是学院与新时代同呼吸共命运,面对百前之未遇的大变局,激流勇进、坚韧不拔、勇敢探索、锐意创新的十年。在坚持学院"一个使命""三个特色"的指导方针下,学院在学科建设、人才方阵、学术声誉、开放合作、综合实力各方面都取得长足的发展与进步。正是在社科学院全体教职工与同学的不懈努力之下,社科学院迎来了丰收的十年、丰硕的十年、丰沛的十年。这是清华社科人坚守正心、不渝传承、不息求索的最好回报!

"一年之计,莫如树谷;十年之计,莫如树木;终身之计,莫如树人。"可以说,过去十年,是学院秉承清华社科传统、弘扬清华社科情怀的筑基的十年——十年树木育良种,不忘初心;过去十年,是学院夯实清华社科基础、描绘清华社科蓝图的求实的十年——十年树木深耕耘,扎实求进;过去十年,是学院建设清华社科学派、塑造清华社科效应的创新的十年——十年树木已成舟,千帆竞渡;过去十年,是学院开创清华社科格局、铸造清华社科实力的成势的十年——十年树木渐成林,百尺竿头。

百年清华社科精神,为社科学院注入了优秀的基因。过去十年社科学院的成长,为清华社科注入了新时代的力量。那么,面对下一个十年,我们有理由相信,社科学院将迎来更大的繁荣与更加美好的明天。

回顾篇:家国情怀,历史传承

(一)继往开来,使命必达

回顾学院过去十年的发展,我首先想到的是坚持"社会情怀、科学精神"的使命感与责任感。这是来自历史的传承、现实的坚守与未来的指引的最宝贵的清华社科财富。

早在1911年,清华学堂建立伊始,便开设了多门政治学、经济学的课程。1926年,清华学校大学部便设立了社会学系、政治学系、经济学系和心理学系。可以说,今天的社科学院虽然建院十年,虽然还很年轻,但是她却有着一个悠久的历史,百年前便已经为今天的社科学院打下了学科基础。一个世纪以来,虽几经变迁,然初心不改、初衷不变。这就是"传承文明、贡献国家"的使命感与责任感。

2016 年以来,清华大学接连公布《清华大学 2030 高层次人才培养方案》《清华大学 2030 创新行动计划》《清华大学 2030 全球战略》,是学校树立"成为世界顶尖大学"的宣言书,也是鞭策社科学院继往开来、锐意进取的指导书。从那时起,社科学院更加坚定了自己的一个使命——"扎根中国大地,创建社会科学的清华学派";更加明确了自己的三个特色——"科学方法""交叉创新""中国话语"。沿着"一个使命,三个特色",学院在过去十年,坚定不移地把"坚持正确的政治方向""探索创建清华学派""重大基础理论创新""学科融合交叉渗透""学术创新能力提升""人才培养队伍建议""深入参与社会服务""植根社会为国服务"等关键宗旨不断贯彻落实,并大力加强党的领导,通过"五个抓手""五个到位"保证政治思想工作、领导运行机制、基层组织建设、把关骨干引领、推动改革发展。不断强化"办学方向共识""责任共识""师德师风共识",在各岗位实施任务清单,并在"阵地＋课程＋教材"、教学场地和论文审查上严格把关,重视人才引进与培养,取得了大量卓有成效的成就。

(二) 踔厉奋发,整合聚变

回顾学院过去十年的发展,我清晰地感受到在"踔厉奋发,砥砺前行"的精神鼓舞之下所产生的四大聚变效应。这是推进清华社科弘扬传统、面向未来、只争朝夕的奋斗行动的核动力。

第一,在学科建设上,我们产生了迭进效应。我们的学科布局日趋完整,四大支柱日益夯实,科研成果层出不穷,清华学派面貌初显。在中国,以一面社会科学的大旗,清华社科学院统领社会科学的六个重要分支——政治学、经济学、心理学、社会学、国际关系学、体育学,昵称"政经心,社际体",是中国高校最完整、最交叉、最科学的学科布局。

第二,在教师发展上,我们产生了迭加效应。我们把国家加快建设世界重要人才中心和创新高地的人才愿景纳入学院的战略规划与日常工作中。教师规模保持稳定,教师水平持续提升,教学、科研影响力不断提高。我们提出的"战略性社会科学家计划""标志性人才计划",对人才的培养与成才起到了积极的作用。我们各类人才的比例,从2012年的3.75%(3人次)上升到2022年的32.93%(27人次)!十年耕耘,英才荟萃;十年收获,群晶闪耀。

第三,在学生培养上,我们产生了迭代效应。本着"为国培养人才,为党输送英才,为人民贡献人才"的宗旨,我们应国家之所需、社会之所需、人民之所需,建立了完整的社会科学人才培养战略与人才输送通路。在社科试验班、国际化办学、交叉学科培养、人文与社会大类、研究生创新成果评价、专业学位教育等多项学生培养工作中,敢于学习、敢于创新、敢于担责、敢于成功。我院现有八门课程被评为国家级一流本科课程,多人多次获得国家和北京市优秀教材和优秀教学成果奖,4位同学获得清华大学特等奖。十年中,毕业就业人数1574人,就业结构持续优化——学术人才占比62%,理政人才占比10%,兴业人才占比24%,重点单位就业率一直居高,国际组织就业、创业人数近五年稳步增加。博士生学术就业比居于文科前列(学术就业比77.9%,双一流高校就业比34.3%,重点单位就业比28.5%)。社科学院毕业生活跃在祖国最耀眼的舞台上,彰显着社科人的社稷担当。比如说,此时此刻,40万米高空之上,社科校友刘洋就正在中国空间站工作。

第四,在学院综合实力上,我们产生了迭变效应。学院将"建设卓越服务体制,加强服务创新,真抓实干,锐意进取"作为提升学院综合实力的重要抓手,同心协力,共创辉煌。在保证安全稳定的大前提下,不断加强学院制度建设、后勤保障建设、行政支撑建设、工会发展建设、资产管理建设、财务管理建设、基础设施建设、信息化建设、智库发展建设等各项提高学院综合实力的重点领域。十年建设,百尺竿头;十年磨砺,实力强劲。从2012年到2021年,学院用房面积增长了95%,学院财力增长了9倍多。

(三) 志存高远,清华学派

回顾学院过去十年的发展,我最感到欣慰的是在"家国情怀、天下之心"滋润下,"清华学派"初步形成。这是推动清华社科不断创新、不断开拓、走向更大辉煌的避风港。

"建构全球知识的中国话语""重塑国际学界的中国认知""提供人类发展的中国方案",是我们设计的"清华学派"的标志。

过去十年,我们的团队在多个学科方向取得了突出的科研成果,形成了诸多具有国际引领性的基础理论,举办了一系列有着重大影响的学术会议与论坛,例如"世界和平论坛""计算社会科学联盟年会""国际积极心理学大会"等,在全球学术界获得了崇高声誉与影响力。

我们的政治学入选教育部"双一流"学科,心理学一级学科博士点获批,社会学、国际政治、经济学、心理学入选全国"双一流"本科专业。

我们极大地推动了学院与国内外相关机构的合作,努力加强合作研究、跨学科研究,推动社会科学学科发展和智库建设,形成系列政策咨询报告,召开高端论坛,发挥政策与社会影响力;在政府数字治理、数字经济要素交易、基层社会社区治理、疫情的社会心理咨询服务、大国外交等领域为国家提出了重大政策建议,为全球提供了来自清华社科人的参考方案。

十年以来,我们发表了2252份优秀论文(A刊级别),出版了83本优秀著作与教材、22项优秀电子出版物、4部工具书、190份价值重大的研究或咨询报告,译文译著合计25本、专著130余部。我们的科硕项目,从2012年的55项到2021年达到149项,年平均以15%的速率稳定提高;我们的科研经费从2012年到2020年增长了近20倍。

十年以来,我们的交叉科研平台、重大基础理论创新、社会科学信息化平台、社会治理现代化平台、积极心理科研平台、科技发展与数字化科研平台、认知与智能发展平台等多项研究项目均取得了长足的进步。

十年发展,清华学派形成了自己鲜明的实践基础。我们扎根中国大地,关注重大现实问题,把关注国家治理体系与能力现代化、关注大国崛起、关注社会转型与社会治理创新、关注经济增长模式转型与结构性改革、探索心理规律与提升国民幸福感等重要课题写在中国的大地上。

经验篇:春种夏长,秋收冬藏

回顾学院过去十年的发展,我总结,最重要的经验是在"春种夏长,秋收冬藏"心态下,清华社科"坚持什么?"的重要觉悟。这是保证清华社科永远青春焕发、永远不息奋斗、永远站在时代潮头的定心丸。

这些宝贵的经验包括:正确的政治导向、严谨的科学方法、原创的中国话语、积极的交叉创新、卓越的国际视野、完善的立德树人。

第一,坚持正确的政治导向。"大学之道,在明明德,在亲民,在止于至善。"教育的工作是塑造灵魂、塑造生命、塑造人。教育要从培养社会主义建设者和接班人的高度,自觉提高政治站位,锻造过硬的政治素质,始终成为先进思想文化的传播者、我党执政的坚定支持者。我们的教师要更好地担起学生健康成长的指导者和引路人的责任。立场,涉及根本,关乎大局。站在什么立场上教育和引导学生?传播什么样的思想观念和政治观点?这些都是新时代社科学院师生认真思考并做出了正确回答的根本问题。

第二,坚持严谨的科学方法。始终在理论研究与实践工作中引导学生与教师们用现代科学的思想和方法探讨各种社会现象,揭示各种社会规律,解决各种社会问题,和社会发展与进步同呼吸共命运。过去十年,我们充分发挥社会科学的科学精神与人文关怀,努力去发现事实、探索真相、寻求真理、解决问题,参与到时代发展与时代建设的伟大进程中去。

第三,坚持原创的中国话语。"把学问写在中国大地上,用理论提炼中国经验。"从历史的眼光、时代的观照、国际的视野,关注中国发展进程中的问题,推进理论创新,以中国特色、中国风格、中国气派的思想理论成果，推动社会伟大变革，为繁荣发展我国社会科学贡献力量。

第四，坚持积极的交叉创新。我们要坚持马克思主义指导下建设新时代中国特色社会主义社会科学理论与实证的理论与方法论，与时代同发展，与人民齐奋进，紧扣世情、国情、民情，把多元学科交叉优势发挥出来，才能更多地回答并解决新时代重大理论和现实问题，这也是构建富有清华特色的社会科学学科体系、学术体系、教学体系、话语体系的关键要求。

第五，坚持卓越的国际视野。清华大学中长期发展的三个规划——《清华大学2030高层次人才培养方案》《清华大学2030创新行动计划》《清华大学2030全球战略》，制定了成为世界顶尖大学的"三步走"战略。接下来的十年，同样也是社科学院创建世界顶尖社科学院的历史机遇期。建设具有重要国际影响的研究机构和高水平的研究团队，形成具有国际影响的重大原创学术成果，培养重要学科领域的领跑者和新兴前沿交叉领域的开拓者，都需要具备卓越的国际视野。

第六，坚持完善的立德树人。党的十八大以来，以习近平同志为核心的党中央高度重视师风师德的建设。"十年树木，百年树人"，天行能健，是因为自强不息；地势可坤，是因为厚德载物。仁爱、公正、尊重、忠诚、高尚、自由，既是现代科学研究的普遍前提，也是对现代社会至关重要的厚德。作为清华大学百余年来最富有学术传统与社会情怀的专业学院，社科学院最根本的精神从来没有改变过。"知行合一"的内在动力，"兼济天下"的家国情怀，是清华社科最优秀的思想传承。

展望篇：从小而精，到强而优

我们生活在一个革故鼎新的时代，更面临着纷繁复杂的机遇与挑战。身处历史与未来的连接点上，每一个人都在追寻着时代的脉搏，努力洞悉未来的方向。科学是现代文明的一面旗帜，更是开启未来之门的钥匙。作为一个以自由之思想、独立之精神安身立命的学院，我们有责任、有义务为我们的学生、教师、校友及海内外的共建者、合作者们建造一个更加宽广的舞台。

第一,我们的学科建设,要有更高的境界。我们要认真执行清华大学的未来发展战略,要让更多的学科进入世界一流前列,服务国家战略的能力更加突出,在国际学术领域的地位显著提升,社会科学"清华学派"的影响更为彰显。争取在2050年,我们学院的声誉获得世界公认,学术大师荟萃,全球学子向往,为实现"第二个百年"奋斗目标和中华民族伟大复兴的中国梦,为促进人类文明进步做出重大贡献,成为世界顶尖的社科学院。

第二,我们的知识创新,要有更多的融合。继续强化我们的学科交叉创新的特色,利用好清华大学文科发展的各种政策,包括:建设并领导好教育部哲学社会科学重点实验室"计算社会科学与国家治理重点实验室",在若干国家发展战略和政策研究方面形成有重要影响力的研究团队和研究成果,深化学院交叉创新平台的建设,继续建设好"实验社会科学平台"和"国际关系与数据实验室";启动建设"空间社会科学实验室""群智社会科学实验室""网络与数字经济实验室"等重要社科研究项目与计划。同时,在社会科学的各个领域,全面引领和推动新范式、新理论与新方法的创造与应用。利用学科目录修订的契机,开设新的学科方向和专业。

第三,我们的"清华学派"建设,需要更多的原创理论。进一步提升"清华学派"的理论和思想创新,开创学术议程,要大力关注全球形势的变化、科学技术的进步、社会深入转型与发展、文化的演进与变迁以及中国与世界的关系等重大问题;进一步加强对国家高端智库的贡献,提出创新的理论与方法论,组织出版高质量的专著与教材,加强展现清华社科在基础理论研究中的各项成就,在各级优秀成果评选中得到更多奖项与荣誉;在交叉学科领域进一步突破,培育发展新的学科增长点,建立以清华社科为基地的学科建设同盟;提炼经济高速发展与社会长期稳定的理论阐释,重点关注数字时代带来的社会、心理、治理和经济效应,关注中华民族伟大复兴背景下的国际关系、社会转型、共同富裕、科技革命等重大问题,为国家、为社会、为人民献计献策。

第四,我们的教师队伍,需要更加关注梯队建设。习近平总书记指出:建设一流大学,关键是要不断提高人才培养质量,要把培养建设一流人才方阵作为一流大学建设的重中之重。截至目前,学院有专职教师84人、教授43人、副教授39人、助理教授2人,拥有高端人才称号的学者22人,从学校内部成长起来的人才占比达到55%,绝大多数教师在世界知名高校获得博士学位。应对未来的发展,我们目前的人才方阵还需要继续增加新鲜的血液。要依托交叉学科的巨大优势,吸纳更多具有广博扎实的专业知识、全面系统的研究能力,具备国际视野、战略意识、开拓精神和社会责任感的优秀社科人才,在多个前沿领域和重大社会发展问题上形成多元发展、各具优势、相互支撑的学术团队。学院同时还要更多地关心年轻教师的健康成长,鼓励和帮助教师们在国际学术组织担任领导职务,在国家一级学会担任副理事长以上职务,在国家级的智库具备众席之地。

第五,我们的本科生培养,要把质量不断提高放在首位。要承担更多全校通识课程等教学任务,建设高水平、广覆盖的清华社科品牌通识课;新增政治学与行政学本科专业,完善基础社科人才培养体系,建设经济学、心理学基础学科拔尖学生培养计划基地;开展新文科建设,探索计算社会科学证书项目、计算机+社科、政经社等宽口径人才培养项目,探索书院制本科生培养方案;申请教育部新文科建设项目、基础学科拔尖学生培养计划基地项目、学校文科建设"双高计划";大力加强招生工作的宣传,提升招生工作的影响力。

第六,我们的研究生培养,要把强化多元协同作为中心工作。要强化现有的约翰·霍普金斯国际联合硕士项目、中国政治与对外政策英文硕士项目、应用心理专业硕士项目、社会工作专业硕士项目等硕士培养项目,拓展国际应用心理、国际社会工作等专业硕士培养项目,开发国际事务专业学位项目;强化大数据社会科学讲习班、量化历史讲习班等特色优势人才培养项目,创办计算社会科学证书项目和兼修硕士项目,探索计算社会科学、数字经济、智能社会治理、数字政府与治理、积极教育等新兴学科研究生培养项目;聚焦博士生招生选拔、创新培养、导师责任、服务体系和质量保障等方面,推动"博士生培养体系综合改革",开设心理学和国际事务的专业博士培养。

第七,我们的学院建设,要把提升综合实力作为长期的任务。进一步提高学院的行政管理和服务水平,增强服务意识,加强制度建设,规范运转程序,提升工作效率,完善行政保障。进一部加强发展办公室的领导,争取更大的捐赠,改善学院的办公和科研条件,争取社会科学院馆大楼的早日建成。

此时此刻,我们共聚一堂,回顾百年清华社科跌宕,总结十年清华社科耕耘,展望未来清华社科蓝图,不免心潮澎湃。这让我想起王国维先生的《点绛唇·厚地高天》这首词:

> 厚地高天,侧身颇觉平生左。
> 小斋如舸,自许回旋可。
> 聊复浮生,得此须臾我。
> 乾坤大,霜林独坐,红叶纷纷堕。

永蕴社会情怀,长继科学精神。因为有如斯信念,所以我们一直充满信心,砥砺前行。我相信,新时代的清华社科学院必将继续秉承先贤们创立的优良传统,必将不断开拓出更加美好的未来!

专 题

"阶级"与"国家"的概念史

马克思"阶级"概念的多重构造

——一个问题式的反思

李里峰**

摘要：马克思描绘了二元对立和多元互动两种不同的阶级图景，其"阶级"概念拥有过去和未来两张面孔，前者是唯物史观和政治经济学批判的出发点，后者为"社会主义从空想到科学的发展"提供了理论依据。"阶级"概念具有经济和政治的双重属性，也彰显了国家作为阶级统治的工具、阶级斗争的战场和战利品的多重角色。自在阶级和自为阶级的区分，有效缓解了唯物史观与阶级斗争学说、结构性与能动性之间的张力。阶级和阶级斗争将马克思主义各组成部分有机连接起来。以"问题式"方法反思马克思的"阶级"概念，有助于对马克思主义理论体系的整全性理解。

关键词："阶级"概念　马克思　二元与多元　经济与政治　结构与能动

一、作为问题式的阶级和阶级斗争

"至今一切社会的历史都是阶级斗争的历史。"①《共产党宣言》正文第一句话使马克思主义从其诞生之日起，就和以往所有的哲学观念、思

---

* 本文系国家社科基金重点项目"中国现代基本政治概念的形成与变迁研究（1895—1949）"（项目批准号：18AZZ002）、南京大学文科卓越研究计划"十层次"项目"中国共产党以人民为中心的治国理政模式研究"的阶段性研究成果。
** 李里峰，南京大学政府管理学院暨学衡研究院教授。
① 马克思、恩格斯：《共产党宣言》，载《马克思恩格斯文集》第2卷，北京：人民出版社，2009年，第31页。《马克思恩格斯文集》，以下简称《马恩文集》，只标注卷数和页码。

想体系在本质上区别开来。

在1883年德文版序言中,恩格斯将《共产党宣言》的基本思想概括为:

> 每一历史时代的经济生产以及必然由此产生的社会结构,是该时代政治的和精神的历史的基础;因此(从原始土地公有制解体以来)全部历史都是阶级斗争的历史,即社会发展各个阶段上被剥削阶级和剥削阶级之间、被统治阶级和统治阶级之间斗争的历史;而这个斗争现在已经达到这样一个阶段,即被剥削被压迫的阶级(无产阶级),如果不同时使整个社会永远摆脱剥削、压迫和阶级斗争,就不再能使自己从剥削它压迫它的那个阶级(资产阶级)下解放出来。①

他在不同的场合指出,马克思以两大发现"使自己的名字永垂科学史册":一是唯物史观,即物质条件决定阶级状况,阶级斗争推动历史发展;二是剩余价值,这是现代资本主义生产方式和资产阶级社会的基本运动规律。② 在这两大发现中,阶级和阶级斗争都扮演着至关重要的角色。

后世研究者们也用各种方式表达了阶级和阶级斗争在马克思学说中的关键地位。达伦多夫(Ralf Dahrendorf)称:"马克思的阶级概念既是马克思哲学的本质,同时也是资本主义社会动力分析的本质。"③洛维特(Karl Löwith)认为,马克思将西方传统政治哲学的"观念政治"更换为建

---

① 马克思、恩格斯:《共产党宣言》,载《马恩文集》第2卷,第9页。恩格斯强调,这些思想完全是属于刚刚去世的马克思"一个人"的。所以遵循惯例,尽管文中引用的许多著作是马克思和恩格斯共同完成的,仍统一称作"马克思阶级概念"。
② 恩格斯:《卡尔·马克思》,载《马恩文集》第3卷,第457—462页;恩格斯:《在马克思墓前的讲话》,载《马恩文集》第3卷,第601页。
③ Ralf Dahrendorf, *Class and Class Conflict in Industrial Society*, Stanford: Stanford University Press, 1959, p. 8.

立在政治经济学批判之上的"阶级政治",实现了整个政治哲学的"换牌术"。① 今村仁司说,马克思的"阶级斗争"不是社会学或经济学意义上的概念,而是伊壁鸠鲁的"偶然性相遇与碰撞的哲学",它表明马克思的唯物主义哲学是"永远斗争的哲学"。② 中国的马克思主义政治学者邓初民将"阶级论"置于其代表作《新政治学大纲》各编之首,因为"阶级是一根红线似的把各种政治现象贯穿起来",探究政治发生、成长、没落之规律,必须"以阶级的论述为其出发点"。③

令人不解和扼腕的是,在马克思和恩格斯留下的卷帙浩繁的著作中,虽然处处可见阶级和阶级斗争的影子,却找不到一篇专门对"阶级"概念进行直接和系统阐发的文章——除了《资本论》第3卷第2部分第52章以"阶级"为题、中译本仅1000多字的残篇。④ 在这个广为人知的文本中,马克思表达了深入探讨阶级的形成和划分的意图,指出:建立在资本主义生产方式基础上的现代社会由三大阶级构成,即雇佣工人、资本家和土地所有者,他们分别是劳动力、资本和土地的所有者,其收入来源分别为工资、利润和地租;这三个阶级之间还存在一些中间的和过渡的阶层,从而使阶级界限变得模糊起来;职业和谋生手段不能构成阶级划分的标准,社会分工造成的利益和地位也不能用于划分阶级。马克思在该章提出了两个相互关联的问题:是什么形成阶级?是什么使雇佣工人、资本家、土地所有者成为社会三大阶级的成员?可是接下来方括号中的"手稿至此中断",打破了研究者从马克思本人得到明确答案的愿望,也给后人留下无穷的想象和争论。其结果,正如雷蒙·阿隆(Raymond Aron)所说:"我们面对的是一种很独特的情况,一个学说中最重要的概念却相对地不确定",尽管"模棱两可的含义远远没有限制一

---

① 参见孙亮:《重审马克思的"阶级"概念:基于政治哲学解读的尝试》,南京:江苏人民出版社,2016年,第9页。
② 今村仁司等:《马克思、尼采、弗洛伊德、胡塞尔:现代思想的源流》,卞崇道等译,石家庄:河北教育出版社,2002年,第42页。
③ 邓初民:《新政治学大纲》,北京:商务印书馆,2011年,第33页。
④ 马克思:《资本论》第3卷,载《马恩文集》第7卷,第1001—1002页。

个学说的成功,反而发挥了有利作用。概念本身越是不确定,阶级和阶级斗争的学说就越是容易传播"。①

由于马克思坦承,发现阶级和阶级斗争都不是自己的功劳(事实确实如此),问题就变得更为复杂。② 既然"资产阶级历史编纂学家就已经叙述过阶级斗争的历史发展,资产阶级经济学家也已经对各个阶级作过经济上的分析",马克思的"阶级"概念与之有何实质性区别?他说,自己主要是证明了以下几点:"(1)阶级的存在仅仅同生产发展的一定历史阶段相联系;(2)阶级斗争必然导致无产阶级专政;(3)这个专政不过是达到消灭一切阶级和进入无阶级社会的过渡……"③这一段话对于理解马克思的"阶级"概念、阶级斗争学说乃至唯物史观都有重要意义。这意味着马克思笔下的阶级不仅是一种事实描述,更是一种理论建构;不仅是对人类社会发展进程的历史分析,更是指向未来的行动指南。

这样,我们看到两个相互矛盾的事实:一方面,阶级和阶级斗争学说并非马克思主义所特有,马克思、恩格斯也并未对此做过系统全面的阐述;另一方面,从马克思、恩格斯到后来的研究者,都承认阶级和阶级斗争在马克思理论中的绝对核心位置。对此,学者们采用了不同的处理方式。有人围绕阶级的构成要素或划分依据,提出形形色色的观点,诸如多元决定论、政治实践决定论、经济-社会文化决定论、财富-剥削决定论等等。④ 有人强调马克思"阶级"概念的二元性,认为它既是"后部落历史"(post-tribal history)的共同现象,又是资产阶级社会的产物;既是用来说明某种复杂现象的人造概念,又反映了具有团体意识之人群存在的客观事实。⑤ 有人干脆主张抛弃"阶级"这个词,因为其"各种各样的可

---

① 雷蒙·阿隆:《阶级斗争:工业社会新讲》,周以光译,南京:译林出版社,2003年,第14页。
② 马克思在1854年7月27日致恩格斯的信中,将法国历史学家梯叶里(Augustin Thierry)称为"法国历史编纂学中的'阶级斗争'之父"。参见《马克思恩格斯全集》第28卷上册,北京:人民出版社,2006年,第381页。
③ 马克思:《马克思致约瑟夫·魏德迈(1852年)》,载《马恩文集》第10卷,第106页。
④ 余文烈:《分析学派的马克思主义》,重庆:重庆出版社,1993年,第125页。
⑤ 霍布斯鲍姆:《论历史》,黄煜文译,北京:中信出版社,2015年,第133页。

能的政治和哲学的含义使得它对于独立分析没有什么用处了"①。

笔者以为,为了更好地理解隐藏在马克思"阶级"概念复杂表象之下的实质意涵和深层结构,不妨在方法论上借鉴阿尔都塞(Louis Althusser)提出的"问题式"(problematic)概念。在《保卫马克思》中,阿尔都塞用"问题式"一词表达"理论形态的特殊统一性以及这种特殊差异性的位置",并认为这种做法是符合马克思关于思想发展的理论原则的:"每种思想都是一个真实的整体并由其自己的问题式从内部统一起来,因而只要从中抽出一个成分,整体就不能不改变其意义。"②

> 如果用问题式的概念去思考某个特定思想整体(这个思想直接以一个整体而出现,它明确地或不明确地被人们作为一个整体或一个"总体化"动机而"体验"),我们就能够说出联结思想各成分的典型的系统结构,并进一步发现该思想整体具有的特定内容,我们就能够通过这特定内容去领会该思想各"成分"的含义,并把该思想同当时历史环境留给思想家或向思想家提出的问题联系起来。③

阿尔都塞指出,确定思想的特征和本质的不是思想的素材,而是思想的方式,是思想同它的对象所保持的真实关系。为了认识一种思想的发展,必须在思想上同时了解这一思想产生和发展时所处的意识形态环

---

① 戴维·李、布莱恩·特纳主编:《关于阶级的冲突:晚期工业主义不平等之辩论》,姜辉译,重庆:重庆出版社,2005年,第2页。
② 阿尔都塞:《保卫马克思》,顾良译,北京:商务印书馆,2010年,第15、48页。problematic 的法文为 problèmatic,中文学界大多译之为"总问题",也有"问题结构"(今村仁司)、"问题构架"(俞吾金)、"问题设定"(杜章智)、"理论构架"(徐崇温)等译法。笔者根据对阿尔都塞的理解,认为张一兵的译词"问题式"似乎更传神,既表达了"理论问题的生产方式"这一基本含义,又从语感上提示出阿尔都塞的独特风格。参见张一兵:《问题式:阿尔都塞的核心理论范式》,《哲学研究》2002年第7期,第22—30页。此处所引顾良译本亦作"总问题",本文引用时改为"问题式",下同。
③ 阿尔都塞:《保卫马克思》,顾良译,北京:商务印书馆,2010年,第53—54页。

境,必须揭示出这一思想的内在整体,即思想的问题式。① 简言之,所谓"问题式",可以理解为一种带有明确问题意识,以整全性、结构性视角考察特定思想的方法,这种方法反对个别的、割裂的、表象的分析,强调思想与其对象之间、思想整体与其组成部分之间的有机关联。

不仅阿尔都塞,许多马克思主义学者都表达过类似的主张。柯尔施(Karl Korsch)批评某些马克思的支持者和追随者,尽管在理论上和方法论上承认历史唯物主义,事实上却把社会革命的理论割裂成了碎片。"在理论上以辩证的方式,在实践上以革命的方式理解的唯物史观,与那些孤立的、自发的各个知识分支,与作为脱离革命实践的科学上的目标的纯理论考察,都是不相容的。"②詹姆逊(Fredric Jameson)认为,在法国知识界"非马克思主义化"以后,理论家们更明确地意识到自己的工作是建立在"马克思主义问题性"(而不是马克思主义本身)之上的。③

鉴于"阶级"概念在马克思学说中极端重要的地位,尽管中外学界已有汗牛充栋的论著讨论这一问题,但仍有继续探讨的必要。本文尝试以问题式的方法对马克思"阶级"概念进行反思,有以下两层考虑:其一,关于阶级和阶级斗争的分析遍布马恩的著作,却又呈现出复杂多元、模糊不清甚至矛盾冲突的样态,只有从问题意识上加以整全性理解,才能超越支离破碎的表象化论述,把握马克思"阶级"概念的基本意图和深层结构;其二,阶级和阶级斗争是将马克思学说各主要组成部分(辩证唯物主义和历史唯物主义、政治经济学、科学社会主义)贯穿起来的一条基本线索,也是研究者对马克思主义理论体系进行整全性理解的一把钥匙。因此,本文不仅试图从总体上把握马克思的"阶级"概念,也试图将阶级分析与辩证唯物主义、政治经济学与科学社会主义作为一个整体来进行反思。

---

① 阿尔都塞:《保卫马克思》,顾良译,北京:商务印书馆,2010年,第57页。
② 柯尔施:《马克思主义和哲学》,王南湜等译,重庆:重庆出版社,1989年,第25页。
③ 詹姆逊:《马克思主义与理论的历史性》,载王逢振主编:《詹姆逊文集》第1卷,北京:中国人民大学出版社,2004年,第128页。

二、二元与多元的阶级图景

在许多研究者看来，马克思阶级论述首先让人困惑的是：现代社会究竟是由几个或哪几个主要阶级构成的？对此，前引《资本论》残篇和《共产党宣言》给人的印象完全不同。《共产党宣言》紧接着"至今一切社会的历史都是阶级斗争的历史"这句名言之后写道："自由民和奴隶、贵族和平民、领主和农奴、行会师傅和帮工，一句话，压迫者和被压迫者，始终处于相互对立的地位，进行不断的、有时隐蔽有时公开的斗争，而每一次斗争的结局都是整个社会受到革命改造或者斗争的各阶级同归于尽。"①《资本论》"阶级"千字文则明确指出，雇佣工人、资本家和土地所有者，形成了"建立在资本主义生产方式基础上的现代社会的三大阶级"，同时还存在很多中间和过渡阶层，且完全没有提及阶级冲突和阶级斗争。这两段话呈现了两种不同的阶级景观：前者是"压迫者和被压迫者"之间的二元对立，后者则是围绕生产资料占有关系而形成的多元互动。

显然，马克思、恩格斯在不同类型的著作中，对阶级和阶级斗争问题采用了不同的言说方式。以《共产党宣言》为代表的革命檄文，描绘的是两大对立阶级不断冲突和斗争，进而推动人类社会向共产主义持续迈进的宏伟历史蓝图；以《路易·波拿巴的雾月十八日》（以下简称《雾月十八日》）为代表的时政评论，则对法国、德国等现代资本主义国家的社会结构和政治局势进行细致入微的观察剖析，其阶级图谱远为复杂和含混。当然，这绝不意味着《共产党宣言》毫不关心现实社会结构的复杂性，或者《雾月十八日》偏离了资产阶级与无产阶级斗争的基本框架。

现代社会即资本主义社会延续了久已存在的阶级对立，但资产阶级时代的新特点在于："它使阶级对立简单化了。整个社会日益分裂为两

---

① 马克思、恩格斯：《共产党宣言》，载《马恩文集》第 2 卷，第 31 页。

大敌对的阵营,分裂为两大相互直接对立的阶级:资产阶级和无产阶级。"①这既是马克思、恩格斯对历史进程和社会现实的观察,也是他们将辩证法用于历史分析的结果:辩证法主张两种类型之间的逻辑对立,"所以各种具体细节便被视为只不过是某个主题的种种变异而已,而且那些微小的差别也是无足轻重的"②。(马克思确实说过,各种中间的过渡的阶层"对我们的考察来说是无关紧要的"③。)资产阶级和无产阶级相互冲突、持续斗争,却都是现代工业社会的主要阶级或基本阶级,也是现代社会中的"积极政治力量",即阶级斗争主要发生于其间的力量,所以从根本上讲就是"由这两个阶级中的哪一个阶级来进行统治的问题"。相比之下,其他次要阶级或"附属阶级",如地主、农民、小资产阶级,则是"在政治上颇为迟钝"、行动能力低下的"消极阶级"。④

如果说《共产党宣言》好比一幅写意山水图,以磅礴恢宏的气势勾画了人类社会在两大对立阶级的持续斗争中滚滚向前的历史景观,处处洋溢着史诗般的浪漫色彩⑤;那么,《雾月十八日》《1848年至1850年的法兰西阶级斗争》《德国的革命和反革命》等时评性著作更像是历史工笔画,以细致入微的观察、绘声绘色的笔法,描绘着法国、德国社会中纷繁复杂的阶级关系和为了特定目标、以特定方式参与社会政治运动的芸芸众生,读起来好似人物众多、情节曲折的历史小说。在这些著作中,形形色色的阶级名目向读者扑面袭来,令人目不暇接。例如,《1848年至1850年的法兰西阶级斗争》提到金融资产阶级、工业资产阶级、商业资产阶级、小资产阶级、农民阶级、无产阶级、流氓无产阶级以及"上述阶

---

① 马克思、恩格斯:《共产党宣言》,载《马恩文集》第2卷,第32页。
② 萨拜因:《政治学说史》下卷,邓正来译,上海:上海人民出版社,2009年,第459页。
③ 马克思:《资本论》第3卷,载《马恩文集》第7卷,第1001页。
④ 萨拜因:《政治学说史》下卷,邓正来译,上海:上海人民出版社,2009年,第459页。
⑤ 在《共产党宣言》1888年英文版序言中,恩格斯就为何选择"共产主义"这个名称做了如下说明:当他们撰写这篇宣言的时候,"社会主义是资产阶级的运动,而共产主义则是工人阶级的运动";社会主义至少在欧洲大陆上是"上流社会的",共产主义则恰恰相反(《马恩文集》第2卷,第14页)。这话也可以理解为,"社会主义"对应着现实社会结构中多元复合的阶级图景,"共产主义"则意味着唯物史观和科学社会主义所设定的二元对立的阶级图景。

级的意识形态代表和代言人"(学者、律师、医生等);《德国的革命和反革命》提到封建贵族、资产阶级、小资产阶级、小手工业者、小商人、工业工人、农业工人、富裕农民(大农和中农)、小自由农、封建佃农等。

这两种阶级图景,在现实的资产阶级国家中有不同蓝本。两大阶级对立和斗争的二元论框架,主要来自当时最发达的资本主义国家英国。"在所有的国家里,英国的无产阶级和资产阶级之间的对立最为尖锐。因此,英国无产者对英国资产阶级的胜利对于一切被压迫者战胜他们的压迫者具有决定意义。"① 前引《资本论》残篇写道:"在英国,现代社会的经济结构无疑已经达到最高度的、最典型的发展。但甚至在这里,这种阶级结构也还没有以纯粹的形式表现出来。"② 反过来说,英国也是"最接近马克思二元论政治观的国家",尽管事实上英国工人阶级内部千差万别,并没有一个整齐划一的工人阶级与资本家剥削阶级相对峙。③

但马克思对19世纪中叶资本主义国家阶级状况和阶级斗争的论述,更多的取材于对欧洲尤其是法国1848年革命的直接观察。"在欧洲各国,特别是在法国,导致封建制度即农奴制崩溃的汹涌澎湃的革命,却日益明显地揭示了阶级斗争是整个发展的基础和动力。"④ 法国现实发生着的阶级斗争及其独特性,为马克思的"阶级"概念和阶级斗争学说提供了至关重要的经验材料和理论灵感。恩格斯在《雾月十八日》1885年第3版序言中写道:

> 法国是这样一个国家,在那里历史上的阶级斗争,比起其他各国来每一次都达到更加彻底的结局;因而阶级斗争借以进行、阶级斗争的结果借以表现出来的变换不已的政治形式,在那里

---

① 马克思、恩格斯:《关于波兰的演说》,载《马恩文集》第1卷,第695页。
② 马克思:《资本论》第3卷,载《马恩文集》第7卷,第1001页。
③ 阿兰·瑞安:《论政治》下卷,林华译,北京:中信出版社,2016年,第462页。
④ 列宁:《马克思主义的三个来源和三个组成部分》,载《列宁选集》第2卷,北京:人民出版社,2012年,第313页。

也表现得最为鲜明……正因为如此,马克思不仅特别热衷于研究法国过去的历史,而且还考察了法国时事的一切细节,搜集材料以备将来使用。因此,各种事变从未使他感到意外。①

至于德国,"作为一切政治组织的基础的人民,其各个阶级的构成比任何别的国家都更为复杂",封建贵族"仍然保留着很大一部分旧日的特权",资产阶级"远没有英国或法国的资产阶级那样富裕和集中"。总体说来,"德国工人阶级在社会和政治方面的发展比英国和法国的工人阶级落后,正像德国资产阶级比英国和法国的资产阶级落后一样"。②

研究者大多认为,尽管《共产党宣言》吹响了阶级斗争和共产主义运动的号角,马克思最脍炙人口的阶级论述却出现在他对法国1848年革命进行即时评论的两本小册子中,即《雾月十八日》和《1848年至1850年的法兰西阶级斗争》。在萨拜因看来,这两部著作堪称马克思关于现代工业社会阶级结构的理论大纲。"显而易见的是,这一理论乃是马克思观察法国社会和体验法国社会主义运动以后所获得的启示,尽管他关于工业资本主义和工业无产阶级的观念主要是以英国的工业历史为依凭的。他……假定把这两个国家的情况综合起来可以为所有的工业社会提供一个普遍的模式。"③

如前所述,《资本论》残篇将雇佣工人、资本家和土地所有者称为现代资本主义社会的"三大阶级"。不过细细体察马克思、恩格斯的阶级论述,土地所有者作为正在或即将逝去的传统贵族的代表,并未得到详尽的讨论;相反,边界更模糊的另一个阶级(小资产阶级),在马恩笔下始终占有重要位置。或许有理由认为,真正构成马克思阶级体系的三大阶级,应该是无产阶级、资产阶级和小资产阶级(而不是土地所有者或地主阶级)。这三大阶级在马克思、恩格斯的笔下呈现出各不相同的形象,用

---

① 马克思、恩格斯:《雾月十八日》,载《马恩文集》第2卷,第468—469页。
② 恩格斯:《德国的革命和反革命》,载《马恩文集》第2卷,第353—356页。
③ 萨拜因:《政治学说史》下卷,邓正来译,上海:上海人民出版社,2009年,第459页。

极简的方式可以概括为：先验的无产阶级，经验的资产阶级，暧昧的小资产阶级。

说无产阶级是一个先验的阶级，不是说马克思、恩格斯不曾在经验意义上讨论过无产阶级的形成和演变过程。卢森堡（Rosa Luxemburg）甚至认为，马克思为当今工人运动所做的贡献就在于："发现了作为一个历史范畴的现代工人阶级，也就是一个具有特定的历史存在条件和运动规律的阶级。"[①]尽管如此，在马克思主义的理论大厦中，无产阶级更多的呈现为一种抽象化、理念化的终极力量。

首先要注意到，马克思关于无产阶级的论述中有一个重要转换，即"劳动者"与"无产者"之间的身份转换。尽管"19世纪劳动者的历史现实在总体趋势上越来越接近于无产者"[②]，但是确定二者身份的依据并不相同，前者是社会经济生活中实际存在的个体和群体，后者则是由唯物史观和科学社会主义赋予了资产阶级掘墓人角色的抽象存在。所谓"无产者"，在现实逻辑中是以不占有生产资料而不得不出卖自己劳动来界定的，在历史动力学中则是以消灭资产阶级进而消灭一切阶级的历史使命来界定的：

> 那么，德国解放的实际可能性到底在哪里呢？答：就在于形成一个被戴上彻底的锁链的阶级，一个并非市民社会阶级的市民社会阶级，形成一个表明一切等级解体的等级，形成一个由于自己遭受普遍苦难而具有普遍性质的领域，这个领域不要求享有任何特殊的权利，因为威胁着这个领域的不是特殊的不公正，而是普遍的不公正……最后，在于形成一个若不从其他一切社会领域解放出来从而解放其他一切社会领域就不能解放自己的

---

① 罗莎·卢森堡：《卡尔·马克思》，载李宗禹编：《卢森堡文选》，北京：人民出版社，2012年，第106页。
② 今村仁司等：《马克思、尼采、弗洛伊德、胡塞尔：现代思想的源流》，卞崇道等译，石家庄：河北教育出版社，2002年，第65—66页。

领域,总之,形成这样一个领域,它表明人的完全丧失,并因而只有通过人的完全回复才能回复自己本身。社会解体的结果,就是无产阶级这个特殊等级。①

《〈黑格尔法哲学批判〉导言》中的这段话,清楚地传达了无产阶级作为一种先验存在的特征:一个被戴上彻底锁链的阶级,一个被排除在市民社会之外的阶级,一个遭受普遍苦难和不公的阶级,一个因而只有解放全人类才能解放自己的阶级。无产阶级"必须承担社会的一切重负,而不能享受社会的福利,它被排斥于社会之外,因而不得不同其他一切阶级发生最激烈的对立;这个阶级构成了全体社会成员中的大多数,从这个阶级中产生出必须实行彻底革命的意识,即共产主义的意识"②。因此,无产阶级被赋予了其他任何阶级都不具备的品质:坚毅、尖锐、胆识、无情,开阔的胸怀,大无畏的精神,以及"鼓舞物质力量去实行政治暴力的天赋"。只有无产阶级可以"对敌人振振有辞地宣称:我没有任何地位,但我必须成为一切"③。在无产阶级身上,"一切属于人的东西实际上已完全被剥夺,甚至连属于人的东西的外观也已被剥夺","人失去了自己",在现代社会"非人性的顶点"的逼迫下产生了"对这种非人性的愤慨"。④

如今村仁司所说,相对于资本家或劳动者这样在现实中实际存在的阶级,无产阶级处身于现实的阶级和等级空间无法指定的"非场所",他们的领域是"非所有、非秩序、非阶级、非等级"的领域,因而并非实在性的存在,而只能是一种观念性的存在、趋向性的存在。⑤ 尽管无产阶级

---

① 马克思:《〈黑格尔法哲学批判〉导言》,载《马恩文集》第 1 卷,第 16—17 页。
② 马克思、恩格斯:《德意志意识形态》,载《马恩文集》第 1 卷,第 542 页。
③ 马克思:《〈黑格尔法哲学批判〉导言》,载《马恩文集》第 1 卷,第 15 页。
④ 马克思、恩格斯:《神圣家族,或对批判的批判所做的批判》,载《马恩文集》第 1 卷,第 261—262 页。
⑤ 今村仁司等:《马克思、尼采、弗洛伊德、胡塞尔:现代思想的源流》,卞崇道等译,石家庄:河北教育出版社,2002 年,第 67—69 页。

遭受苦难、一无所有,他们恰恰是阶级性(classness)最高的阶级。① 简言之,无产阶级正因为一无所有,所以将拥有一切;正因为被排除在现实之外,所以能超越现实;正因为被锁链束缚,所以能解放自己进而解放全人类。

"如果说无产阶级在反对资产阶级的斗争中一定要联合为阶级,通过革命使自己成为统治阶级,并以统治阶级的资格用暴力消灭旧的生产关系,那么它在消灭这种生产关系的同时,也就消灭了阶级对立的存在条件,消灭了阶级本身的存在条件,从而消灭了它自己这个阶级的统治。"② 正如将哲学等同于资产阶级哲学、国家等同于资产阶级国家,马克思的"阶级"概念实际上也和资本主义生产方式/社会形态有着实质性的对应关系——当资产阶级被消灭的时候,阶级也将和国家一道被消灭。在资产阶级与无产阶级构成的二元图式中,对立的双方实际上处于完全不对等的地位:资产阶级是阶段性的、局部的、不完善的、不道德的、终将灭亡的,无产阶级则是终极性的、整体的、完善的、道德的、终结历史的。

在这个意义上,维塞尔(Jr. Leonard Wessell)认为无产阶级作为一种"浪漫主义的反讽"构成了马克思主义"神话诗学"的重要前提③,是不无道理的:

> 当"我必须成为一切"和"我没有任何地位"对立的两极,在有限的个人阶级中重合为戏剧的张力时,这一阶级的物质现实和物质力量就转变为人民社会"灵魂"的"头脑"和"心脏"。因此,社会的碎片转变为精神化的阶级,转变为整体的社会代表。……马克思之所以能够发现物质力量是革命的力量,是因为他

---

① 霍布斯鲍姆:《论历史》,黄煜文译,北京:中信出版社,2015年,第133—134页。
② 马克思、恩格斯:《共产党宣言》,载《马恩文集》第2卷,第53页。
③ 维塞尔:《马克思与浪漫派的反讽:论马克思主义神话诗学的本源》,陈开华译,上海:华东师范大学出版社,2008年,第1页。

已经把精神结构注入到物质力量中去了……马克思是一位聪明的唯物主义者,他以神话诗学的语言阐释革命的因果关系,而马克思唯物主义的神话诗学的根据表明自身就是一门精神学。①

相比之下,尽管资产阶级在作为无产阶级对立面出现的时候也具有抽象和先验的色彩,但他们在马克思、恩格斯笔下的形象要复杂、细腻、鲜活得多。看看《1848 年至 1850 年的法兰西阶级斗争》对资产阶级的描述,便可窥其一斑:1830 年"七月革命"后,路易-菲利普被资产阶级自由派拥上王位,可是掌握统治权的不是法国资产阶级,而只是其中的一个集团:"银行家、交易所大王、铁路大王、煤铁矿和森林的所有者以及一部分与他们有联系的土地所有者,即所谓金融贵族。"工业资产阶级则是官方反对派中的一个部分,他们的代表在议会中只占少数。② 在 1848 年革命中,形成了"秩序党"和"民主社会主义党"两大集团的对垒,站立在这两大集团中间的是"宪法之友派"。秩序党是奥尔良派与正统派联合组成的一个党。资产阶级又分裂为两大集团,一是大地产,一是金融贵族和工业资产阶级,这两大集团曾先后独占政权。既然资产阶级共和国"不外是整个资产阶级的完备的纯粹的统治形式",它就只能是"以正统派为补充的奥尔良派的统治和以奥尔良派为补充的正统派的统治,即复辟时期与七月王朝的综合"。③

如果说无产阶级是代表人类社会前进方向的历史规律的化身,资产阶级在各种力量的复杂互动中努力获取和行使权力,那么小资产阶级则是一个身份上模糊不清、行动上犹豫不决、立场上摇摆不定的暧昧的阶级。就身份而言,他们"摇摆于无产阶级和资产阶级之间,并且作为资产

---

① 维塞尔:《马克思与浪漫派的反讽:论马克思主义神话诗学的本源》,陈开华译,上海:华东师范大学出版社,2008 年,第 239 页。
② 马克思:《1848 年至 1850 年的法兰西阶级斗争》,载《马恩文集》第 2 卷,第 80 页。
③ 马克思:《1848 年至 1850 年的法兰西阶级斗争》,载《马恩文集》第 2 卷,第 132 页。

阶级社会的补充部分不断地重新组成"①。萨拜因甚至宣称："马克思所谓的小资产阶级乃是各种异质成分拼凑在一起的大杂烩,而这些成分除了不能被归入资本家或工人以外无甚共同之点可言。"②就行动而言,他们"擅长吹牛"却"十分无能","不敢作任何冒险",总是"用漂亮的言词和吹嘘它要完成什么功绩来鼓动起义",他们在起义中"迫不及待地攫取权力",可是"运动既然被小资产阶级所控制,从一开始就注定了要遭到毁灭"。③ 就立场而言,他们"站在无产阶级与资产阶级之间"④,和资产阶级做斗争只是为了维护这种中间等级的生存,"他们不是革命的,而是保守的",甚至是"反动的,因为他们力图使历史的车轮倒转"。⑤

对于阶级斗争和历史进程来说,小资产阶级最现实的意义只是为无产阶级持续提供新的成员。"这一阶级的成员经常被竞争抛到无产阶级队伍里去,而且,随着大工业的发展,他们甚至觉察到,他们很快就会完全失去他们作为现代社会中一个独立部分的地位",他们"胆战心惊地从资产阶级的工业统治和政治统治那里等候着无可幸免的灭亡,这一方面是由于资本的积聚,另一方面是由于革命无产阶级的兴起"。⑥无产阶级与小资产阶级之间"并没有隔着而且也不可能隔着一道万里长城",个别的人、集团、阶层会从后者转向前者,可这"自然也就不能不引起无产阶级本身策略方面的动摇"。⑦

萨拜因对马克思的阶级理论有如下评论："事实上,马克思关于社会阶级的理论在很大程度上是一种为了适应其社会革命理论而建构起来的先验理论。他当然未对任何社会的阶级结构做过经验研究。"⑧这话

---

① 马克思、恩格斯:《共产党宣言》,载《马恩文集》第2卷,第56页。
② 萨拜因:《政治学说史》下卷,邓正来译,上海:上海人民出版社,2009年,第459页。
③ 恩格斯:《德国的革命和反革命》,载《马恩文集》第2卷,第449—452页。
④ 马克思:《1848年至1850年的法兰西阶级斗争》,载《马恩文集》第2卷,第89页。
⑤ 马克思、恩格斯:《共产党宣言》,载《马恩文集》第2卷,第42页。
⑥ 马克思、恩格斯:《共产党宣言》,载《马恩文集》第2卷,第56、59页。
⑦ 列宁:《欧洲工人运动中的分歧》,载《列宁选集》第2卷,北京:人民出版社,2012年,第277页。
⑧ 萨拜因:《政治学说史》下卷,邓正来译,上海:上海人民出版社,2009年,第474页。

的前半部分不无道理,后半部分则显然并非事实。从马克思、恩格斯的经典著作到俄国和中国的革命实践,都能看到两种不同意义的"阶级"概念:一种是理念的、抽象的阶级,强调阶级之间的冲突和斗争,呈现为同质的、固化的、二元对立的阶级图景,更多具有建构的色彩;另一种是经验的、现实的阶级,关注阶级之间的关联和交融,呈现为异质的、流动的、多元互动的阶级图景,更多是对现实社会结构的表征。前者意味着施米特(Carl Schmitt)所谓敌人与朋友的区分①,因而在特定社会类型中必须强调两大主要阶级的对立和冲突;后者对应着革命实践中的复杂情境,因而无法回避特征多样、边界模糊的不同阶级类型的存在。

三、阶级的雅努斯面孔

《1848年至1850年的法兰西阶级斗争》中有这样一处细节:"(1848年)12月20日,立宪共和国的雅努斯脑袋只显示出它的一副面孔,即带有路易·波拿巴的模糊的浅淡线条的行政权面孔。1849年5月28日,它显示出另一副面孔,即布满了复辟时期和七月王朝时期的闹宴所留下的累累伤痕的立法权面孔。"两副面孔结合起来,共和制的国家形式便完成了,资产阶级的统治也正式确立了。② 我们暂且跳出这段话对革命局势的分析,只借用其中"雅努斯"的比喻来阐明马克思的"阶级"概念是怎样将过去、现在和未来连接起来的。③

如施特劳斯(Leo Strauss)所指出的,马克思主义可以看作对人类的过去、现在和未来的一种系统解释,这种解释以经济作为社会和人类生活的基础,以劳动价值论作为分析现在即资本主义经济的依据,以辩证

---

① 施米特:《政治的概念》,刘宗坤等译,上海:上海人民出版社,2004年,第106—108页。
② 马克思:《1848年至1850年的法兰西阶级斗争》,载《马恩文集》第2卷,第138页。
③ 雅努斯(Janus)是罗马神话中的门神、保护神,传说有两副面孔,一副凝视过去,一副注视未来,象征着开始与终结,也象征着世界上矛盾着的万事万物。参见唐彦生主编:《马克思主义经典著作典故辞典》,北京:蓝天出版社,1991年,第367—368页。

唯物主义学说作为解释过去向未来转变的依据。① 正是阶级和阶级斗争,使这种系统性、贯通性的历史景观得以落到实处,而不至于成为虚幻缥缈的空中楼阁。

在《共产党宣言》《社会主义从空想到科学的发展》等著作中,马克思、恩格斯始终把阶级和阶级斗争放在人类社会发展进程中去考察。这首先意味着,阶级和阶级斗争是历史的产物,有一个形成、发展、演变直到最终消亡的过程。他们笔下存在着一个没有财产、没有阶级、没有政治组织的"史前阶段"。② 不过,这个史前阶段并非马克思重点关注的对象,这种没有财产和阶级冲突的静止状态主要是作为现代资本主义社会的对照物而存在的,"为他对人类历史的描绘提供了方便的隔断"③。直到马克思去世后,恩格斯才在《家庭、私有制与国家的起源》中较为系统地探讨了原始公社解体、社会逐渐分裂为独特并相互对立的阶级的过程:随着劳动生产率的日益发展,以及私有制和交换、财产差别、使用他人劳动的可能性的日益发展,以血族关系为基础的社会结构逐渐瓦解,阶级对立和阶级斗争从此自由开展起来。④

从原始公社解体到现代工业社会两大阶级的对立,又经历了漫长的演变过程。这一时期内究竟是否存在阶级,马克思有不同的说法。前引《资本论》开头那段话中,同时使用了"阶级""等级"和"阶层"三个不同的概念,从文意来看,似乎等级和阶级都是指根据社会地位不同而加以分层的人群,阶层则是在阶级或等级内部区分出来的特殊人群。至少可以说,在前工业时代,阶级与等级的区分是模糊的,阶级与阶级之间、阶级内部各阶层之间的边界是复杂的。《共产党宣言》随后又写道:"从封

---

① 施特劳斯、克罗波西主编:《政治哲学史》下卷,李天然等译,石家庄:河北人民出版社,1993年,第953页。
② 恩格斯在《共产党宣言》1888年英文版中,为"至今一切社会的历史都是阶级斗争的历史"这句话加了一个注:"这是指有文字记载的全部历史。在1847年,社会的史前史、成文史以前的社会组织,几乎还没有人知道。"参见马克思、恩格斯:《共产党宣言》,载《马恩文集》第2卷,第31页。
③ 阿兰·瑞安:《论政治》下卷,林华译,北京:中信出版社,2016年,第453页。
④ 恩格斯:《家庭、私有制和国家的起源》,载《马恩文集》第4卷,第16页。

建社会的灭亡中产生出来的现代资产阶级社会并没有消灭阶级对立。它只是用新的阶级、新的压迫条件、新的斗争形式代替了旧的。"①这就是说,阶级和阶级斗争是封建社会和资产阶级社会共有的现象,虽然其关系形态呈现出不同的面貌。

但马克思、恩格斯在《德意志意识形态》中表达了不同的看法:"他们(指食利者和资本家——引者注)的个性是由非常明确的阶级关系决定和规定的,上述差别只是在他们与另一阶级的对立中才出现,而对他们本身来说,上述差别只是在他们破产之后才产生。在等级中(尤其是在部落中)这种现象还是隐蔽的,例如,贵族总是贵族,平民总是平民,不管他的其他关系如何;这是一种与他的个性不可分割的品质。有个性的个人与阶级的个人的差别,个人生活条件的偶然性,只是随着那本身是资产阶级产物的阶级的出现才出现。"②在这里,等级在很大程度上是与群体自身特质相关的概念,阶级的界定则在根本上取决于阶级与阶级之间的关系。照此理解,不仅在分工、私有制和交换出现之前没有阶级,甚至在封建社会也只有等级而没有严格意义上的阶级,只有现代工业社会才催生了资产阶级,同时也催生了阶级本身。

接下来,阶级和等级的区别又和国家独立性的问题联系了起来。由于私有制摆脱了共同体,国家"获得了和市民社会并列并且在市民社会之外的独立存在"。但是在"比较先进的国家",资产阶级"已经是一个阶级,不再是一个等级"了,它就必须在全国范围内而不再是在一个地域内组织起来,必须使自己通常的利益具有一种普遍的形式,换言之,必须使国家成为自己进行统治的工具。只有在"等级还没有完全发展成为阶级"并继续发挥作用、阶级统治尚未形成的国家,国家独立性才可能存在。有意思的是,这两种情况的典型代表分别是美国和德国。③

实际上,《德意志意识形态》提到的人类历史上第一次阶级划分,是

---

① 马克思、恩格斯:《共产党宣言》,载《马恩文集》第 2 卷,第 32 页。
② 马克思、恩格斯:《德意志意识形态》,载《马恩文集》第 1 卷,第 571—572 页。
③ 马克思、恩格斯:《德意志意识形态》,载《马恩文集》第 1 卷,第 583—584 页。

基于城乡分离而形成的城市居民与乡村居民——这甚至跟生产资料没有直接关系:"物质劳动和精神劳动的最大的一次分工,就是城市和乡村的分离。"随着城市的出现,必然要有行政机关、警察、赋税等公共机构,也就必然要有一般政治。"在这里,居民第一次划分为两大阶级,这种划分直接以分工和生产工具为基础。城市已经表明了人口、生产工具、资本、享受和需求的集中这个事实;而在乡村则是完全相反的情况:隔绝和分散。"①

因此,一般意义上的阶级和阶级冲突,在原始公社解体、私有财产出现后就逐渐形成了;资产阶级和无产阶级及其阶级斗争,则是生产力和生产关系发展到一定程度的结果。穷人和劳动阶级一向就有,而且劳动阶级通常都是贫穷的。但是,"生活在上述条件下的这种穷人、这种工人,即无产者,并不是一向就有的","无产阶级或无产者阶级是19世纪的劳动阶级"。②恩格斯明确指出,社会主义不是"某个天才头脑的偶然发现",而是"两个历史地产生的阶级即无产阶级和资产阶级之间斗争的必然产物",它的任务就是"研究必然产生这两个阶级及其相互斗争的那种历史的经济的过程;并在由此造成的经济状况中找出解决冲突的手段"。③

在《共产党宣言》及其他著作中,马克思、恩格斯简单而清晰地勾勒了资产阶级和无产阶级是怎样从历史中形成的。

最初的资产阶级分子是从初期城市的城关市民(他们又来自中世纪的农奴)中发展出来的。随着美洲的发现,新市场的开辟,商业、航海业和工业的空前高涨,工场手工业逐渐代替了封建的、行会式的经营方式。随后,"蒸汽和机器引起了工业生产的革命。现代大工业代替了工场手工业;工业中的百万富翁、一支一支产业大军的首领、现代资产者,代替

---

① 马克思、恩格斯:《德意志意识形态》,载《马恩文集》第1卷,第556页。
② 恩格斯:《共产主义原理(1947年)》,载《马恩文集》第1卷,第676页。
③ 恩格斯:《社会主义从空想到科学的发展》,载《马恩文集》第3卷,第545页。

了工业的中间等级"①。

现代工人阶级是和资产阶级同步发展的,"随着中世纪的行会师傅发展成为现代的资产者,行会帮工和行会外的短工便相应地发展成为无产者"②。与此同时,"以前的中间等级的下层,即小工业家、小商人和小食利者、手工业者和农民——所有这些阶级都降落到无产阶级的队伍里来了,有的是因为他们的小资本不足以经营大工业,经不起较大的资本家的竞争;有的是因为他们的手艺已经被新的生产方法弄得不值钱了。无产阶级就是这样从居民的所有阶级中得到补充的"③。

伴随着资产阶级和无产阶级的形成和对抗,其他阶级变得更加动荡不定。"社会越来越迅速地分化为大资本家和一无所有的无产者,现在处于他们二者之间的,已经不是以前的稳定的中间等级,而是不稳定的手工业者和小商人群众,他们过着动荡不定的生活,是人口中最流动的部分。"④

因此,二元对立与多元互动的两种阶级图景,既有共时性的类型学意义,又在历时性维度上呈现出人类社会演化的阶段性特征。《共产党宣言》一方面强调阶级对立普遍存在于"至今一切社会的历史",各种"压迫者和被压迫者,始终处于相互对立的地位,进行不断的、有时隐蔽有时公开的斗争",一方面又指出阶级关系会随着时间而变化:在"过去的各个历史时代",社会划分为各个不同的等级,社会地位分成多种多样的层次;而在"我们的时代"即"资产阶级时代",整个社会分裂为两大直接对立的阶级。⑤ 随着资本主义的发展和工业时代的来临,人类社会的阶级结构经历了从复杂到简单、从多元互动到二元对立的转变。

和阶级一样,阶级斗争也是历史的产物——过去经历了从无到有的过程,未来还将经历从有到无的过程。《共产党宣言》正文开头的那句名

---

① 马克思、恩格斯:《共产党宣言》,载《马恩文集》第2卷,第32页。
② 恩格斯:《社会主义从空想到科学的发展》,载《马恩文集》第3卷,第525页。
③ 马克思、恩格斯:《共产党宣言》,载《马恩文集》第2卷,第39页。
④ 恩格斯:《社会主义从空想到科学的发展》,载《马恩文集》第3卷,第533页。
⑤ 马克思、恩格斯:《共产党宣言》,载《马恩文集》第2卷,第31—32页。

言,是马克思阶级斗争学说最强有力的表达。然而很多人只看到其中"阶级斗争"这几个字,却忽略了其他限定成分和后文具体论述的重要意义,以至于霍布斯鲍姆不无尖刻地说:"大家会有个印象,觉得有些庸俗马克思主义者好像只读了《共产党宣言》的第一页而已,并且只读了一句'至今一切社会的历史都是阶级斗争的历史'。"①除了"阶级斗争"和"一切",这句话另一个重要的词是"至今",其意义就是要把阶级斗争放入从古至今的历史脉络中去考察。除了前文提到的"有文字记载的全部历史"这个脚注,恩格斯还在其他地方做过类似的说明。1880年出版的《社会主义从空想到科学的发展》中说:"以往的全部历史,除原始状态外,都是阶级斗争的历史。"②1884年出版的《家庭、私有制和国家的起源》写道,"阶级对立和阶级斗争从此自由开展起来",并成为"直到今日的全部成文史的内容"。③ "以往"和"直到今日",更明确地表达了阶级斗争是一个历史范畴、不会永远存在下去的意思。

"哲学家们只是用不同的方式解释世界,问题在于改变世界。"④如果说阶级朝向过去的那张面孔解释了现代资产阶级社会的由来和现状,构成了唯物史观的基本线索和政治经济学批判的分析基点,那么,它朝向未来的那张面孔则使马克思主义"改变世界"的实践性特征得以凸显,为"社会主义从空想到科学的发展"提供了理论依据。如洛维特所说,"未来"是黑格尔和马克思历史意识共同的焦点和真理所在,以此为基础,现代人才得以避免向过去的起点永恒回归的循环史观,把历史看成一个指向未来目标的有意义的进程。⑤ 无疑,如果没有勾画未来的蓝图并指明前进的方向和道路,马克思对人类历史的阐释和对资本主义的批判绝不可能产生如此强大和深远的影响。

---

① 霍布斯鲍姆:《论历史》,黄煜文译,北京:中信出版社,2015年,第221页。
② 恩格斯:《社会主义从空想到科学的发展》,载《马恩文集》第3卷,第544页。
③ 恩格斯:《家庭、私有制和国家的起源》,载《马恩文集》第4卷,第16页。
④ 马克思:《关于费尔巴哈的提纲》,载《马恩文集》第1卷,第502页。
⑤ 洛维特:《世界历史与救赎历史:历史哲学的神学前提》,李秋零、田薇译,北京:生活·读书·新知三联书店,2002年,第23—24页。

诵读《共产党宣言》，可以感受到一种磅礴的力量从历史深处翻涌而来，引领人类走向光明的未来。在当下所处的资产阶级社会，"是过去支配现在"；在未来可期的共产主义社会，"是现在支配过去"。① 这种力量，当然就是无产阶级和它的代表共产党人。不同于资产阶级主张用一个阶级取代另一个阶级、一种国家取代另一种国家，"无产阶级作为无产阶级，不得不消灭自身，因而也不得不消灭制约着它而使它成为无产阶级的那个对立面——私有财产。这是对立的否定方面，是对立内部的不安，是已被瓦解并且正在瓦解的私有财产"。"无产阶级由于其身为无产阶级而不得不在历史上有什么作为。它的目标和它的历史使命已经在它自己的生活状况和现代资产阶级社会的整个组织中明显地、无可更改地预示出来了。"②同样的，为工人阶级"最近的目的和利益而斗争"的共产党人，"在当前的运动中同时代表运动的未来"。③

可以说，阶级朝向过去和朝向未来的两张面孔，将马克思学说的不同面相贯穿为一个有机整体。原始公社解体以来阶级和阶级斗争形成与发展的历史进程，为马克思提供了合理解释世界的理论依据和经验材料；无产阶级通过阶级斗争推翻资产阶级，进而消灭阶级本身的未来预期，则为马克思提供了有效改变世界的奋斗目标和行动指南。前者是从经验总结规律、从具体到抽象的历史科学，后者则是用理论指导实践、从抽象到具体的政治科学。

四、经济的阶级与政治的阶级

在马克思理论体系中，阶级首先是一个社会经济领域的概念。关于现代社会的两大对立阶级，即资产阶级和无产阶级，恩格斯在两个地方

---

① 马克思、恩格斯：《共产党宣言》，载《马恩文集》第 2 卷，第 46 页。
② 马克思、恩格斯：《神圣家族，或对批判的批判所做的批判》，载《马恩文集》第 1 卷，第 260、262 页。
③ 马克思、恩格斯：《共产党宣言》，载《马恩文集》第 2 卷，第 65 页。

做过简单说明。一是在《英国工人阶级状况》1845年的序言中写道：

> 我总是用 Mittelklasse(中等阶级)这个词来表示英文中的 middle-class(或通常所说的 middle-classes)，它同法文的 bourgeoisie(资产阶级)一样是表示有产阶级，尤其是和所谓的贵族不同的有产阶级，这个阶级在法国和英国是直接地、而在德国是作为"社会舆论"间接地掌握着国家政权。同样，我也总是把工人(working men)和无产者，把工人阶级、没有财产的阶级和无产阶级当做同义词来使用。①

二是在《共产党宣言》1888年英文版"资产者和无产者"一节中加的一个注："资产阶级是指占有社会生产资料并使用雇佣劳动的现代资本家阶级。无产阶级是指没有自己的生产资料，因而不得不靠出卖劳动力来维持生活的现代雇佣工人阶级。"②

在这两段话中，区分资产阶级和无产阶级的基本依据都是是否占有社会生产资料，以及在此基础上是雇佣他人劳动还是出卖自己的劳动力。结合《德意志意识形态》对分工和所有制的解释，即分工意味着"生产力、社会状况和意识"三个要素的矛盾和分离，所有制是"对他人劳动力的支配"③，这便构成了人们对马克思"阶级"概念最通常的理解——人与人之间的关系(阶级关系)，首先是由人与物之间的关系(生产资料占有关系)决定的。

但是《共产党宣言》正文开头的那段话，表达了与此不同的意思，其中列举的各种对立阶级并不完全是由生产关系来界定的。第一个例子中，和"奴隶"相对的是"自由民"，而不是人们通常想象的奴隶主。奴隶

---

① 恩格斯：《英国工人阶级状况》，载《马恩文集》第1卷，第387页。
② 马克思、恩格斯：《共产党宣言》，载《马恩文集》第2卷，第31页。
③ 马克思、恩格斯：《德意志意识形态》，载《马恩文集》第1卷，第535—536页。

与自由民的关系和奴隶与奴隶主的关系显然是不一样的：贫穷的自由人的生活常常比奴隶还要艰难，也不会拥有奴隶。奴隶与自由民的区别是法律地位上的区别，而不是在生产过程中的地位的区别。① 整体而言，这里所说的"压迫者和被压迫者"的关系，和后文阐述的"剥削"关系也不是一回事："至今的一切社会的历史都是在阶级对立中运动的，而这种对立在不同的时代具有不同的形式。但是，不管阶级对立具有什么样的形式，社会上一部分人对另一部分人的剥削却是过去各个世纪所共有的事实。"②

这样，我们看到了界定阶级的两种不同方式：一种是经济意义上的剥削与被剥削关系，一种是政治意义上的压迫与被压迫关系。《德意志意识形态》中说："阶级是通过每一个这样的人群分离开来的，其中一个阶级统治着其他一切阶级。"③但"统治"又是一个模糊的概念，经济的统治与政治的统治既有密不可分的关联，又遵循各自不同的逻辑。这一点是对马克思"阶级"概念进行整全性理解的要害所在。

马克思本人是对经济权力与政治权力做了明确区分的。"可见，在我们面前有两种权力：一种是财产权力，也就是所有者的权力，另一种是政治权力，即国家的权力。"权力关系最终是由财产关系决定的，但"权力也统治着财产"，就是说，"财产的手中并没有政治权力，甚至政治权力还通过如任意征税、没收、特权、官僚制度加于工商业的干扰等等办法来捉弄财产"。④ 马克思不仅区分了经济支配阶级和政治统治阶级，还揭示了在意识形态上代表某阶级的人和机关独立发挥作用的可能性，因此，他所搭建的是一个由政治统治、经济支配和文化代表共同组成的多重分析架构，"并深刻地认识到结合这一多重性的利益对立性和共同性

---

① 阿兰·瑞安：《论政治》下卷，林华译，北京：中信出版社，2016年，第448—449页。
② 马克思、恩格斯：《共产党宣言》，载《马恩文集》第2卷，第51页。
③ 马克思、恩格斯：《德意志意识形态》，载《马恩文集》第1卷，第536页。
④ 马克思：《道德化的批评和批评化的道德》，载《马克思恩格斯全集》第4卷，北京：人民出版社，2006年，第330页。

原理"①。

　　阶级斗争作为"马克思主义最根本的问题之一",同样呈现出经济与政治的双重属性。《共产党宣言》明确宣称,"一切阶级斗争都是政治斗争"②。列宁在评析马克思阶级斗争学说时一针见血地指出:所谓"经济派"只承认萌芽状态的阶级斗争,而不承认更发达的阶级斗争;马克思主义则认为,只有当阶级斗争不仅发展到政治领域,而且还涉及政治中最本质的东西即国家政权的机构时,那才是充分发达的、"全民族的"阶级斗争。③ 这段话不仅阐明了马克思"阶级"概念的经济与政治二重性,而且提示读者,尽管马克思是从生产关系即经济的角度来界定阶级的,但在指导革命实践、引领历史前进的意义上,政治权力、政治斗争才是"阶级"概念更重要的面相。

　　经济和政治二重性问题显然是和"代表性"问题密切关联的,就是说,本质上由生产资料占有关系所决定的阶级,如何在政治领域、思想领域找到自己的代理人,又如何处理自己与代理人之间的关系。统治阶级在政治领域的代表,即国家;在思想领域的代表,即"思想家"或"意识形态家"。

　　关于后者,《德意志意识形态》做了透彻的分析:"统治阶级的思想在每一时代都是占统治地位的思想。这就是说,一个阶级是社会上占统治地位的物质力量,同时也是社会上占统治地位的精神力量。"④与此同时,在统治阶级内部出现了分工,"一部分人是作为该阶级的思想家出现的,他们是这一阶级的积极的、有概括能力的意识形态家,他们把编造这一阶级关于自身的幻想当做主要的谋生之道"⑤。限于篇幅,兹不赘述。

---

① 渡边雅男:《马克思的阶级概念》,李晓魁译,北京:社会科学文献出版社,2016年,第25—26页。
② 马克思、恩格斯:《共产党宣言》,载《马恩文集》第2卷,第40页。
③ 列宁:《论自由主义的和马克思主义的阶级斗争概念》,载《列宁选集》第2卷,北京:人民出版社,2012年,第323页。
④ 马克思、恩格斯:《德意志意识形态》,载《马恩文集》第1卷,第550页。
⑤ 马克思、恩格斯:《德意志意识形态》,载《马恩文集》第1卷,第551页。

关于前者，马克思的阶级理论和国家理论在这里相遇了。国家是阶级统治的工具，这是马克思关于阶级与国家关系最为人熟知的说法。《共产党宣言》指出，尽管资产阶级是从曾经被压迫的第三等级发展而来的，但是"从大工业和世界市场建立的时候起，它在现代的代议制国家里夺得了独占的政治统治。现代的国家政权不过是管理整个资产阶级的共同事务的委员会罢了"①。"委员会"就是工具的代名词。在其他地方可以看到其修正版本，即国家机器及其法律构成的"上层建筑"是由"经济基础"决定的，无论国家是否由资产阶级直接控制，国家政策都会促进资本主义经济的发展并以强制的方式保持社会稳定。这种观点被称为"功能主义"国家观。②

而在《雾月十八日》中描述路易·波拿巴的掌权过程时，马克思明确承认国家机器可以摆脱资产阶级的直接控制而更加自主地运行。在这里，他"没有忽视国家机构(官僚工具)作为一个阶级而存在的事实"，也"没有忘记无法归入资本、工资劳动和地租等概念中去的各阶级，特别是小农(自耕农)所发挥的作用"。③ 最让人印象深刻的是，阶级成员背离了自己所属的阶级，政治党派背离了自己代表的阶级。"不仅议会党分裂为原来的两大集团，不仅其中的每一个集团又各自再行分裂，而且议会内的秩序党和议会外的秩序党也分裂了。资产阶级的演说家和作家，资产阶级的讲坛和报刊，一句话，资产阶级的意识形态家和资产阶级自己，代表者和被代表者，都互相疏远了，都不再互相了解了。"④ 阶级与国家之间，阶级与政治家代表之间，阶级内部的不同集团之间，国家内部的不同派别之间，错综复杂，纵横捭阖，令人眼花缭乱。

在革命进程中，可以见到秩序党各个派别的垄断——工业集团、金融集团、大地产集团、天主教集团以及革命的"无政府派"的联合——无

---

① 马克思、恩格斯:《共产党宣言》，载《马恩文集》第2卷，第33页。
② 邓利维、奥利里:《国家理论：自由民主的政治学》，欧阳景根等译，杭州：浙江人民出版社，2007年，第145—146页。
③ 柄谷行人:《世界史的构造》，赵京华译，北京：中央编译出版社，2012年，第151页。
④ 马克思:《路易·波拿巴的雾月十八日》，载《马恩文集》第2卷，第546—547页。

产阶级、农民、小资产者、整个中间等级。① 然而,最终资产阶级、工人阶级、农民、小资产者都没能有效地找到并驾驭自己的代表,政权归于"流氓无产阶级的首领"波拿巴之手。② 1848年12月10日使波拿巴当选为总统的选举,"所表明的并不是他们意想中的人民,而是真实的人民,即分裂成各个不同阶级的代表"③。农民欢迎波拿巴,是因为农村反对城市;军队欢迎波拿巴,是因为他们反对共和党人;大资产阶级欢迎波拿巴,是把他作为恢复君主制的跳板;无产阶级和小资产者欢迎波拿巴,是为了惩罚镇压起义的独裁者卡芬雅克。④ 这次选举是阶级政治与现实政治相分离的一个典型例证。攫取政权的波拿巴成了"联合起来反对资产阶级共和国的一切派别的集合名词",革命无产阶级的领袖不过是无足轻重的"专有名词"。⑤ "黑格尔在某个地方说过,一切伟大的世界历史事变和人物,可以说都出现两次。他忘记补充一点:第一次是作为悲剧出现,第二次是作为笑剧出现。"⑥正是代表者与被代表者之间的背离,使同样的剧情在1789年革命和1848年革命中反复上演。

恩格斯后来撰写《家庭、私有制和国家的起源》时,对国家的看法已全然不同于《共产党宣言》:

> 国家是承认:这个社会陷入了不可解决的自我矛盾,分裂为不可调和的对立面而又无力摆脱这些对立面。而为了使这些对立面,这些经济利益互相冲突的阶级,不致在无谓的斗争中把自己和社会消灭,就需要有一种表面上凌驾于社会之上的力量,这种力量应当缓和冲突,把冲突保持在"秩序"的范围之内;这种

---

① 马克思:《1848年至1850年的法兰西阶级斗争》,载《马恩文集》第2卷,第164—165页。
② 马克思:《路易·波拿巴的雾月十八日》,载《马恩文集》第2卷,第523页。
③ 马克思:《1848年至1850年的法兰西阶级斗争》,载《马恩文集》第2卷,第99页。
④ 马克思:《路易·波拿巴的雾月十八日》,载《马恩文集》第2卷,第488—489页。
⑤ 马克思:《1848年至1850年的法兰西阶级斗争》,载《马恩文集》第2卷,第117页。
⑥ 马克思:《路易·波拿巴的雾月十八日》,载《马恩文集》第2卷,第470页。

从社会中产生但又自居于社会之上并且日益同社会相异化的力量,就是国家。①

在恩格斯看来,正因为国家不是阶级统治的忠实工具,不是整个社会的独自代表,国家才有存在的必要和可能。"到目前为止在阶级对立中运动着的社会,都需要有国家,即需要一个剥削阶级的组织,以便维护这个社会的外部生产条件,特别是用暴力把被剥削阶级控制在当时的生产方式所决定的那些压迫条件下(奴隶制、农奴制或依附农制、雇佣劳动制)。""当国家终于真正成为整个社会的代表时,它就使自己成为多余的了。当不再有需要加以镇压的社会阶级的时候,当阶级统治和根源于至今的生产无政府状态的个体生存斗争已被消除,而由此二者产生的冲突和极端行动也随着被消除了的时候,就不再有什么需要镇压了,也就不再需要国家这种特殊的镇压力量了。"②

其实用不着恩格斯的事后总结,在马克思对法国1848年革命的即时观察和评论中,已经明确阐述了国家作为阶级活动"地盘"和阶级斗争"战利品"的角色。"每一种共同的利益,都立即脱离社会而作为一种最高的普遍的利益来与社会相对立,都不再是社会成员的自主行动而成为政府活动的对象。"③这样的政府,当然不仅仅是阶级统治的工具。"议会制共和国已不仅是法国资产阶级中的两派能够平分秋色的中立地盘。""那些相继争夺统治权的政党,都把这个庞大国家建筑物的夺得视为胜利者的主要战利品。"④作为工具的国家、作为地盘/战场的国家和作为战利品的国家,紧密交织在一起了。这三种角色似乎和特定的权力机构有某种对应关系(立法权更像是战场,行政权更像是战利品和工

---

① 恩格斯:《家庭、私有制和国家的起源》,载《马恩文集》第4卷,第189页。
② 恩格斯:《社会主义从空想到科学的发展》,载《马恩文集》第3卷,第561—562页。
③ 马克思:《路易·波拿巴的雾月十八日》,载《马恩文集》第2卷,第565页。
④ 马克思:《路易·波拿巴的雾月十八日》,载《马恩文集》第2卷,第541、565页。

具①),又可以理解为阶级斗争的不同阶段:不同阶级围绕国家政权而展开斗争,国家便成了阶级斗争的主战场;阶级斗争告一段落时,国家政权成为特定阶级、阶级联盟或阶级中的特定集团的战利品;在阶级斗争中胜出的阶级,便可以将国家当作阶级统治的工具。正因为国家不仅是阶级统治的工具,也可能是阶级斗争的战场、阶级斗争胜利者的战利品,才会发生《雾月十八日》和《1848年至1850年的法兰西阶级斗争》所刻画的波谲云诡、惊心动魄的斗争场景。

克罗波西(Joseph Cropsey)认为,马克思主义的核心在于"以历史取代哲学"进而"以社会和经济取代政治和宗教"。②"以历史取代哲学",抓住了马克思在方法论上与同时代人相比的一个重要区别,但也不宜过分夸大这种说法。马克思所勾勒的两种阶级图景,背后蕴含着两种不同的思维方式:两大阶级二元对立、持续斗争,体现的是抽象宏观的哲学思维;多个阶级交叉融合、多元互动,则是一种求真务实的历史思维。因此,与其说马克思用历史取代哲学,不如说是在历史发展脉络中建构一种新哲学。"以社会和经济取代政治和宗教",按照唯物史观的基本假设的确是这样,可是在马克思关于阶级和阶级斗争的论述中,处处体现出经济与政治的双重属性,而且在很多情况下(尤其在对1848年革命期间法国阶级状况的细腻描述中)政治性是独立于经济性之外,甚至超越于经济性之上的。因此,与其说马克思是用社会和经济取代了政治,不如说是以社会和经济为基础探索一种新政治。宗教当然是唯物主义批判的对象,不过,马克思也探讨了宗教在现代工业社会的功能替代物,即具有行动取向和群众取向的意识形态。

"如果说《资本论》是把经济作为表象来理解的话,那么可以说《路易·波拿巴的雾月十八日》则是把政治作为表象问题来处理的。如果《资本论》是近代经济学'批判'的话,同样,《路易·波拿巴的雾月十八

---

① 参见马克思:《路易·波拿巴的雾月十八日》,载《马恩文集》第2卷,第563—564页。
② 施特劳斯、克罗波西主编:《政治哲学史》下卷,李天然等译,石家庄:河北人民出版社,1993年,第979—980页。

日》就是对近代政治学的'批判'。"①恩格斯在回顾社会主义发展历程时曾说:"在1816年,圣西门宣布政治是关于生产的科学,并且预言政治将完全溶化在经济中。"②如果这个说法是合理的,那么马克思恰恰是在此基础之上,将经济重新凝练为政治的科学。由政治转向经济,再由经济升华为政治,二者的有机结合才能彰显马克思学说的特质。

五、结构的阶级与能动的阶级

马克思主义是一个宏大而谨严的理论体系,它与各组成部分的关系,以及各组成部分之间的关系,一直是学界争论不休的焦点。众所周知,列宁将马克思主义概括为三个组成部分:一是辩证唯物主义和历史唯物主义,二是以剩余价值学说为基石的政治经济学,三是以阶级斗争学说为核心的科学社会主义。③ 在马克思主义理论体系中,这三个组成部分分别发挥着哲学基础、现实批判和行动指南的功能,或者说分别对应着人类社会发展进程中的历史、现实与未来三个时间维度。

一种很有代表性的批评意见认为,马克思的唯物史观与阶级斗争学说之间存在难以调和的张力:一方面,"马克思主义是一种关于历史发展规律的科学,人能够通过把历史现实客体化从而掌握这种发展演进的规律,即使这种现实是在当下以历史主体的经验为形式呈现的";另一方面,经济与社会体制从根本上说是由生产力和生产关系定义的,人类的意识是由他们的社会存在决定的。"对于马克思主义来说,用生产关系和生产力来做出客体化诠释,和从阶级斗争出发来诠释历史的发展演进,两者间如何协调,这是一个问题。"④客体性与主体性、结构性与能动性之间的矛盾,不仅是全面理解马克思"阶级"概念必须面对的问题,也

---

① 柄谷行人:《历史与反复》,王成译,北京:中央编译出版社,2011年,第7页。
② 恩格斯:《社会主义从空想到科学的发展》,载《马恩文集》第3卷,第530页。
③ 列宁:《马克思主义的三个来源和三个组成部分》,载《列宁选集》第2卷,北京:人民出版社,2012年,第309—313页。
④ 雷蒙·阿隆:《历史讲演录》,张琳敏译,上海:上海译文出版社,2016年,第34页。

关涉整个马克思主义理论体系的自洽性。

回答这个问题,首先仍要回到阶级定义本身:作为历史行动者的阶级,作为阶级斗争主体的阶级,依据什么标准才能得到确认?如前所述,马克思在根本上是以经济标准即生产资料占有关系来界定阶级的,可是由于现实情形的复杂性和错位性,又在此基础上出现了补充性或替代性的看法。

最为人熟知的一种观点是,应该在经济因素之外强调文化因素的重要性,这就是汤普森(E. Thompson)《英国工人阶级的形成》一书的核心观点。他说,阶级不单是生产关系的事情,而且包含由它们产生出来的文化和政治,包含一个站在生产关系群体的特定地位进行自我创造的过程。"当一批人从共同的经历中得出结论,感到并明确说出他们之间有共同利益,他们的利益与其他人不同(而且常常对立)时,阶级就产生了。"在阶级形成的过程中,客观意义上的生产关系和主观意义上的阶级意识都是不可或缺的。①

柯亨(G. Cohen)对这种说法不以为然,他坚决支持基于生产资料占有关系的阶级定义:"我们要确定一个人的阶级归属只是根据他在所有制关系网络中的客观地位,不管熟练地辨明这种地位多么困难。意识、文化和政治不能成为他的阶级地位的定义的一部分。"只有把这些东西排除在定义之外,才能维护马克思主义关于阶级地位强有力地决定意识、文化和政治的观点。也就是说,阶级应该且只能由其成员在经济结构中的地位、他们在其中的实际权利和义务来决定,所以柯亨称之为"阶级的结构概念",正是这种结构性概念使直接生产者的类型区分成为可能,也使马克思得以发现"社会的解剖学"。②

普兰查斯则主张多元决定论:"什么是马克思主义理论的社会阶级呢?它们是由社会成员所组成的群体,这些人的地位主要(但并非绝对)由他们在生产过程也即经济领域中的地位所决定……但是政治和意识

---

① 汤普森:《英国工人阶级的形成》,钱乘旦等译,南京:译林出版社,2013年,第1—2页。
② 柯亨:《卡尔·马克思的历史理论:一个辩护》,岳长龄译,重庆:重庆出版社,1989年,第77—79页。

形态(上层建筑)也有同样重要的作用。"经济关系是界定阶级的主要依据,但国家权力和意识形态也在阶级关系的再生产中发挥了作用。①

不难理解,在纯粹基于生产资料占有关系的阶级定义中,阶级成员深受结构性力量的束缚而难以自主行动;而在其上叠加文化要素和政治要素,则给行动者发挥主观能动性创造了空间。说到这里,我们当然会想到马克思关于"自在阶级"(class in itself)和"自为阶级"(class for itself)的经典论述。他在《哲学的贫困》中写道:"经济条件首先把大批的居民变成劳动者。资本的统治为这批人创造了同等的地位和共同的利害关系。所以,这批人对资本说来已经形成一个阶级,但还不是自为的阶级。在斗争(我们仅仅谈到它的某些阶段)中,这批人联合起来,形成一个自为的阶级。他们所维护的利益变成阶级的利益。而阶级同阶级的斗争就是政治斗争。"②值得注意的是,他强调自为阶级的特征在于为了维护阶级利益而进行"政治斗争"(而不是经济斗争),这表明,自在阶级和自为阶级在很大程度上是和前文所论的"经济的阶级"与"政治的阶级"相呼应的。唯物史观以经济意义上的阶级为载体,这种"阶级"概念却难以有力地解释无产阶级推翻资产阶级政权、建立无产阶级专政的动力机制,只有将经济阶级与政治阶级、经济利益与政治利益、经济斗争与政治斗争结合起来,才能阐明阶级斗争的内在逻辑。

"马克思并不认为存在产生社会主义的必然性,我们就都可以高枕无忧了。相反,他相信资本主义制度一旦衰亡,工人阶级必须挺身而出,接过社会的领导权。"③无产阶级通过阶级斗争推翻资产阶级的统治并最终实现共产主义,这是不可抗拒的历史规律;但只有当无产阶级意识到自己的共同利益和历史使命,并愿意为了完成这一使命而努力奋斗的时候,这个伟大的蓝图才会变成现实。既然无产阶级在特定的历史阶段还不能成为自己的代表,就需要一个政治组织来代表它、唤醒它——这

---

① 参见余文烈:《分析学派的马克思主义》,重庆:重庆出版社,1993年,第126页。
② 马克思:《哲学的贫困》,载《马恩文集》第1卷,第654页。
③ 伊格尔顿:《马克思为什么是对的》,李杨等译,北京:新星出版社,2011年,第51页。

个组织当然就是共产党。共产党人在实践方面是"各国工人政党中最坚决的、始终起推动作用的部分",在理论方面"了解无产阶级运动的条件、进程和一般结果"①,所以,他们可以引导无产阶级实现从自在阶级到自为阶级的转变,进而完成自己的历史使命。在《共产党宣言》中,阶级和阶级斗争既是存在于现代资本主义社会的客观事实,也是共产党人革命实践的方向和目标:"共产党人的最近目的是和其他一切无产阶级政党的最近目的一样的:使无产阶级形成为阶级,推翻资产阶级的统治,由无产阶级夺取政权。"②如卢森堡所说,在马克思以前,资本主义国家中已经存在大量的雇佣工人,他们因为在资本主义社会中共同的社会生存条件而团结起来,摸索摆脱他们处境的出路;但只有马克思"采用通过夺取政权进行社会主义革命这个特别的历史任务把他们联合起来,使他们上升为阶级"③。

不仅无产阶级,资产阶级、农民、小资产阶级也都可以在自在和自为两种意义上来理解。"我们应当把资产阶级的历史分为两个阶段:第一是资产阶级在封建主义和专制君主制的统治下形成为阶级;第二是形成阶级之后,推翻封建主义和君主制度,把社会改造成资产阶级社会。"④和无产阶级一样,资产阶级在"形成为阶级"之前只是因其客观经济地位而存在的自在阶级,"形成阶级之后"才会为了本阶级的利益和封建主义做斗争。

小农阶级也是如此。一方面,"数百万家庭的经济生活条件使他们的生活方式、利益和教育程度与其他阶级的生活方式、利益和教育程度各不相同并互相敌对,就这一点而言,他们是一个阶级";另一方面,"各个小农彼此间只存在地域的联系,他们利益的同一性并不使他们彼此间形成共同关系,形成全国性的联系,形成政治组织,就这一点而言,他们又不是一个阶级"。他们不能以自己的名义来保护自己的阶级利益;他

---

① 马克思、恩格斯:《共产党宣言》,载《马恩文集》第 2 卷,第 44 页。
② 马克思、恩格斯:《共产党宣言》,载《马恩文集》第 2 卷,第 44 页。
③ 罗莎·卢森堡:《卡尔·马克思》,载李宗禹编:《卢森堡文选》,北京:人民出版社,2012 年,第 106 页。
④ 马克思:《哲学的贫困》,载《马恩文集》第 1 卷,第 654 页。

们不能代表自己,一定要别人来代表他们;他们的代表一定要同时是他们的主宰,是不受限制的政府权力。①

不用说,自在阶级和自为阶级是基于阶级发展历程的一种理想型区分,纯粹的自在阶级和完全的自为阶级之间存在各种中间状态。一个阶级的自为程度越高,就越可能"作为一个单位行事",并"作为一个单位生产自己特有的思想和信念"。② 且看《雾月十八日》对1848年革命各阶段的简要总结:

> 普遍友爱的骗局。
> 一切阶级同无产阶级进行斗争。无产阶级遭受失败。
> 纯粹的资产阶级共和派专政。资产阶级专政被废除。
> 制宪议会同波拿巴以及秩序党进行斗争。共和派资产阶级遭受失败。
> 小资产阶级同资产阶级和波拿巴进行斗争。小资产阶级民主派遭受失败。
> 秩序党实行议会专政。秩序党完成自己的统治,但失去议会制内阁。
> 议会资产阶级和波拿巴进行斗争。
> 议会失去军队总指挥权。
> 秩序党失去独立的议会多数。秩序党同共和派和山岳党联合。
> 秩序党分解为各个构成部分。资产阶级议会、报刊同资产阶级群众最后决裂。
> 议会和行政权公开决裂。议会制度和资产阶级的统治覆

---

① 马克思:《路易·波拿巴的雾月十八日》,载《马恩文集》第2卷,第566—567页。
② 萨拜因:《政治学说史》下卷,邓正来译,上海:上海人民出版社,2009年,第457页。

灭。波拿巴获得胜利。①

在书中描述的复杂关系和曲折情节中,尽管一些阶级尚未成为真正意义的自为阶级,他们仍是和各政党、各派别一样的拟人化的行动者,在历史舞台上生动地展现自己的身姿。

能动性问题还体现在阶级与阶级成员的关系上。对这个问题,马克思首先强调的是阶级对于个人的决定性作用。"阶级对各个人来说又是独立的,因此,这些人可以发现自己的生活条件是预先确定的:各个人的社会地位,从而他们个人的发展是由阶级决定的,他们隶属于阶级。这同单个人隶属于分工是同类的现象,这种现象只有通过消灭私有制和消灭劳动本身才能消除。"②如萨拜因所说:"正如民族之于黑格尔乃是一个集合统一体,阶级之于马克思也是一个集合统一体。"③

但是,阶级成员完全可能偏离所属阶级的规定性,按照自己的意愿和偏好行事。"有个性的个人与偶然的个人之间的差别,不是概念上的差别,而是历史事实。"④一个人的信念和行为主要是由他所属的阶级地位决定的,但"那个阶级也必定会不时地造就一些不寻常的个人,他们会挣脱本阶级的束缚并为某个将取代旧统治阶级的新兴阶级提供一种新的意识形态"⑤。"阶级斗争的一个重要特点在于其结果是无法预知的,因此宿命论也就失去了根据。"⑥在 1848 年的革命大戏中,作为阶级成员的行动者(尤其是工人、农民和小资产阶级)纷纷偏离了自己的阶级属性,使得一个跳梁小丑似的人物攫取了政权。正因为阶级成员、阶级代表具有很多情况下难以预料、难以控制的能动性,才导致马克思基于阶

---

① 马克思、恩格斯:《路易·波拿巴的雾月十八日》,载《马恩文集》第 2 卷,第 558—559 页。有删节。
② 马克思、恩格斯:《德意志意识形态》,载《马恩文集》第 1 卷,第 570 页。
③ 萨拜因:《政治学说史》下卷,邓正来译,上海:上海人民出版社,2009 年,第 457 页。
④ 马克思、恩格斯:《德意志意识形态》,载《马恩文集》第 1 卷,第 574 页。
⑤ 萨拜因:《政治学说史》下卷,邓正来译,上海:上海人民出版社,2009 年,第 475 页。
⑥ 伊格尔顿:《马克思为什么是对的》,李杨等译,北京:新星出版社,2011 年,第 54 页。

级分析对法国、德国政治走向的预测未能变成现实。"他对1848年的期望落空了,那年发生的一系列革命的主要动力是民族主义和自由主义,不是社会主义,而且无一成功。"在德意志,过去的精英重新掌握了权力,德国统一不是自由主义和民族主义的结果,而是在普鲁士的绝对君主制和俾斯麦宰相的统治下实现的。在法国,路易-菲利普的七月王朝被推翻,但法兰西第二共和国无法维持,路易·波拿巴恢复了帝制。"马克思晚年认识到,《共产党宣言》把资本主义经济制度在欧洲诞生的阵痛当成了资本主义经济制度的垂死挣扎。"①

"历史什么事情也没有做,它'不拥有任何惊人的丰富性',它'没有进行任何战斗'!其实,正是人,现实的、活生生的人在创造这一切,拥有这一切并且进行战斗。"并不是历史把人当作手段来达到自己的目的,"历史不过是追求着自己目的的人的活动而已"②。作为历史进程中的行动主体,阶级至少在两个意义上体现出能动性色彩:一方面,阶级(尤其是无产阶级)会从经济的、客观的、消极的自在阶级向政治的、主观的、能动的自为阶级转变,自觉承担起自己的历史使命,使唯物史观所揭示和预测的历史进程得以实现;另一方面,阶级的成员和代表相对于阶级整体也有其能动性,这种能动性则很容易导致对所属阶级之属性和使命的偏离,成为既定历史进程的干扰因素。对此,应星提出的结构、局势、行动者三因素分析法值得参考:阶级作为一种结构力量起着长期和根本的作用,又和国家、政党、经济、社会、观念等因素共同交会成一种局势,与此同时,一个个活生生的人也会暂时脱下"一律的阶级制服"去自主地行动。③

---

① 阿兰·瑞安:《论政治》下卷,林华译,北京:中信出版社,2016年,第455页。瑞安形象地将马克思的革命理论称作"社会构造学",经济和社会变迁会导致阶级结构的变化,对旧有政治制度的"坚硬外壳"产生巨大压力,很容易引发地震;然而,压力如何传导并不确定,也可能会消散,所以难以预测地震何时发生。参见该书第461页。
② 马克思、恩格斯:《神圣家族,或对批判的批判所做的批判》,载《马恩文集》第1卷,第295页。
③ 应星:《事件社会学脉络下的阶级政治与国家自主性——马克思〈路易·波拿巴的雾月十八日〉新释》,《社会学研究》2017年第2期。

六、东方的回响与问题式的反思

1917年11月7日晚,俄国十月革命在攻打冬宫的隆隆炮声中爆发。随后召开的全俄苏维埃第二次代表大会,宣告了世界上第一个无产阶级专政国家的成立。《共产党宣言》中的预言在大半个世纪后开始变成现实,并在世界各地掀起了无产阶级革命和民族解放运动的新高潮。

在中国,"十月革命一声炮响,给我们送来了马克思列宁主义"[①]。1918年,李大钊发表《法俄革命之比较观》《庶民的胜利》《Bolshevism的胜利》等文章,成为"在中国举起十月革命旗帜的第一人";次年,发表长文《我的马克思主义观》,系统介绍马克思主义学说,"标志着马克思主义在中国进入比较系统的传播阶段"[②]。在中国的马克思主义早期传播者和中共建党先驱中,李大钊是对西方近代社会科学了解得最深入的一位。他从不孤立地看待马克思主义,而是将其置于宗教改革、文艺复兴以来西方思想演变的大脉络中加以比较观察。因此,李大钊在接受马克思主义时比其他人更具有反思意识,对其不同组成部分之间的张力产生过更多的疑惑,正因如此,他对马克思主义的内在结构和本质特征也有着更深刻的理解。

李大钊将马克思主义学说分为三个部分:关于过去的理论,即历史论;关于现在的理论,即经济论;关于将来的理论,即政策论。阶级竞争说则是将其联络起来的一条金线。[③] 这里的历史论、经济论、政策论,大致对应通常所说的唯物史观、政治经济学(资本主义批判)、科学社会主义三个部分,它们分别承担着阐释过去、批判现在、引领未来的功能。

李大钊敏锐地察觉到,马克思学说的不同部分之间存在张力,尤其

---

① 毛泽东:《论人民民主专政》,载《毛泽东选集》第4卷,北京:人民出版社,1991年,第1470—1471页。
② 本书编写组:《中国共产党简史》,北京:人民出版社,2021年,第6—7页。
③ 李大钊:《我的马克思主义观》,载《李大钊全集》第3卷,北京:人民出版社,2013年,第5页。

是唯物史观与阶级斗争论之关系可能会引发质疑。"马氏受人非难的地方很多,这唯物史观与阶级竞争说的矛盾冲突,算是一个最重要的点。"马克思一方面确认生产力是历史的原动力,一方面又说"阶级竞争是历史的终极法则";一方面否认阶级的活动"常可以有些决定经济行程的效力",一方面又说阶级竞争"可以产出历史上根本的事实,决定社会进化全体的方向"。① 为了消除心中困惑,走出理论困境,李大钊沿着两种逻辑对马克思学说做了进一步阐释。

一是阶段论的逻辑,即阶级斗争只适用于历史发展的特定阶段,而不能涵盖全部的人类历史。他摘出马克思的三句重要论述,从中各撷取一个关键词:首先,"所有从来的历史,都是阶级竞争的历史"。所谓"从来",意思是不包括未来。其次,"资本家的生产关系,是社会的生产方法采敌对形态者的最后"。所谓"最后",意思是以后不会再有。最后,"人类历史的前史,以今日的社会组织终"。所谓"前史",意思是人类尚未进入"真历史"。② 所以他的结论是:"马氏并非承认这阶级竞争是与人类历史相始终的,他只把他的阶级竞争说应用于人类历史的前史,不是通用于过去、现在、未来的全部。"③当人类历史由"前史"进入"真历史的新纪元",阶级竞争便会让位于友爱互助,"从前阶级竞争的世界洗得干干净净,洗出一个崭新光明的互助的世界来"。④

二是能动论的逻辑,即经济变动推动历史发展不是一个自发的过程,而须充分发挥行动者的主观能动性。李大钊意识到,唯物史观的决定论色彩很可能被人误解,导致一种消极等待的行动取消主义。"历史的唯物论者以经济行程的进路为必然的、不能免的",便可能被"加上了

---

① 李大钊:《我的马克思主义观》,载《李大钊全集》第3卷,北京:人民出版社,2013年,第18页。
② 守常:《阶级竞争与互助》,载《李大钊全集》第2卷,北京:人民出版社,2013年,第482页。
③ 李大钊:《我的马克思主义观》,载《李大钊全集》第3卷,北京:人民出版社,2013年,第18页。
④ 守常:《阶级竞争与互助》,载《李大钊全集》第2卷,北京:人民出版社,2013年,第482页。

一种命定的彩色"。但他提醒读者,马克思、恩格斯恰恰是反对消极等待,主张积极斗争的,《共产党宣言》便在"大声疾呼,檄告举世的劳工阶级,促他们联合起来,推倒资本主义"①。在《再论问题与主义》一文中,他把唯物史观称为马克思主义的"第一说",阶级竞争则是其"第二说"。唯物史观是求得"根本解决"的方向和目标,阶级竞争则是推动和促成根本解决的"准备活动"。② 这样一来,马克思主义学说中结构主义特征(以经济变动为根本因素)与能动主义色彩(以阶级斗争推动经济变动)的张力便得到了有效缓解。③

李大钊发表此文两年后,中国共产党成立,马克思主义和国际共产主义运动翻开了新篇章。如今重访经典,以问题式的方法对"阶级"概念进行反思,或许有助于我们更好地理解马克思主义及其东方回响。

首先,"阶级"概念为整全性理解马克思主义提供了至关重要的视点。在结构的意义上,阶级作为一种复合的关系性概念,将个人与社会、个人与国家、社会与国家连接成一个整体。在分析的意义上,阶级作为一种独特的人群联合体,使人类历史进程中的经济、政治、社会、思想、文化等因素交融互动。对马克思主义来说,阶级又是将其各组成部分贯穿起来的一条金线:阶级和阶级斗争的历史,构成了历史唯物主义的基本线索;资本家通过剩余价值剥削工人、人们的生产活动及其产品被异化,构成了政治经济学和资本主义批判的分析起点;工人阶级从自在阶级变成自为阶级,通过阶级斗争推翻资产阶级统治并最终消灭阶级和国家,构成了科学社会主义的主要内容。

其次,马克思提供了两种不同的阶级图景,一种是资产阶级和无产阶级两大阶级之间的冲突斗争,一种是现实社会中多个阶级之间的持续

---

① 李大钊:《我的马克思主义观》,载《李大钊全集》第3卷,北京:人民出版社,2013年,第19—20页。
② 李大钊:《再论问题与主义》,载《李大钊全集》第3卷,北京:人民出版社,2013年,第54—55页。
③ 上述内容在另一篇拙文中有更详细的论述,参见李里峰:《能动的唯物史观——李大钊"青春"意象与历史观念之再探》,《福建论坛》(人文社会科学版)2021年第11期。

互动，它们有不同的来源，代表了马克思阶级理论中密切关联、相辅相成的两种逻辑。前者主要以英国为蓝本，呈现为理念的、抽象的、同质的、固化的、二元对立的阶级，更多具有理论建构的色彩；后者主要以法国为蓝本，呈现为经验的、现实的、异质的、流动的、多元互动的阶级，更多是对现实社会结构的表征。前者好似历史诗学，勾画了人类社会在两大对立阶级的持续斗争中向前发展的历史景观；后者堪比历史小说，描绘了现实社会中纷繁复杂的阶级关系和形象生动的芸芸众生。

再次，马克思"阶级"概念将人类社会发展进程的过去、现在和未来连贯起来。一方面，阶级和阶级斗争都是历史的产物，是在原始公社解体后，随着私有制、财产差别、使用他人劳动的发展而逐渐形成的。这解释了现代资本主义社会的由来和现状，构成了唯物史观的基本线索和政治经济学批判的分析基点。另一方面，无产阶级与资产阶级的斗争成为现代工业社会的主要特征，无产阶级终将推翻资产阶级统治并实现消灭阶级和剥削的共产主义蓝图。这彰显了马克思主义"改变世界"的实践性特征，为"社会主义从空想到科学的发展"提供了理论依据。"阶级"概念的过去和未来两个面相，分别赋予了马克思主义以历史科学和政治科学的特质。

复次，马克思"阶级"概念具有经济和政治的双重属性。就阶级关系而言，有经济意义的剥削与被剥削关系，也有政治意义的压迫与被压迫关系；就阶级斗争而言，有针对财产权力的经济斗争，也有针对国家权力的政治斗争。在现实的历史进程中，国家可能是阶级统治的工具，也可能是阶级斗争的战场，抑或是阶级斗争获胜者的战利品。马克思主要从生产关系即经济的角度来界定阶级，但在指导革命实践、引领历史前进的意义上，政治权力、政治斗争却发挥着更加重要的作用。与前人和时人相比，马克思以历史替代哲学，又在历史发展脉络中建构了一种新的哲学；以经济和社会解释取代政治和宗教解释，又以经济和社会为基础探索了一种新的政治可能性。

最后，唯物史观与阶级斗争学说之间蕴含着内在张力，但马克思在理论探索中有效缓解了这种张力。唯物史观旨在揭示历史发展规律,具有客体性、结构性的色彩;阶级斗争则是人们的主观行动,具有主体性、能动性的特征。马克思以自在阶级和自为阶级的区分回应了这个问题:一方面,只有当无产阶级意识到自己的共同利益和历史使命,并愿意为了完成这一使命而努力奋斗,也就是从自在阶级转变为自为阶级的时候,唯物史观所揭示的历史规律、勾画的历史蓝图才会变成现实;另一方面,阶级成员和阶级代表相对于阶级整体所表现出的能动性,则可能导致对阶级属性及其使命的偏离,成为既定历史进程的干扰因素。

对马克思"阶级"概念的上述探讨,还提示我们进一步以问题式的方法,去思考马克思学说本身的内在特征。阿尔都塞认为,马克思的辩证法与黑格尔的辩证法有着本质区别。不同于黑格尔单一的、同质化的"总体",马克思的"统一性"是一种具有"多环节主导结构"的"复杂整体",这种特殊结构"确立了矛盾与矛盾之间、各矛盾方面之间存在的支配关系"。① 从这种复杂统一性出发,马克思学说中以下几点很值得关注。

一是唯物史观与辩证法之关系。唯物史观是一种历史观念,旨在探寻人类社会历史的发展规律,主张社会存在决定社会意识,经济基础决定上层建筑,物质生产方式决定社会生活、政治生活和精神生活的一般过程;辩证法是一种思维方法,强调普遍联系和变化发展,主张在对立统一、质量互变、否定之否定等规律中解释自然现象和人类社会。二者遵循的内在逻辑并不相同:唯物史观诉诸一种确凿的终极性解释,辩证法可能导向不确定性和相对性;唯物史观呈现出历史规律不可抗拒的结构性特征,辩证法具有更显著的能动性色彩。② 如果说唯物史观为马克思

---

① 阿尔都塞:《保卫马克思》,顾良译,北京:商务印书馆,2010年,第196—201页。
② 萨拜因认为,马克思的历史哲学强调社会变革的基础在于这种变革的必然性(necessity)或不可避免性(inevitability);其辩证法则"可以溶解人们以为的一切绝对真理和超然价值,因为它可以证明它们都是相对的,都是社会生活在其即时演化和历史演化的过程中形成的各种社会产物"。参见萨拜因:《政治学说史》下卷,邓正来译,上海:上海人民出版社,2009年,第441、449页。

主义提供了一个基于客观规律的理想蓝图,那么辩证法则为实现这一蓝图提供了激发行动者主体性的革命动力。

二是理论与经验之关系。在这个问题上,萨拜因与阿尔都塞的看法形成了鲜明反差。萨拜因认为马克思过于关注历史知识和经济知识,关注事实和经验,从而使他的逻辑体系缺乏严密性。① 阿尔都塞则说,"条件"作为马克思主义的基本概念之一,实际上并不是一个经验的概念,而是建立在对象本质基础上的理论概念,体现了整体在特定"阶段"上的存在,也就是整体结构各环节间相互依存条件的复杂关系。② 按照阿尔都塞的说法,马克思笔下二元对立的阶级与多元互动的阶级、经济的阶级与政治的阶级、结构的阶级与能动的阶级之间错综复杂的关系,完全可以在这种以"条件"为前提的"统一性"下得到合理的解释:这些对举的"阶级"概念中,前者揭示了现代工业社会的主导结构和运动规律,后者则是对政治家所处"现阶段"之"环境"或"条件"的动态把握。

三是表征与要素之关系。在概念史家科塞雷克(Reinhart Koselleck)看来,历史的基本概念不仅是社会和历史发展的"表征"(representation),也是直接影响历史变化的"要素"(factor),就是说,概念不仅被用来描述和再现政治发展过程,更具有引导政治实践、参与政治变迁的功能。③ 马克思学说尤其符合这种判断。卢森堡指出,马克思学说是经济发展和政治发展特定阶段在思想上的反映,但又不仅仅是一种反映。"如果马克思的这种认识不成为社会的认识,不成为某一特定的社会阶级即现代无产阶级的认识,那么被马克思认识到的这一历史过渡是绝对不会实现的。这种由马克思的理论阐述的历史变革需要以下列条件为前提:马克思的理论成为工人阶级的意识形态,并且作为这种意识形态成为历史本身的要素。"④ 从这个意义上说,马克思的阶级斗争

---

① 萨拜因:《政治学说史》下卷,邓正来译,上海:上海人民出版社,2009年,第448页。
② 阿尔都塞:《保卫马克思》,顾良译,北京:商务印书馆,2010年,第202页。
③ 参见方维规:《概念史八论》,《东亚观念史集刊》2013年第4期。
④ 罗莎·卢森堡:《卡尔·马克思》,载李宗禹编:《卢森堡文选》,北京:人民出版社,2012年,第114页。

学说和唯物史观可以看作一种自我实现的预言：只有当它们成为推动历史进程的要素（改变世界）而不仅仅是历史的表征（解释世界）时，马克思所描绘的历史图景才会变成现实。

柯尔施指出，"马克思主义是完全非教条和反教条的、历史的和批判的，因而是最严格意义上的唯物主义"，是一种实质上仍然属于哲学的"反哲学"。① "阶级"概念和阶级斗争学说，为我们深入理解这种历史的、批判的、行动的、革命的、反哲学的哲学，提供了一个至关重要的切入点。

---

① 柯尔施：《马克思主义和哲学》，王南湜等译，重庆：重庆出版社，1989年，第59—61页。

Rethinking the Multiple Structure of Marx's Concept of Class: A Problematic Approach

Li Lifeng

Abstract: This paper aims to rethink Marx's concept of class in a problematic way. Marx described two different class sceneries of binary opposition and multiple interaction. The concept of class has two faces, the past and the future. The former is the starting point of Historical Materialism and critique of political economy, while the latter provides a theoretical basis for "the development of socialism from fantasy to science". Marx's concept of class has dual attributes of economy and politics, and it also highlights the multiple roles of the state as instrument of class rule and the battleground or spoils of class struggle. The distinction between "class in itself" and "class for itself" alleviated effectively the tension between Marx's Historical Materialism and the theory of class struggle, and that between structuralism and activism.

Keywords: concept of class, Marx, binary vs multiple, economy vs politics, structure vs agent

国家作为受害者:伤害索赔的伦理政治和国际关系中的报复行为

陈 利[*]

摘要: 本文通过简要梳理伤害话语和受害者身份的法理和伦理意义在近现代国际关系史上的演变,分析为什么很多强权国家也希望把自己塑造成受害者。利用伤害话语和受害者身份,可以为当事国提供独特而且迫切需要的道德与政治合法性。伤害话语将不同国家或民族所经历的伤害进行等级划分,使得某些国家的伤害被认为更值得同情和报复。这种伤害话语政治同近现代国际关系中众多的暴力和不义行为有密切关系,对其进行批判性研究,有助于更清楚地认识国际法和国际关系的本质与历史轨迹。

关键词: 伤害政治 伤害话语 伤害索赔 国际法 中外关系

  多个学科的学者,都详细分析了个人或群体声称自己受到伤害究竟意味着什么。相比之下,除了外交史、国际法和国际关系研究中常常进行的一些技术性讨论外,国家作为伤害索赔(injury claims)的主体这个现象,还远远没有得到批判学者足够的关注。粗略浏览一下近现代全球史就会发现,在过去的几个世纪中,伤害索赔对许多国家的政策和意识形态至关重要。通过重新审视中外关系史和其他国际背景下一些伤害索赔的例子,本文将试着探究,为何各国发现伤害索赔这个策略如此有用,以及它们如何利用此类索赔策略,使其外交政策和政治议程合理化。

---

[*] 陈利,加拿大多伦多大学历史系和法学院副教授。译者李明倩,华东政法大学外语学院副教授。

我认为,声称自己是受害者,能够为国家行为主体(state actors)提供独特而且迫切需要的道德与政治合法性,有助于国家对内巩固权力,对外实现其战略目标,特别是在国家实施上述行为的手段或动机令人质疑或缺乏足够正当性的情况下。我们不应把国家的伤害索赔仅仅当作一个由法律裁决的问题,而要关注强权政治,关注那种将某些伤害塑造成比其他伤害更应获得承认、更值得哀悼和更应予以复仇的话语。这种对伤害的等级划分,往往是建构在不同民族或国家间所谓的政治、文化或种族差异基础之上的,也和至今仍困扰近代国际关系制度的严重不平等和无休止暴力有密切关系。如果我们希望解决近代国际秩序中的这些问题,就必须批判性考察相关的受害者/创伤政治及其背后的话语体系,而不能将之视为顺理成章。

在南亚摆脱殖民统治60年后,印度历史学家拉纳吉特·古哈(Ranajit Guha)仍在哀叹英国殖民主义遗留的痛苦记忆:"每当我读到或听到'印度殖民地'一词,都倍感疼痛。如同一个已经愈合的伤口,残留的伤痕却在诉说着最初的疼痛,这最初的疼痛交织着许多不同的东西——记忆、价值观、情感。"[1]古哈的经历印证了殖民主义对前殖民地人民造成的严重精神创伤。同样,1840—1945年间的外国侵略,也给近代中国留下了深深的创伤。1840—1842年第一次鸦片战争后,中国与英国、法国和美国签订一系列不平等条约;1856—1860年第二次鸦片战争期间,1900年前后义和团运动和1931—1945年日本侵华时期,外国列强的杀戮和掠夺,使那个世纪在中国人的集体记忆中充满耻辱和伤害。[2]古哈、弗朗茨·法农(Frantz Fanon)、爱德华·萨义德(Edward Said)等后殖民学者出版的众多有巨大影响力的著作都显示,这些受伤和愤慨的情感,有可能产生对殖民主义或帝国主义暴力和压迫强有力的

---

[1] Ranajit Guha, "A Conquest Foretold", *Social Text*, No. 54, 1998, pp. 85-99.
[2] Wang Jianlang, *Unequal Treaties and China*, Hong Kong: Enrich Professional Publishing, 2015;张海鹏等:《国耻百谈》,北京:中华书局,2001年。

批评。① 前殖民地国家也确实经常利用这些情绪,来为其政治议程服务。在《帝国的受害者》(Wronged by Empire)一书中,孟佳瑞·米勒(Manjari Miller)认为,殖民主义对某些国家而言,"是具有能改变社会的历史事件"和"集体创伤"。例如,印度和中国,左右这两个国家的意识形态和外交政策的驱动力,主要来自实现"受害人身份的目标",其希望实现的两个目标则是在后殖民时代确保"领土主权完整"和"国际地位最大化"。② 但是,如果我们认为只有那些弱小或曾被征服的国家才愿意利用受害者身份,那就大错特错了。③ 事实上,正如本文所示,在过去的几个世纪中,声称受到伤害或声称是受害人的做法,即便在强权大国中也非常普遍。在本文中,我的目标之一就是研究受害人身份如何变成了权力或者暴力的合法性来源,换句话说,我想探究自称受害人如何变成了伤害他人或向他人施暴的理由。

在接下来的几部分中,我将首先廓清伤害索赔或受害者身份在国际关系中的道德和法律含义。然后,我将以中西关系史中的例证来分析,强势帝国为何以及如何经常向实力弱小很多的国家提出伤害索赔。第三部分将讨论受害人政治,分析它是怎样影响了对伤害索赔的区别表述和对待。本文最后简要讨论了二战后日本以及近期的美国作为(前)强权国家援引受害者身份的例子,来反思为何现在应当停止以自身苦难遭遇为由,向他人施加更严重的暴力和伤害。

---

① Frantz Fanon, *The Wretched of the Earth*, C. Farrington trans., New York: Grove, 1963; Frantz Fanon, *Black Skin, White Masks*, R. Philcox trans., New York: Grove, 2008; Edward Said, *Culture and Imperialism*, New York: Alfred A. Knopf, 1994; Edward Said, *Orientalism*, New York: Vintage Books, 1993.
② Manjari Miller, *Wronged by Empire: Post-Imperial Ideology and Foreign Policy in India and China*, Stanford: Stanford University Press, 2013.
③ 这种错误观点见于 Harry Gelber, *Opium, Soldiers and Evangelicals: Britain's 1840-42 War with China, and Its Aftermath*, New York: Palgrave Macmillan, 2004。

一、伤害索赔或受害者身份的道德和司法含义

1992年,查尔斯·赛克斯(Charles Sykes)在其很有争议的著作《受害者之国》(A Nation of Victims)一书中,将美国视为一个"受害者的社会",其特征是大众"不仅常常觉得自己遭受不公,而且愿意挥舞着自己的愤怒作为从社会获利的武器,将自身的缺陷和劣势视为应受社会尊重的敲门砖"。[1] 20年后,政治哲学家黛安·恩斯(Diane Enns)再次大声质问:"为什么现在受害者被赋予了一种许多人感到无法或不愿挑战的道德权威?"[2]当代社会日益普遍的受害者文化(culture of victimhood),见证了后现代社会过度的伤害索赔,将受害者的身份变成了一种道德上的无辜、一种法律权利和一种逃避个人或集体责任的借口。但这种受害者身份政治或伤害政治背后的合理性来源,却有着久远的文化道德谱系和历史。

耶稣基督被钉死在十字架上是一个广为人知的形象,其主流传统解释恰恰说明了这一点。耶稣所承受的苦难和牺牲,不仅救赎了有罪的人类,也证明了上帝无限的爱和美德。迫害耶稣之人的残忍邪恶,反衬出耶稣及其所代表的所有受害者的善良。这向基督教信徒传递的信息非常明确:如果压迫或加害我的人"已经(被认定)是邪恶之人,那我就不可能不是良善之人。所以,我就是良善之人"[3]。

因此,受害者身份被用来先入为主地确立了受害者在道德上的正当性和优越地位,受害者遭受的苦痛或不公反过来成了其法律和政治权利的依据。这种将加害者和受害者截然对立的趋势,是解读受害者政治的

---

[1] Charles Sykes, *A Nation of Victims*: *The Decay of the American Character*, New York: St. Martin's Press, 1992, p. 12.
[2] Diane Enns, *The Violence of Victimhood*, College Station: Pennsylvania State University Press, 2012.
[3] Chielozona Eze, *Postcolonial Imagination and Moral Representations in African Literature and Culture*, Lanham: Lexington Books, 2011, pp. 5 - 6.

关键,也是理解报复性暴力行为获得道德正当性的关键。

尽管耶稣本人从未以报复性暴力行为来回应暴力,但是假定了加害者与受害者之间的道德等级和报复的天然正义性这种世俗化的伤害话语(injury discourse),在很早以前就在国际关系的语境中盛行,并被正式载入近代《万国法》(后来被称为《国际法》)的奠基性文本。例如,西班牙神学家和法学家弗朗西丝科·德·维多利亚(Franciscus de Victoria,约 1483—1546)认为,"伤害"是发动正当战争的唯一理由,交战国可以因自保、索取损害赔偿或预防侵害,而合法地采取由正义战争引发的一切行动。① 同样,在《战争与和平的权利》一书中,另一位近代万国法奠基人、荷兰法学家和外交官胡果·格劳秀斯(Hugo Grotius,1583—1645)于 17 世纪 20 年代引用古典和中世纪权威著述,得出的结论是:"除了受到伤害(或威胁受到伤害)之外,没有任何其他可以发动战争的合理理由。"他呼应了维多利亚的观点,认为自卫、追索损失以及因过去的伤害而实施惩罚来避免将来再受侵害,构成了国际关系中发动战争的三大"正义理由"。② 一场"正义战争"(just war)将允许受害者在必要情况下剥夺加害者的权利、财产、自由甚至生命。这与受害个人不同,个人的自卫权是"暂时性的,一旦可以诉诸法官,即行终止"。与之相比,国家的自卫权则如格劳秀斯所指出的,可以持续行使下去(只要受到新的侵害,或者遭受新的损失),而且国家有权对所受侵害实施报复。③ 被国际法承认的伤害,包括对一个民族或国家的利益、财产以及名誉、尊严和荣誉的损害(或威胁损害)。此类伤害构成"每一场正义战争"的基础或

---

① Franciscus de Victoria, "De Indis et de ivre Belli Relectiones", in *Relectiones Theologicae XII*, J. Bate trans., Ernest Nye ed., Washington: Carnegie Institution of Washington, 1917; Henry Wheaton, *History of the Law of Nations in Europe and America: From the Earliest Times to the Treaty of Washington*, 1842, New York: Gould, Banks and Co., 1845, p. 48.
② Hugo Grotius, *The Rights of War and Peace*, Indianapolis: Liberty Fund, 2005, pp. 393-395.
③ Hugo Grotius, *The Rights of War and Peace*, Indianapolis: Liberty Fund, 2005, pp. 416-417; Hugo Grotius, *Commentary on the Law of Prize and Booty*, G. Williams trans., Indianapolis: Liberty Fund, 2005, pp. 102-107.

理由的观点,被后世国际关系的权威学者们肯定,其中包括18世纪著名的瑞士法学家埃默尔·德·瓦特尔(Emmer de Vattel,1714—1767)。①

因此,在国际法经典文本和教义中,18世纪中期时就已经充分确立了,伤害索赔具有将一场预防性或报复性战争转变为受害者自然权利甚至是义务的法律和道德效果。历史上也曾发展出一些国际法原则,用来限制可能对正义战争学说的滥用,包括强调正义战争所造成的损害应该与最初所受伤害成比例等等。但是,在过去几个世纪的近代国际法著述中,上述伤害和复仇正义的理念,仍旧是关于一国是否以及何时能够合法地发动战争的逻辑关键。由此产生的关于伤害和正义战争的话语,极大地影响了15世纪开始的西方殖民扩张以及之后的国际关系格局。

葡萄牙、西班牙、法国、英国和荷兰等早期近代殖民国家,经常主张其在非基督教世界享有自由贸易、游历和传教等一系列自然权利,为其海外殖民扩张寻找正当理由。当地人如果抗拒欧洲人行使这些"权利",就会被认为是对这些殖民国家的伤害,从而成为发动所谓"正义战争"的理由。② 正如我最近在其他文章中所分析的那样,帮助这些殖民帝国实现殖民扩张和征服目标的最有效手段,经常不是他们所拥有的军事或政治优势,而是声称自己是受害者。除了声称受到直接伤害外,殖民国家还发展出来了一种间接伤害的学说,即认为侵害人类或者有违人道的行为,也对一个假定具有同情心和博爱精神的基督教国家形成了间接伤害,因此也就赋予后者进行干涉的法律权利和义务。例如,著名法学家维多利亚、格劳秀斯和亨利·惠顿(Henry Wheaton,1785—1848)都认为一个基督教国家为了人类的利益,有权发动一场正义战争来拯救异教

---

① Emmer de Vattel, *The Law of Nations, or, Principles of the Law of Nature*, Indianapolis: Liberty Fund, 2008, pp. 483 - 484, 288 - 289.
② Richard Williams, *The American Indian in Western Legal Thought: The Discourses of Conquest*, Oxford: Oxford University Press, 1992; Anthony Pagden, *Lords of All the World: Ideologies of Empire in Spain, Britain and France, c. 1500 - c. 1800*, New Haven: Yale University Press, 1998; Antony Anghie, *Imperialism, Sovereignty, and the Making of International Law*, Cambridge: Cambridge University Press, 2004.

徒国家的人民,使他们免受"暴政"或"野蛮"政府的伤害和压迫。这种间接伤害的概念后来逐渐演变为第三方或国际社会以人道和自然权利之名,进行人道主义干预的近代国际法和外交原则。声称遭受直接或间接伤害,同时利用这些感性主张的情感力量,来获得公众同情和支持具有争议的外交政策,是19—20世纪帝国的主要技术手段之一。① 如下文所示,尽管自然权利、正义和法治等自由主义观念使有关伤害的话语对殖民帝国无比重要,但这些观念也有可能让被统治下的民众对外国列强造成的伤害和非正义提出索赔主张,因为外国也侵犯了那些"普遍性"原则所赋予他们的权利。此外,同样的观念也可能并经常引起国内和国际社会对非正义战争和暴力行为的批评。

二、16—20世纪中西交往中的伤害索赔和受害者政治

丝毫不令人意外的是,伤害话语在中西关系史上也扮演了重要角色。葡萄牙人、西班牙人、荷兰人、英国人和法国人于16—17世纪来到中国南部,他们在中国面临的挑战,与在被其控制的国家所面临的挑战相比是截然不同的。欧洲(以及后来的美国)的帝国建设者在其殖民地拥有各种特权地位,但是他们在中国南部,却遭遇到各种明清政府用来维护中国利益和安全不受外国威胁的限制性法律规定。帝制晚期中国自然不愿意承认这些陌生人在其领土内自由贸易、游历和传教等所谓的"自然权利"。②

---

① Chen Li, "Affective Sovereignty, International Law, and China's Legal Status in the Nineteenth Century", in Zvi Ben-Dor Benite et al. eds., *The Scaffolding of Sovereignty: Global and Aesthetic Perspectives on the History of A Concept*, New York: Columbia University Press, 2017, pp. 421 - 439; Samuel Moyn, *The Last Utopian: Human Rights in History*, Cambridge: Harvard University Press, 2010.
② Chen Li, *Chinese Law in Imperial Eyes: Sovereignty, Justice, and Transcultural Politics*, New York: Columbia University Press, 2016, pp. 17 - 25.

从一开始,更具侵略性的一些欧洲探险者们就认为,中国的这些限制性政策损害了他们的权益,因此构成了正义战争的理由。在 1521 年赴华的第一个葡萄牙使团未能从中国获得自由贸易和殖民定居开拓的"权利"后,一些使团成员便敦促葡萄牙属印度总督派遣两三千人的远征军袭击华南,夺取广东、福建和浙江,计划通过发动残酷的战争来慑服中国,将其从一个庞大而富有的东方帝国变成葡萄牙王国的一个朝贡国,每年必须向葡萄牙派出"满载白银的船只",并让葡人控制中国的贸易,获取丰厚的利润。①

中国地方官员允许欧洲商人和传教士进入澳门和广东后,耶稣会士弗朗西斯科·卡布拉尔(Francisco Cabral,1533—1609)等人继续以武力相威胁,要求在中国享有更多特权和自由。② 1584 年,代表教皇和耶稣会士负责管理菲律宾事务之一的阿隆索·桑切斯(Alonso Sánchez,1547—1593)也向西班牙国王菲利普二世(King Philip II,1527—1598)呼吁采取行动。他辩称西班牙完全拥有征服中国的合法权利。③ 三年后,桑切斯代表印太(East Indies)地区的伊比利亚人利益,向西班牙国王递交了一份长奏章,后来还面见国王,就派军队大规模远征中国提出了详细的建议。与卡布拉尔一样,桑切斯援引维多利亚的自然法观点,认为中国对欧洲传教士和商人的敌意或限制,侵犯了欧洲国家依据国际法享有的权利,为

---

① 关于大使和克里斯多望·维埃拉、瓦斯科·加尔沃写于 16 世纪二三十年代,敦促远征中国的信件,参见 Donald Ferguson ed., *Letters from Portuguese Captives in Canton, Written in 1534 and 1536*, Vol. 30, Bombay: Education Society's Steam Press, 1902, pp. 115-166, 24-51;金国平:《西方澳门史料选粹》,广州:广东人民出版社,2005 年,第 93—120、258—270 页。
② 卡布拉尔敦促国王菲利普二世派遣一支 7000—10 000 人的舰队征服中国,向中国传教,每年获得 1.5 亿美元的财政收入。卡布拉尔为入侵辩解的理由是:当地官员在澳门伤害和侮辱了葡萄牙人。参见弗朗西斯科·卡布拉尔致菲利普二世的信,落款日期为 1584 年 6 月 25 日,藏于塞维利亚东西印度总档案馆(AGI),Patronato,25/21,Doc. 11;金国平:《西方澳门史料选粹》,广州:广东人民出版社,2005 年,第 259—265 页。
③ John Doyle, "Two Sixteenth-Century Jesuits and A Plan to Conquer China: Alonso Sánchez and Jose de Acosta: An Outrageous Proposal and Its Rejection", in H. Holz, K. Wegmann eds., *Rechtsdenken: Schnittpunkte West und Ost: Recht in den Gesellschafts-und Staatstragenden Institutionen Europas und Chinas*, Münster: LIT Verlag, 2005, pp. 253-273.

后者采取军事报复提供了正当理由。鉴于中国幅员辽阔,人口众多,地大物博,征服它将是"世界上有史以来献给一个君主的最伟大时刻和最盛大的开端",同样也是给任何渴望"财富和不朽名声"的基督徒一个绝佳的机会。① 如果通过西式学校的教化、控制资源和贸易,将中国变成一个"西班牙化和基督教化"的殖民地,再加上刚刚吞并了葡萄牙,这些就可以让西班牙有能力击败法国和英国等欧洲对手,征服中国周边的所有国家,从而使西班牙国王成为"全世界的君主"。② 在西班牙无敌舰队于1588年8月被英国海军击败后,这些野心自然化为了泡影。然而,桑切斯和那个时代的其他人所阐述的入侵或殖民中国的理论依据,揭示了伤害话语对重塑中西关系或者说对重塑近代世界史的影响程度之深。③ 正如下文所讨论的,英国及其他西方国家利用伤害话语发动了一系列战争,迫使中国在19世纪对外开放。

---

① Alonso Sánchez, "The Proposed Entry into China, in Detail", in Emma Blair, James Robertson eds. , *The Philippine Islands*, 1493 – 1898, Vol. 6, Cleveland: Arthur Clark Co. , 1903, pp. 197 – 233; "De la entrada de la China en particular," at AGI, Patronato, 24/66. 关于中国的资源,参见 Alonso Sánchez, "Relación de las cosas particulares de la China [read to King Philip II]", Madrid, 1588, at Biblioteca nacional (Madrid), MS 287, ff. 198 – 226; John Doyle, "Two Sixteenth-Century Jesuits and A Plan to Conquer China: Alonso Sánchez and Jose de Acosta: An Outrageous Proposal and Its Rejection", in H. Holz, K. Wegmann eds. , *Rechtsdenken: Schnittpunkte West und Ost: Recht in den Gesellschafts-und Staatstragenden Institutionen Europas und Chinas*, Münster: LIT Verlag, 2005, pp. 255 – 264; Manel Ollé, *La invención de China: percepciones y estrategias filipinas respect a China durante el siglo XVI*, Wiesbaden: Harrassowitz, 2000, pp. 129 – 134。

② Emma Blair, James Robertson eds. , *The Philippine Islands*, 1493 – 1898, Vol. 6, Cleveland: Arthur Clark Co. , 1903, pp. 214 – 228;金国平:《西方澳门史料选粹》,广州:广东人民出版社,2005年,第261页。

③ 在接下来的几年里,他在罗马进行游说,直到1591年教皇格雷戈里十四世和英诺森九世批准了他在中国传教,并授权西班牙动用武力保护传教士。Leon Bourdon, "Un Projet d'Invasion de la Chine par Canton à la fin du XVI siècle", in *Actas do III Colóquio Internacional de Estudos Luso-Brasileiros*, Lisboa: Anynomous, 1960, pp. 97 – 121; John Doyle, "Two Sixteenth-Century Jesuits and A Plan to Conquer China: Alonso Sánchez and Jose de Acosta: An Outrageous Proposal and Its Rejection", in H. Holz, K. Wegmann eds. , *Rechtsdenken: Schnittpunkte West und Ost: Recht in den Gesellschafts-und Staatstragenden Institutionen Europas und Chinas*, Münster: LIT Verlag, 2005, pp. 271 – 272; Manel Ollé, *La invención de China: percepciones y estrategias filipinas respect a China durante el siglo XVI*, Wiesbaden: Harrassowitz, 2000, pp. 141 – 156. 关于英西战争,参见 Geoffrey Parker, *The Grand Strategy of Philip II*, New Haven: Yale University Press, 2000。

然而,这种关于伤害和正义战争的话语体系,从一开始就存在内在矛盾。例如,另一位西班牙耶稣会传教士庞塞·德·阿科斯塔(José de Acosta,1539—1600)也像桑切斯一样,引用了普遍正义和自然法理论,却发现并不因此足以成为入侵中国、宣扬福音的理论依据。在他看来,中国的限制性政策是合理的,因为欧洲人在15世纪90年代以自由"联络和贸易"的名义进入其他国家后,很快就赢得了好战和"渴望统治"其他国家的恶名,而桑切斯等人所倡导的军事远征恰恰证实了这一点。与维多利亚和格劳秀斯一样,阿科斯塔也质疑了教皇对非基督教国家的普遍管辖权。他还指出,中国人远比其他地区那些"原始人或者未开化的野蛮"土著人要文明得多,因此应将中国与美洲印第安人或穆斯林区别对待。阿科斯塔由此总结到,中国人实际上可能遭受了足够严重的伤害,以至于可以发动一场针对欧洲人的正义战争。① 他这些辩驳显示,伤害话语也有一种潜能,可以被用来为完全相反的论点和主张提供正当性依据。

尽管16世纪伊比利亚人征服中国的计划从未实现,但在接下来的两个世纪里,这种伤害话语在西方列强中很盛行。中国关于对外贸易和传教士的限制性政策,引起了西方人日益不满的情绪。到了18世纪后半期,受孟德斯鸠等人观点的巨大影响,中国的法律和政府被刻画为如此极端武断和蛮横,以至于同西方的法律和正义理念大相径庭,而这种观点又被用来为此前欧洲帝国索取在华治外法权及其他特权的主张进行辩护。中国试图对外国违法者行使主权和法律的做法,令西方社会更

---

① José de Acosta, "Parecer sobre la guerra de la China [March 15, 1587]", in Francisco Mateos ed., *Biblioteca de Autores Españoles*, Vol. 73, Madrid: Ediciones Atlas, 1954, pp. 331-334; José de Acosta, "Respuesta a los fundamentos que justifican la guerra contra la China", in Francisco Mateos ed., *Biblioteca de Autores Españoles*, Vol. 73, Madrid: Ediciones Atlas, 1954, pp. 334-345; John Doyle, "Two Sixteenth-Century Jesuits and A Plan to Conquer China: Alonso Sánchez and Jose de Acosta: An Outrageous Proposal and Its Rejection", in H. Holz, K. Wegmann eds., *Rechtsdenken: Schnittpunkte West und Ost: Recht in den Gesellschafts-und Staatsragenden Institutionen Europas und Chinas*, Münster: LIT Verlag, 2005, pp. 267-270.

加不满,他们谴责中国的政策和做法是对西方国家的伤害和侮辱。①

例如,1754年,在离广州城大约12英里的黄埔港附近,一名法国军官因斗殴杀死了一名英国水手,英国官方代表敦促中国官员惩罚法国行凶者,因为他们知道,如果按照法国方面的建议,将这个欧洲人送回欧洲受审,那么他几乎可以逃脱因为在中国杀人而应受到的惩罚。但法国驻中国使节警告其欧洲同盟:"我们认为,把这位法国军官交给(中方)会伤害你们,也会伤害我们自己和所有欧洲国家,因为这等于承认中国法庭将有权裁决我们内部的纷争。"根据法国人的说法,一旦中国宣称对欧洲人之间的争端拥有管辖权,西方人就无法维持他们迄今为止在中国享有的自由和法律豁免权。在他们看来,承认中国的法律和管辖权,对西方国家构成一种伤害和"威胁",荷兰、葡萄牙和瑞典的官员也同意法国官员的说法。②

由于受害者是一名英国人,英国官员在本案中拒绝了法国的请求。但在其他案件中,英国官员和法国人的论调差不多,也为抵制中国管辖权进行辩护。在1784年著名的"休斯夫人号案"中,一名英国炮手因在黄埔附近的一艘船上轰死两名中国人而被中国政府处决。英国官员谴责那个案件中的中国司法程序,认为中国的法律制度总体而言反复无常、残酷无情。他们提出了相当于将英国治外法权强加于中国的主张,理由是自愿遵从中国法律会让所有人觉得英国已经放弃了"一切道德原则和男子汉品德",并将给相关的外国人带来难以消除的民族耻辱。当时,在中国和世界各地的许多欧美人也有同样的感受。③ 1821年,美国船只"爱米丽号"上的一名意大利船员因在黄埔导致一名当地女商贩死

---

① Chen Li, *Chinese Law in Imperial Eyes: Sovereignty, Justice, and Transcultural Politics*, New York: Columbia University Press, 2016, pp. 18–68, 156–200.
② "To the Gentlemen Supracargoes of the English East India Company of Canton", October 1754, *Indian Office Records* (IOR), British Library, London, IOR/R/10/3 (1742–55): p. 297.
③ IOR/G/12/79: pp. 170–171; Chen Li, *Chinese Law in Imperial Eyes: Sovereignty, Justice, and Transcultural Politics*, New York: Columbia University Press, 2016, pp. 25–68.

亡,而被中国当局下令勒死后,美国人对中国的法律和不公正也提出了类似的控诉,这件事后来成为美国1844年坚持要求在中国获得治外法权的主要原因。① 同其他类似事件一起,对这些中外争端的轰动性报道,将这些纠纷都变成了欧美国家所遭受的"精神伤害"或长期未愈的"文化创伤",促使许多人鼓动西方政府采取军事行动来改变中西关系的现状。②

在西方人眼中,19世纪中期的两次鸦片战争,经常被认为是英国人和其他西方人为了报复中国的侮辱和伤害,才采取的必要手段。英国政府及其支持者除了列举中国政府早期那些他们认为是不可接受的做法外,还认为第一次鸦片战争之所以不可避免,是因为中国官员任意损坏英国的"财产",并拘留英国贸易总督查理·义律(Charles Elliot)。事实上,义律主动把自己变成了中国禁烟官员的"囚犯",目的是把中国打击英国鸦片走私贩的执法行为变成一场中英外交纠纷,以保护英国因鸦片走私贸易而产生的巨大经济和政治利益。将鸦片贸易商和义律塑造成中国专制统治和违反国际法的受害者,有助于转移或掩盖鸦片贸易的非法性和不道德性这一棘手问题。彼时,鸦片贸易对大英帝国至关重要,并得到伦敦和英属印度地区立法者和政府的支持与允许。这些声称大英帝国子民和国家尊严受到伤害的说法和报道,令许多英国决策者和公众觉得有了法律上和道德上的合法性,支持政府强迫中国不仅赔偿被销毁的走私鸦片和赔付战争费用,而且改变外交政策,承认外国人在华

---

① Chen Li, *Chinese Law in Imperial Eyes: Sovereignty, Justice, and Transcultural Politics*, New York: Columbia University Press, 2016, pp. 188 - 189; Joseph Askew, "Re-Visiting New Territory: The Terranova Incident Re-Examined", *Asian Studies Review*, Vol. 28, No. 4, 2004, pp. 351 - 371.
② Chen Li, *Chinese Law in Imperial Eyes: Sovereignty, Justice, and Transcultural Politics*, New York: Columbia University Press, 2016, pp. 185 - 189.

特权。①

为了进一步打开中国市场,让更多外国的鸦片和产品进入中国,英国和法国故技重施,在 1856 年发动了第二次鸦片战争,再次声称自己是中国不公正行为的受害者。广东地方官在缉私时,扣押了一艘以英国船长的名义在香港注册过期的中国人走私船,这被英国驻华官员视为侮辱了英国国家荣誉,并违反了 1842 年中英《南京条约》的约定;而法国加入战争,则是以报复中国迫害天主教传教士的名义。战争期间,当地人对外国势力的抵抗成为外国暴行的新借口,包括 1856 年轰炸人口稠密的广州城,以及 1860 年洗劫和摧毁北京圆明园。② 两次战败后的中国与列强签订了一系列条约,屡次丧权、割地、赔款和让步。到 19 世纪末,中国已经成了所谓的半殖民地半封建社会。

三、对伤害、不幸和权利的区别对待

许多早期研究将 19 世纪中西冲突的原因,归结为西方国家为了报复中国人施虐或伤害外国人。这种观点和倾向,长期以来阻止了我们深入探究那些外国列强的政策和行为值得怀疑之处。将中国人定位为残忍和野蛮的加害者,导致许多人认为西方的行为是正义之举,同时也认为没有必要将自然权利、平等主权等所谓"普遍原则"或国际法适用于中国。在这一过程中,外国对中国权益的侵犯,很少为主流殖民伤害话语所承认。正如批判主义学者莎拉·艾哈迈德(Sarah Ahmed)所言:"在已

---

① Chen Li, *Chinese Law in Imperial Eyes: Sovereignty, Justice, and Transcultural Politics*, New York: Columbia University Press, 2016, pp. 204 – 240; See Elliot to Palmerston, April 13, 1839, National Archives (London), Foreign Office Records (FO) 17/31: 124 – 135, and April 3, 1839, FO 17/31: 113 – 114,伦敦国家档案馆外交部记录。关于该战争的更多信息,参见 Chang Hsin-Pao, *Commissioner Lin and the Opium War*, Cambridge: Harvard University Press, 1964.
② John Wong, *Deadly Dreams: Opium, Imperialism, and the Arrow War (1856–60) in China*, Cambridge: Cambridge University Press, 1998; James Hevia, *English Lessons: The Pedagogy of Imperialism in Nineteenth-Century China*, Durham: Duke University Press, 2003.

被讲诉的痛苦遭遇中区分不同类型,和区分已被讲述和未被讲述的痛苦遭遇,都是一种权力分配的关键机制。"①换句话说,有的(人)痛苦能有机会被不断地讲述出来,被万众倾听,被世人哀悼或者得到同情甚至是报复;但有的(人)痛苦则没有这种机会,甚至完全不为人所知。帝国时代尤其如此。

在19世纪,已经有人注意到了这种对不同伤害的歧视性对待。伦敦《每日新闻》在报道第二次鸦片战争时就指出,这是一个"骇人听闻的事实,为了替一名自尊心受伤的英国外交官找回面子,为了惩罚一个亚洲人总督(叶名琛)的不智行为,我们仗势行凶入侵他国,杀人放火,使无辜人民的宁静家园化为灰烬、尸横遍野"。《每日新闻》还认为,英国轰炸广州以及目前与中国的战争,是"一场糟糕的、卑鄙的战争——为了虚假的礼仪和错误的政策,不计后果地肆意挥霍人类的生命"②。卡尔·马克思在仔细阅读了英国政府选择性公开的关于这场冲突的记录后,在1857年4月给《纽约每日论坛报》的一封信中也做了同样的总结:"这是一场最不正义的战争。广东无辜的百姓和爱好和平的商人惨遭屠杀,他们的家园被夷为平地,人类基本权益遭到侵犯,而英国人的拙劣借口却是'中国人的过激行为危及英国人的生命和财产安全'!"以弥补外国人所受伤害之名发动两次鸦片战争的虚伪性,遭到了马克思尤为严厉的批评。据马克思所说,虽然大多数英国政客和评论员都知道,或者应该知道,本国官方对中国人的指控是"毫无根据的",但他们煞费苦心地"转移调查焦点,让公众以为有一系列的伤亡"构成了发动战争的"充足理由"。马克思从英国官方公布的材料得出结论:"如果说英国人可以抱

---

① Sara Ahmed, *The Cultural Politics of Emotions*, New York: Routledge, 2004, p. 33.
② Karl Marx, "The Case of the Lorcha Arrow", *The New York Daily Tribune*, June 23, 1857.

怨中国人造成的一起伤害,中国人至少可以控诉英国造成的九十九起伤害。"①

朱迪思·巴特勒(Judith Butler)最近指出,把自己的痛苦或损失定义为更"值得哀悼",因而比文化、种族或社会的他者(others)更应该得到赔偿或加以报复,往往具有一种战略效果,能够麻痹人,让人更愿意宽恕那些本该受到谴责的暴力行为。② 对伤害和对是否值得哀悼的区别对待,往往使得强权国家能够在损害其他国家利益的情况下操纵伤害话语。这就解释了为何在过去的几个世纪里,如此多的近代大帝国援引这一话语来为其侵略弱国辩护。历史人类学家安·斯托勒(Ann Stoler)将这种忽视或拒绝关心他人苦难的流行倾向描述为一种帝国主义行径,一种帝国主义"漠视"的倾向。③ 在1857年关于第二次鸦片战争的另一篇评论中,马克思一针见血地揭示了使帝国主义漠视他人痛苦所涉及的政治和道德经济学逻辑:

> 生活在中国的外国人,受英国的保护,每天都在公然违反条约,英国的媒体对此是多么缄默! 非法的鸦片贸易每年以牺牲生命和道德为代价,不断为英国国库输送收入,但我们没有听到英国媒体对此有任何报道。外商经常通过贿赂下层胥吏来逃税,剥夺了中国政府的外贸合法收入,但我们没听到英国媒体的

---

① Karl Marx, "Whose Atrocities", *The New York Daily Tribune*, April 10, 1857; Also see Karl Marx, "The Case of the Lorcha Arrow", *The New York Daily Tribune*, June 23, 1857; Karl Marx, "Parliamentary Debates on the Chinese Hostilities", *The New York Daily Tribune*, March 16, 1857; Karl Marx, "The New Chinese War", *The New York Daily Tribune*, October 1, 1859; Karl Marx, "Trade with China", *The New York Daily Tribune*, December 3, 1859; Karl Marx, "British Politics", *The New York Daily Tribune*, February 14, 1860.
② Judith Butler, *Precarious Life: The Powers of Mourning and Violence*, New York: Verso, 2006; Judith Butler, *Frames of War: When Is Life Grievable?* New York: Verso, 2010; Susan Sontag, *Regarding the Pain of Others*, New York: Picador, 2003.
③ Ann Stoler, *Along the Archival Grain: Epistemic Anxieties and Colonial Common Sense*, Princeton: Princeton University Press, 2009, p.256.

任何报道。诱骗和捆绑中国移民,卖到秘鲁海岸和古巴做比奴隶更可怕的劳役,甚至糟蹋致死,我们也没有听到英国媒体任何报道。我们没有听到有人讲述外国人像恶霸般欺负胆小怕事的中国人,也没有听到关于外国人带到通商口岸的各种恶行。所有这一切,甚至还有更多的恶性事件,我们都没听到有人报道或者讨论。究其原因,首先是因为中国以外的大多数人极少会关心那儿的社会和道德状况;其次是因为这是既定政策的一部分,审慎起见,不要煽动不能带来金钱利益的话题。因此,国内的英国人,并不关心超出他们购买(中国)茶的杂货店以外的世界,他们因而心甘情愿地接受政府部门和媒体强加给公众的所有歪曲事实。①

如前所述,这种对当地人民苦难的缄默和漠视,与西方人在中国和其他"东方"国家因遭受伤害和侮辱而表示出的极大愤怒、巨大悲痛和念念不忘相比,形成了极大反差。这些对不同伤害和权利的区别评价和对待,反过来使得对自己所受的伤害进行过度报复显得更加合理。② 例如,1756年,有关印度人残酷对待加尔各答黑洞(the Black Hole of Calcutta)中约100名欧洲囚犯的惊悚故事,不仅被用来为英国次年在印度发起的战争和杀戮进行辩护,而且还使英国对南亚次大陆直到1947年印度独立才结束的殖民统治显得那么天经地义。③

这一时期,强势帝国如此频繁地诉诸血腥暴力来为自己的"伤害"报仇,以致他们都常常认为,为其暴行最好的辩护方式,就是让人们注意到其他帝国有同样或者更恶劣的行为。出于这个原因,伦敦的《泰晤士报》

---

① Karl Marx, "The Case of the Lorcha Arrow", *The New York Daily Tribune*, June 23, 1857.
② "Demand Punishment of China", *New York Times*, August 4, 1900; William Martin, "The Tientsin Massacre", *New York Evangelist*, Vol. 41, No. 36, 1870, p. 1.
③ Partha Chatterjee, *The Black Hole of Empire: History of A Global Practice of Power*, Princeton: Princeton University Press, 2012.

转载了 1900 年一名驻北京的德国士兵来信,用来反驳德国人最近对英国在南非暴行的批评。这个士兵讲述了八国联军进攻华北时,为了报复义和团虐待中国基督徒和在华外国人的行为,是如何对待中国战俘的:"今天我们在晚饭时被叫去帮助德国水兵。我们俘虏了 76 名中国人,用他们的长辫将其捆在一起,放在我们中间。我们中的一些粗鲁的家伙残酷地殴打他们,打得他们浑身是血。太可怕了。晚饭后,他们就会被枪毙……我们站在 12—15 步远的地方,四个人拿枪指着一个中国人,一听到命令,他们都乞求怜悯。但枪响了,一切就都结束了。"《泰晤士报》为了证明德国人的残忍,还刊登了另一封侵华德国士兵的信。后一封信向在家里的母亲哀叹,他目睹的所有这些"谋杀和屠杀"都"简直就是疯狂"。但他认为这一切又是不可避免的,"因为中国人并不受国际法的保护"。结果没有一个中国人被视为战俘,而是都直接被枪杀或"为了节省弹药"被刺杀。在最近一个星期天的下午,他们刚刚不得不刺死了 74 名俘虏,这个德军士兵对此在信中写下:"太可怕了,希望我们不会在这里待太久,否则我们会忘记了我们是人类。"[1]殖民主义的伤害和正义话语,将中国排除在文明和国际法之外,拒绝承认强权帝国对中国造成的损害,但是要求中国有义务保护列强基于国际法而生的条约权利。[2]欧洲囚犯在印度加尔各答黑洞中的痛苦和死亡,被转化为大英帝国入侵印度的契机,但中国及其他地方更多人遭受的苦难和屠杀,却成了殖民势力因复仇而造成的"微不足道"的附带损害(unremarkable collateral damages),或者是欧洲"文明教化使命"在全球传播所付出的必要代价。

---

[1] "German Treatment of the Chinese", *The Times*, 1900, p. 6; "German Treatment of the Chinese", *Nottingham Evening Post*, No. 6932, November 12, 1900, p. 3.
[2] Chen Li, *Chinese Law in Imperial Eyes: Sovereignty, Justice, and Transcultural Politics*, New York: Columbia University Press, 2016, pp. 206 - 236.

四、近代伤害话语的历史遗迹

在19—20世纪,伤害话语有助于帝国在中国牟取利益,中国的革命者或改革者,就像其他前(半)殖民地的革命者或改革者一样,也逐渐学会了挪用和照搬此种话语,来动员同胞抵御外国的侵略。在过去的一个世纪里,通过政府媒体、历史书籍、学校教育和家庭故事的讲述,1842—1945年的耻辱记忆逐渐成为一种民族文化创伤。对这些记忆和相关爱国情绪的战略性使用,为1911—1949年的民国政府和随后成立的中华人民共和国提供了急需的合法性。20世纪末期以来,1860年被英法联军摧毁的圆明园遗迹和1937年侵华日军南京大屠杀受害者墓地等,被建成大型国家纪念馆,用来教育人们牢记祖国在外国列强手中所遭受的暴行和伤害。①

选择性地复述和回顾历史创伤的记忆,可以为近代民族国家或执政党建立一个新的历史动力。曾经遭受外国侵略的事实,现在成了中国重建国家认同感、巩固国内权力和获得国际支持的有效武器。在这一过程中,强调一个政治体反抗外国压迫者的集体痛苦或伤害,往往意味着将个人在特定时刻和具体情况下遭受的痛苦边缘化。与此同时,民族主义话语有助于转移人们对外国殖民主义结束后,因国内政策和政治而造成之苦难的关注。② 因此,如同殖民时期的伤害话语,后殖民时期的伤害或受害者话语也可以具有"排除和隐藏"的作用:它经常不分辨真正的受害者,因为这些人的故事与国家历史的官方叙述可能并不完全吻合,同时这种后殖民伤害话语也倾向于掩盖"受害者在作为受害者这件事上可

---

① Haiyan Lee, "The Ruins of Yuanmingyuan; Or, How to Enjoy A National Wound", *Modern China*, Vol. 35, No. 2, 2009, pp. 155 - 190; Zheng Wang, *Never Forget National Humiliation: Historical Memory in Chinese Politics and Foreign Relations*, New York: Columbia University Press, 2012.
② Louisa Lim, *The People's Republic of Amnesia: Tiananmen Revisited*, Oxford: Oxford University Press, 2014.

能有自己的能动性(更别提受害者常能以报复的名义给别人带来苦难了)"①。因此,近现代公民通过历史关联性或文化继承,获得历史上遭受过伤害的受害者身份及其所隐含的道德正义性,这种做法被称为"影射受害者"。②通过将公众的注意力集中在历史上的或者外国的不公正行为,"指称受到伤害可以帮助形成和维持一种(全民皆是)'公民受害者'的心态,从而将创伤转化为(近代民族国家的)身份"③。

一些学者认为,"百年耻辱"的记忆已成为"构建中国国家认同的主要的原始资料",进而界定了中国的国家利益,并影响了其外交政策和国际关系中的行为。④ 温迪·布朗(Wendy Brown)最近告诫我们,不要通过"沉浸于"过去的创伤或"通过无休止的重复痛苦经历"来寻求当下的"主权主体性"。⑤ 但是,我们在此进行批判性反思,不是建议忘记或抹掉过去的所有不公正。现任埃尔金伯爵(Lord Elgin)是第八代埃尔金伯爵的后裔,而第八代埃尔金伯爵在1860年第二次鸦片战争中担任英国侵华军队统帅,是他下令洗劫并烧毁了圆明园。在2015年,现任埃尔金伯爵接受英国广播公司记者采访时,谈到他的先祖在北京的所作所为。他似乎是出于好意地说道:"这些事情确实发生了。但重要的是向前看,而不要总是回顾过去。"事实却是,他的家族仍然保留着从圆明园掠走的一些珍贵的中国艺术品(就像英、美、法等国的许多博物馆一样)。⑥ 这表明,历史不能被简单地埋葬。用布朗的话来说:"建议那些曾经饱受迫

---

① Juliana Ochs, "The Politics of Victimhood and Its Internal Exegetes: Terror Victims in Israel", *History and Anthropology*, Vol. 17, No. 4, 2006, pp. 355 – 368.
② Juliana Ochs, "The Politics of Victimhood and Its Internal Exegetes: Terror Victims in Israel", *History and Anthropology*, Vol. 17, No. 4, 2006, pp. 355 – 368.
③ Jonny Rice, *Distant Publics: Development Rhetoric and the Subject of Crisis*, Pittsburgh: University of Pittsburgh Press, 2012, p. 82.
④ Zheng Wang, *Never Forget National Humiliation: Historical Memory in Chinese Politics and Foreign Relations*, New York: Columbia University Press, 2012, pp. xiii, 1 – 5.
⑤ Wendy Brown, *States of Injury: Power and Freedom in Late Modernity*, Princeton: Princeton University Press, 1995, p. 76.
⑥ Chris Bowlby, "The Palace of Shame That Makes China Angry", www.bbc.com/news/magazine-30810596.

害但痛苦尚未被承认的人们选择遗忘……即使不是残忍,也是不恰当。"①正如莎拉·艾哈迈德所说:"想要遗忘就是不断重复忘记,这种忘记已经牵涉在人们对伤口的迷恋之中。"因而,我们要记住过去的目的,不是要用历史创伤来定义我们的身份和政治目标,而是要打破过去的束缚,采取行动来防止类似的不公正和伤害再次发生。②

确实,在19—20世纪,许多国家曾遭受外国侵略或殖民,至今还明显存在着一种根深蒂固的伤痛和受害者意识。③ 但并非只有中国或印度这样的国家才会声称受过伤害。例如,中国和其他东亚、东南亚国家至今仍难以忘却日本在二战中犯下的反人类罪行,但日本在过去几十年却一直试图将自己描述成受害者。日本右翼政客和极端民族主义者甚至否认南京大屠杀,尽管在短短六周的时间里,多达30万的平民和战俘被大规模杀害,以及成千上万的妇女被轮奸。④ 正如古贺由纪子和其他新近的研究所显示的,国际政治和国内政治的双重作用,导致战后日本人普遍选择遗忘这个本国历史的黑暗篇章和国内外人民所经历的苦难。就在2013年,日本首相安倍晋三还公开质疑日本在20世纪三四十年代对中国的占领和掠夺是否应该被称为"侵略"。⑤

战后日本政府对日本帝国侵略其他国家以及所造成的苦难进行狡辩或粉饰,同时采取各种手段诉诸伤害话语,试图重塑近代国家身份,重获国际社会的尊重。日本政府在1869年修建的靖国神社中纪念的250万"战死者",其中除了二战期间众多号称为日本"玉碎"的士兵和军官,甚至还有二战后由国际法庭定罪的14名甲级战犯。每年靖国神社向这

---

① Wendy Brown, *States of Injury: Power and Freedom in Late Modernity*, Princeton: Princeton University Press, 1995, p. 74.
② Sara Ahmed, *The Cultural Politics of Emotions*, New York: Routledge, 2004, pp. 32, 34.
③ Steffen Jensen, Henrik Ronsbo eds., *Histories of Victimhood*, Philadelphia: University of Pennsylvania Press, 2014.
④ Iris Chang, *The Rape of Nanking: The Forgotten Holocaust of WWII*, New York: Basic Books, 2014.
⑤ Ian Buruma, *The Wages of Guilt: Memories of War in Germany and Japan*, New York: New York Review of Books, 2015.

些战犯招魂致敬的公开仪式上,都会见到许多日本政府高官和政客,有时不乏现任和前任首相。这些做法给那些对日本暴行记忆犹新的亚洲邻国来说,无异于往尚未愈合的伤口上不断撒盐。①

同时,日本政府除了纪念阵亡军人,还于1955年和2002年先后在广岛和长崎建造了纪念馆,来哀悼1945年8月美军在日本广岛和长崎投掷原子弹时遇难的日本人。日本官方对原子弹爆炸的表述,并没有将这些悲剧性事件置于更大范围的法西斯战争、日本帝国的军国主义和其他国家人民受难的这个大背景之下,而是将日本人几乎作为一种特殊类型的受害者,来象征人类的苦难和面临的威胁,自诩唯一可与遭受法西斯大屠杀的犹太人受害者相提并论。这样一来,日本受害者的经历,就与日本帝国的其他历史,以及其他受害国家的痛苦隔绝开了。② 正如丽莎·米山(Lisa Yoneyama)所提到的,日本"把广岛和长崎原子弹爆炸作为整个人类的历史事件来纪念,极大地加快了本国对其殖民主义和种族主义历史的遗忘"③。这些宣称伤害和受害者的方式,有助于转移国内外对右翼否认日本战争罪行的批评,同时也为日本政府在国际关系中提供了道德上的无辜和正义感。

尽管许多日本人认为本民族是被强加的历史负罪感的受害者,是美

---

① Lisa Yoneyama, "Memory Matters: Hiroshima's Korean Atom Bomb Memorial and the Politics of Ethnicity", in L. Hein, M. Selden eds., *Living With the Bomb: American and Japanese Cultural Conflicts in the Nuclear Age*, Armonk: M. E. Sharpe Publishers Inc., 1997, pp. 202 – 231; Mark Eykholt, "Aggression, Victimization, and Chinese Historiography of the Nanjing Massacre", in Joshua Fogel ed., *The Nanjing Massacre in History and Historiography*, Berkeley: University of California Press, 2000, pp. 11 – 59; Yang Dali, "The Challenge of the Nanjing Massacre: Reflections on Historical Inquiry", in Joshua Fogel ed., *The Nanjing Massacre in History and Historiography*, Berkeley: University of California Press, 2000, pp. 133 – 180.
② Lisa Yoneyama, "Memory Matters: Hiroshima's Korean Atom Bomb Memorial and the Politics of Ethnicity", in L. Hein, M. Selden eds., *Living With the Bomb: American and Japanese Cultural Conflicts in the Nuclear Age*, Armonk: M. E. Sharpe Publishers Inc., 1997, pp. 202 – 231; Lianying Shan, "Implicating Colonial Memory and the Atomic Bombing: Hayashi Kyoko's Three Short Stories", *Southeast Review of Asian Studies*, No. 27, 2005.
③ Lisa Yoneyama, *Hiroshima Traces: Time, Space, and the Dialectics of Memory*, Berkeley: University of California Press, 1999, p. 12.

国政府在 1945 年做出不人道决定投下原子弹杀戮了成千上万平民的受害者,但美国作为 20 世纪 90 年代初以来全球唯一的霸主也不免俗,同样宣称自己是受害者。最近的一个例子是著名的"9·11"事件。2001 年 9 月 11 日,中东地区的恐怖组织导致 4 架客机坠毁和大约 3000 名美国人丧生,美国政府以此为由发动了长达 20 多年的"全球反恐战争"。美国政客和主流媒体很少反思过去的外交政策,也没有试图结束仇恨和暴力的恶性循环,而是立即呼吁对阿富汗和其他涉嫌窝藏或支持恐怖组织的国家进行报复性和先发制人的攻击。在之后的 7 年里,布什政府动用了历史悠久的正义战争原则,在南亚和中东地区发动了一系列军事行动,名义上是为美国遇难者报仇,尽管一些遇难者亲属抗议政府这么做。① 多年来,由于美国政府和媒体所宣扬的伤害和报复性正义话语,许多美国民众和政客只关注到自己同胞的痛苦和苦难,而很少在乎被美国军事打击地区的民众。

2015 年 3 月发布的一份报告显示,美国自发动反恐战争以来,直接或间接导致伊拉克、阿富汗和巴基斯坦至少 130 万人死亡。这个数字几乎比已经报道或普遍知道的数字高出 10 倍。仅在伊拉克,就有 100 万人死亡(占该国人口的 5%),300 万人流离失所。这个数字既不包括在也门、索马里和其他地方被美国无人机袭击杀死的人,也不包括那些在美军袭击或轰炸中幸存但受重伤的人。② 在美国媒体和公众话语中,数百万被美军杀害或伤害的人往往被视为"不值一提、不值得哀悼"。别国人员的伤亡不被承认,因而不值得被尊重或悼念。③

以受到伤害为名,先发制人地挑起战争,企图因此消灭可疑敌人或

---

① Victor Seidler, *Remembering 9/11: Terror, Trauma and Social Theory*, London: Palgrave, 2013, pp. 74–76.
② "Body Count: Casualty Figures after 10 Years of the 'War on Terror', Iraq, Afghanistan, Pakistan", Washington: Physicians for Social Responsibility, 2015, www.psr.org/assets/pdfs/bodycount.
③ Judith Butler, *Precarious Life: The Powers of Mourning and Violence*, New York: Verso, 2006, pp. 34–35; Henry Giroux, *The Terror of Neoliberalism: Authoritarianism and the Eclipse of Democracy*, Boulder: Paradigm, 2004.

消除自己所担心的威胁,有诸多风险伴随着这种做法,这在很久以前就已被意识到了。古罗马作者奥卢斯·格利乌斯(Aulus Gellius,约125—180)写道:"不是杀戮人,就是被人杀戮,这是角斗士的处境;但人类生活并不是处于此般不幸的环境下。"[1]在17世纪20年代,格劳秀斯引用了格利乌斯、西塞罗和修昔底德的话指出:"只是因为他人有可能会伤害到我,就声称自己有权利伤害他人,这是违背世界上所有正义观念的。"[2]因为在这个世界上,我们永远不可能绝对安全,格劳秀斯建议说:"因此我们要克服不确定的恐惧,不在于使用武力,而在于上天的保护和纯粹的预防。"[3]然而,在过去的20年里,这种对莫名危险的恐惧和角斗士的心态,推动美国发动了一场"对恐怖主义的总体战"(total war on terror)——一场没有国界,没有明确敌人,也没有尽头的战争。其结果就是,美国自身也变成了一个极大程度上牺牲公民法治、公民权利和自由来维护国家安全利益的"安全国家"。[4] 在这个过程中,美国民众也成了"9·11"事件后其所支持的强硬政策的受害者。

美国以恐怖主义受害者的身份发动攻击,反而迫使受打击地区的人民加入恐怖主义组织。不管讽刺与否,恐怖主义组织也声称其首要任务是反击美国及其盟国的"伤害性"歧视和侵略。[5] 由此,这场持续进行的全球反恐战争中,几乎所有参与者都声称自己是对方的杀戮和暴力的受害者。如果说受害者文化确实在许多当代社会盛行,那么我们可以认为类似的受害者文化早就开始在长期影响着国家行为体,这在本文的一系列历史事例中得到了证明。2016年,特朗普在竞选总统期间多次将中

---

[1] Hugo Grotius, *The Rights of War and Peace*, Indianapolis: Liberty Fund, 2005, p. 399.
[2] Hugo Grotius, *The Rights of War and Peace*, Indianapolis: Liberty Fund, 2005, p. 417. 正如格劳秀斯所解释的那样,西塞罗的大意是:"一个人为了避免担心他人可能干的坏事,往往会通过伤害别人而做出不公正的行为。"前引书第399—400页。
[3] Hugo Grotius, *The Rights of War and Peace*, Indianapolis: Liberty Fund, 2005, p. 399.
[4] Richard Clarke, *Against All Enemies: Inside America's War on Terror*, New York: Free Press, 2004; Karen Greenberg, *Rogue Justice: The Making of the Security State*, New York: Crown Publishers, 2016.
[5] Richard Clarke, *Against All Enemies: Inside America's War on Terror*, New York: Free Press, 2004.

美贸易顺差形容为中国"杀害"和"强奸"(或劫掠了)美国,他这是在尽力调动国内社会和国际关系中的伤害话语和受害者情绪。① 特朗普在大选中击败了长时间被大多数民众和政客看好的希拉里·克林顿,这在很大程度上要归功于他显然说服了成千上万美国选民相信,他们自己确实是奸诈的中国人、墨西哥非法移民、自由贸易、全球化和无能的美国民主党政客的受害者。特朗普政府在 2017 年初强行出台争议性的外贸和移民政策(包括据称是为了防止恐怖主义的所谓"禁穆令"),这也再次表明,受害者政治在国内外的影响力依然存在,而且可能还在不断增强。

伤害话语的历史演变表明,或许和我们的直观感受相反,一个强势国家或帝国可能"不仅会加害他国,而且还会作为受害国索求赔偿"。著名学者刘禾提醒我们:"强权势力也可以是先对被剥夺权利之人在法律上和道德上提出伤害索赔的一方,因而有很大兴趣维持帝国体系中忿恨情绪背后的政治结构。"她还指出,伤害话语可能是"近代世界形成过程中一种非常危险但效果显著的推动力",因为当军事或政治力量不足以实现帝国野心时,伤害话语则可为后者提供法律和道德的正当性。② 安·斯托勒认为:"帝国顾名思义就是通过机警地炮制自己原则和法律之外的特例来维持运转的一种例外状态的国家(state of exception)。"③ 若安·斯托勒的观点正确,那么伤害话语则应被理解为帝国在没正式放弃其基本价值观和意识形态的情况下,进行此类特例活动最重要的手段之一。鉴于近代(西方)关于权利、法律、自由、财产和主权的自由主义观念在发展形成过程中,与帝国主义伤害话语有着如此密切的关系,这些观念"不应该再作为我们分析痛苦遭遇问题的唯一视角"。要想结束

---

① Jeremy Diamond, "Trump: 'We Can't Allow China to Continue to Rape Our Country'", *CNN*, May 2, 2016.
② Lydia Liu, "Injury: Incriminating Words and Imperial Power", in Carol Gluck, Anna Tsing eds., *Words in Motion: Toward A Global Lexicon*, Durham: Duke University Press, 2009, pp. 199 – 218.
③ Ann Stoler, "On Degrees of Imperial Sovereignty", *Public Culture*, Vol. 18, No. 1, 2006, pp. 125 – 146.

暴力和报复的恶性循环,就应当记住,"伤害还有其他的表达方式,过去和现在都是如此"①。本文的一个主要目的,就是还原并理解这些其他的表达方式。

巴特勒在《脆弱生命》一书中思考这些问题时写道:"遭受暴力是一回事,但这个事实,不能成为自己不论对象是不是元凶而无限制地攻击他人的正当性依据,后者完全是另一回事。"②她建议,我们不要让损失或伤害成为战争和暴力的理由(因为这么做将只会导致更多的暴力和伤害),我们应当从痛苦和悲伤中"理解谦卑、脆弱、敏感和相互依赖"。这种对人类脆弱不堪、易遭毁灭的共性认知,可能使我们免于失去人性,因此不愿为复仇而攻击可能造成伤害之人,并鼓励我们寻求"非军事的政治解决方案"③。批评者们可能会对巴特勒的和平主义提议不屑一顾,认为那是不可能实现的乌托邦理念,与当今世界的现实政治风马牛不相及。然而,与现实主义或新保守主义政客的主张相比,她的提议至少带来了更多的希望,造成更少伤害。本文重新审视国家主张"受伤"和受害者身份的谱系和道德经济,或许有助于促使人们更加批判性地关注隐藏在伤害话语和报复性正义话语背后的强权政治,这种话语深刻地塑造了过去几个世纪的近代国际法和国际关系历史。

---

① Lydia Liu, "Injury: Incriminating Words and Imperial Power", in Carol Gluck, Anna Tsing eds., *Words in Motion: Toward A Global Lexicon*, Durham: Duke University Press, 2009, pp. 215 - 216.
② Judith Butler, *Precarious Life: The Powers of Mourning and Violence*, New York: Verso, 2006, p. 4.
③ Judith Butler, *Precarious Life: The Powers of Mourning and Violence*, New York: Verso, 2006, pp. 29 - 35, 128 - 151.

Ethical Politics of Injury Claims and Revenge in International Relations
Chen Li

Abstract: This article traces the historical genealogy of "injury claims" made by state actors in early modern and modern international relations. By examining the moral, juridical, and political implications of injury claims and victim status, it explains why so many dominant states have also been so eager to claim themselves as victims. The hierarchical and politicized treatment of different injuries has contributed to the rampant violence and injustices in modern international relations. A historical and critical reexamination of such injury politics may lead to a better understand of the nature and origins of various modern international conflicts.

Keywords: injury politics, injury discourse, injury claims, international law, sino-western relations

迈向广土众民的帝国-国家

——19世纪末英帝国理论与中国现代国家概念的相遇

刘亦凡[*]

摘要：近年来，现代中国与传统中国多民族国家在规模构成上的延续性与特殊性，成为国内学术界热议的话题。超大规模国家的建设、巩固和整合不是专属于中国政治文明的独特问题意识，更是19—20世纪之交的全球性理论-政治议程。肇源于19世纪下半叶英帝国整合运动的超大规模帝国-国家概念和理论，也是这一时期中国现代政治思想摄取发明"国家"概念、筹划现代国家建设议程的关键语境。通过考察超大规模帝国-国家概念在19世纪大国竞争和帝国整合中诞生的源流，还原中国现代政治思想接引、摄取、转化这一"国家"概念的理论过程，本文提炼出现代财政-军事国家理论、国家有机体学说、代议制联邦主义这三条嫁接起世纪末中英政治思想的帝国-国家理论路线，力图揭示中英帝国的政治理论在国家理论创制和帝国-国家筹划方面的异同。本文认为：在应对帝国-国家整合这一世界性议程时，中国现代国家概念和现代国家建设议程的中国性，主要体现为一种双重的问题意识——既要求建设一个有能力整合大国规模的财政-军事国家，又同时避免现代国家建设、动员、新型合法性框架创制对传统多民族帝国治理体系和认同机制的冲击。这种双重性既表征了英式海权帝国和传统多民族帝国在帝国性质、政治经济逻辑方面的差异，更围绕现代国家建设与多民族帝国巩固之间

---

[*] 刘亦凡，中共上海市浦东新区委员会组织部干部，中国人民大学政治学系、芝加哥大学历史学系联合培养博士。

此消彼长的因果关系,提出了一系列兼有中国性和普遍性的中层问题,或将有助于进一步深入中国与其他传统多民族帝国应对现代帝国-国家建设的异同,在帝国/文明比较的政治思想史中,理解中国政治文明现代重建的特殊性。

关键词: 现代国家建设　帝国　国家理论　中国现代政治思想　帝国比较

一、导言

对中国政治思想而言,19—20世纪之交是一个接引现代西方政治学概念的高峰期。在传统中国政治文明亟须现代重建的意识下,如何在传统中国政治文明的帝国规模上完成现代财政-军事国家建设,又兼顾多民族帝国自身的巩固,逐渐成为这一时期政治理论和概念转化过程中的关键问题。

从1903年严复译介《社会通诠》,指出以排满革命为旨归的民族主义与现代军国国家的超族群认同不符,到章太炎和杨度等人关于这一问题的争论,再到1905年严复在《政治讲义》中首次将现代财政-军事权力和超血缘、超地域的整合能力同时厘定为现代国家的标志,19—20世纪之交中国政治思想对"现代国家"概念的接引与多民族帝国对现代国家建设的探求互为表里,呈现出一种超出单一民族国家的理论意识。晚近的学术研究已注意到,在19—20世纪之交的语境中,这种理论意识既表征为"中华民族"及其一体认同观念,即从血缘意义上的"民族"概念上升到"有效地连接历史与现实的关于全疆域内人民的现代统一体概念"①,更在效果上与中国作为一个超大规模的多民族国家在20世纪的

---

① 黄兴涛:《重塑中华:近代中国"中华民族"观念研究》,北京:北京师范大学出版社,2017年,第379页。

成功存续彼此呼应①。

　　随着帝国范式在近十年的中外学术界引发热议②,这种理论意识和历史效应更与人们对"从帝国到民族国家"这一现代中国国家转型叙事的反思一起,指向中国现代国家建设的再认识问题。但当我们进一步追问:为什么"现代国家"会以一种有能力整合广土众族的财政-军事机器的理论形象出现在 19—20 世纪之交的中国,并在所谓"知有天下而不知有国家"③的政治文化中,塑造了现代中国国家观念的基本性格和国家建设的现代目标? 无论是将"现代国家"概念的转化动机归结于应对西方冲击的外部压力,还是单一民族国家概念无法涵摄满汉蒙回藏的内部局势,似乎都无法完整回答中国最早的"现代国家"概念本身的构造逻辑。换言之,无法回答这一特殊的超民族国家概念为何从同时期其他的"现代国家"概念中脱颖而出,无法在同时期其他理论选项和源流的追溯中,回答中国"现代国家"概念在理论损益过程和政治议程创设上有何独特之处。

　　进一步探求上述问题,还原"国家"概念及其理论在西学和中国语境中的构造史,是一种可能的进路。作为最早系统阐述"政治科学"学科性质并将"国家"厘定为政治学研究对象的中文文本,严复 1905 年在复旦公学发表的《政治讲义》,或将是一个追溯"国家"概念构造历程的重要入手点。根据戚学民教授的细致考索,这部首次完整论述"现代国家"概念的《政治讲义》,事实上是英国帝国史家、政治学家约翰·西利(John Seeley)1894 年《政治科学导论》(*An Introduction to Political Science*)一书的中译本。④ 此书中的国家理论一方面以维系共同体"纽带"(bond)

---

① 苏力:《大国宪制:历史中国的制度构成》,北京:北京大学出版社,2018 年;章永乐:《旧邦新造:1911—1917》,北京:北京大学出版社,2011 年。
② Jane Burbank, Frederick Cooper, *Empires in World History*, Princeton: Princeton University Press, 2011;强世功:《超大型政治实体的内在逻辑——"帝国"与世界秩序》,《文化纵横》2019 年第 4 期。
③ 梁启超:《新民说》,载《梁启超全集》第 2 卷,汤志钧、汤仁泽编,北京:中国人民大学出版社,2018 年,第 546 页。
④ 戚学民:《严复〈政治讲义〉研究》,北京:人民出版社,2014 年。

的性质为标准,将国家类型分为以"压力"为纽带的征服国家、以"家族"为纽带的宗法国家、以"宗教"为纽带的神权国家和以"利益"(interests)为纽带的军国国家;另一方面又依照规模和权力结构的尺度,将区别于古代城邦的现代"邦域国家"(country state)划分为"合众"(federation)和"一统"(unitary)等国家形式。这一明确着眼于现代大型国家性质的概念定义和国家分类学①,不仅集成了将"国家"视为大规模政治单元、有机体、财政军事权力-义务结构等19世纪下半叶产生的西方政治理论新倾向,更体现了19世纪80年代后英帝国联邦运动(Imperial Federation Movement)为所谓"大大不列颠"(Greater Britain)寻找一个能够包含多重帝国治理原则和团结纽带的"帝国-国家"概念的理论诉求。围绕帝国巩固这一政治目标,一系列帝国-国家的理论方案相继提出,构成了19—20世纪之交中国政治学接引"国家"概念的一种理论源泉和西学语境,也为理解中国现代国家理论构造过程,留下了一个常被后人忽视的重要视野。

从中国政治思想接引和摄取"国家"概念的理论史、政治史背景出发,本文将在19世纪英帝国和清帝国的帝国巩固(imperial consolidation)②议程中,分析、揭示19世纪下半叶英帝国政治理论家提出"帝国-国家/超大规模国家"概念的政治经济动机和问题意识,还原大国-国家概念在英国政治理论中生成的几种理论路线,及其在严复、梁启超、杨度、章太炎等人那里接引而成的几种国家理论类型,进而在比较中回答:1.为什么在19世纪下半叶,中英这两个历来缺乏国家观念③的帝国都出现了对超大规模多民族"帝国-国家"概念的探求? 2.为什么中国

---

① 严复:《政治讲义英文汉诂》,载《严复全集》第6卷,福州:福建人民出版社,2014年,第35页。
② 参见凯伦·巴基(Karen Barkey)对"帝国巩固"概念的解说。Karen Barkey, *Bandits and Bureaucrats*: *The Ottoman Route to State Centralization*, Ithaca: Cornell University Press, 1996.
③ 关于中英两国缺乏欧陆式"国家"概念的典型论说,参见梁漱溟:《中国文化要义》,上海:上海人民出版社,2005年,第4、9章;J. Nettl, "State as A Conceptual Variable", *World Politics*, Vol. 20, No. 4, 1968, pp. 559–592.

现代政治思想在诸多理论选项之间,为中国的"现代国家"概念接引了一种超民族的传统性格? 3.为什么这种现代国家理论在筹划中国国家的现代性时,将富国强兵的"现代财政-军事国家建设"和整合广土众民的"帝国巩固"这两个存在张力的目标,同时设定为传统中国政治文明现代重建的双重任务? 通过探究上述问题,对 19—20 世纪之交"多民族帝国-国家"概念的理论史与政治史追踪,或将为理解传统中国政治文明在世界史中的现代重建,重估中国现代国家建设目标的思想性质,提供一个新的视角。

二、大国规模意识的兴起
——19 世纪末"帝国-国家"概念兴起的世界史语境

19 世纪前的西方政治理论通常认为:政治体的超大规模,不利于共和制的成立。这一脱胎于古代西方政治思想的命题,在现代思想中典型地体现为孟德斯鸠关于规模与政体类型的学说。在孟德斯鸠看来,"大国"规模几乎是专制政体和君主政体的专利。① 19 世纪上半叶,代议制理论的兴起虽然在很大程度上解决了大国如何建立民主政体的理论难题,却仍然在实际运转中面临地理、距离、时效等"自然的限制"。② 在这一理论语境下,关于超大规模国家的政治理论为什么会在 19 世纪下半叶的英国突然兴盛,并构成中国现代政治学接引"国家"概念的重要方向,就成了一个需要回答的问题。

既有的 19 世纪帝国史研究和思想史研究已经指出,要理解新的"大国"概念和以"帝国联邦运动"为代表的帝国巩固议程的兴起,19 世纪下半叶全球竞争格局的剧变、民主的扩张和技术变迁是三个重要因素。其

---

① 参见孟德斯鸠:《论法的精神》,许明龙译,北京:商务印书馆,2007 年,第 9 章第 1、4、5 节。
② "相隔着半个地球的国家,不具备受一个政府统治甚至作为一个联邦的成员的自然条件。"密尔:《代议制政府》,汪瑄译,北京:商务印书馆,1997 年,第 245 页。

中，19世纪60—80年代是一个尤为关键的时期，它从历史和理论进程上关联起了上述三个因素和帝国-国家亟须巩固的危机意识。

首先，南北战争结束后美国国家的再整合和边疆开拓（1865）、德国的统一（1871），不仅证明了以联邦制和武力手段统合超大规模国土的可行性，更为英帝国主导的全球政治经济秩序引入了两个体量庞大、资源丰富的新兴大国。相较于以长距离海上贸易为核心的英帝国经济体系，德国的迅速工业化和美国在内战后的基础设施建设，在农业生产、国内制造业发展、贸易交通上形成了显见的资源集聚优势。一方面，在19世纪70年代至20世纪初的短短30年里，德国通过赶超缩小了与英国在贸易份额上的相对差距①，而美国则在制造业产出上完成了对英帝国的反超②；另一方面，伴随新兴大国本土工业的高歌猛进，保护主义开始挑战以自由贸易为中心的英国经济主导权，为19世纪八九十年代自由贸易政策的危机埋下了重要伏笔。此外，在中亚地区，另一个大国沙俄帝国亦正与英国展开史称"大博弈"的区域斗争，危及英帝国在东方最重要的殖民地印度。③ 作为结果，新旧陆地大国在经济竞争和地缘政治上对英帝国全球主导权的冲击，不仅引发了"帝国或将式微"的忧惧和危机意识，更为政治理论家奠定了一种与过去截然不同的问题意识：在代议民主制、责任政府和帝国的现行框架下，从理论和战略上构想一种有能力整合殖民地、与同等体量的挑战者展开竞争的超大规模国家，比大国是否适宜民主政体这一问题更重要。

其次，中下层阶级民主权利和英国殖民地自主权的扩张，在激起对大众民主的恐惧的同时，也深化了对于帝国体制是否有能力化解自治分

---

① F. 欣斯利编：《新编剑桥世界近代史》第11卷，中国社会科学院世界历史研究所组译，北京：中国社会科学出版社，1999年，第72页。
② 1880年，英国、美国制造业产出占全球制造业产出的份额分别为22.9%和14.7%；1900年，同一数据分别变为18.5%和23.6%。A. Orde, *The Eclipse of Great Britain: The United States and British Imperial Decline: 1895 - 1956*, New York: Palgrave Macmillan, 1996, pp. 1 - 40.
③ 霍普柯克：《大博弈：英俄帝国中亚争霸战》，张望、岸青译，北京：中国青年出版社，2015年。

离主义、整合殖民地的忧虑。以 1867 年、1882 年两次英国议会改革为标志,托克维尔预言的"民主的天命"似乎已不可逆转地降临。虽然这一时期形成了因应这股力量的"新型自由主义"(new liberalism)①,但对经典自由主义的信徒和保守主义者而言,中下层阶级主导下的政治经济格局,带来的是道德与文化上的个人主义、物质主义,危及国际竞争新压力下英国国内的政治稳定。马尔萨斯原理的流行,更将大众民主的扩大同英国国内的人口增长和贫穷问题联系在一起。② 与此同时,帝国各殖民地内部通过责任制政府、建立联邦或邦联等形式,亦在深化各殖民地自身的共同体意识。19 世纪下半叶,加拿大各州(1865)与澳大利亚各州(1901),以及南非德兰士瓦、开普、纳塔尔、奥兰治邦四个殖民地(1910)相继推动并建成联邦,逐渐获得更加自主的权力,形成"自由民族自己统治自己"的本土主义,传统上将殖民地视为英国附庸(colonial subordination)的概念已无力界定新的形势,再加上 19 世纪 80 年代围绕爱尔兰自治(Irish Home Rule)问题展开的政治争论,帝国政治联系日趋松散的意识甚嚣尘上。民主的扩张在英国国内和帝国范围内存在两方面的影响:一方面,使英国本土过剩人口向殖民地移民成了一个热门方案;另一方面,政治理论家在将"帝国整合"视为一个重大时代主题的同时,必须顺应殖民地本土主义发展的时势,从更平等的伙伴关系概念出发,探索一种新的英国帝国-国家结构理论。

最后,跨洋蒸汽船、电报、铁路技术的发明推广不仅为大国整合提供了基础设施,创出新的时空意识,更消弭了超大规模国家整合在政治理论上面临的距离难题。自斯密、柏克和密尔的时代以来,通过代议制将殖民地政治代表纳入帝国政治体制,历来是缓解殖民地(尤其是北美殖民地)与英国矛盾的一个重要设想,但横亘于北美与英国之间的大西洋和当时的通信、交通技术,并不允许伦敦和殖民地及时交流指令、互通

---

① 弗里登:《英国进步主义思想:社会改革的兴起》,曾一璇译,北京:商务印书馆,2018 年。
② Duncan Bell, *The Idea of Greater Britain: Empire and the Future of World Order*, Princeton: Princeton University Press, 2009, pp. 46-55.

人员,以至于18世纪和19世纪上半叶的政治思想在反复探讨这一设想的同时,又不得不屡次否定这一方案。在新技术出现以前,英国对西印度群岛、印度等殖民地的行政管理也面临类似的困难。19世纪30年代,"皇家威廉号"(Royal William)首次实现蒸汽船的跨洋航行,开启了19世纪跨洋交通的提速升级进程;1851年至70年代,英国至欧陆(1851)、美洲(1866)、印度(1870)、大洋洲(1872)、南非(1879)的电缆网络先后铺设完成,电报技术的成熟与基础设施的展开,进一步突破了时间和距离对超大规模国家整合的限制;铁路的发明推广,更成为各帝国争夺利权的关键。在这些新的技术进展下,19世纪下半叶的政治理论得以摆脱自然的限制,并与19世纪下半叶的大国竞争格局、帝国整合问题一起,为超大规模国家及其整合的理论创建奠定了基础。①

不过,上述三种时代因素虽然能够有助于理解,为什么19世纪下半叶的英国会出现超大规模国家整合和帝国巩固议程,却并不能直接解答:为什么是"帝国联邦"(imperial federation),而不是其他某种方案,成了人们推进帝国巩固的共识性策略,并与"多民族帝国-超大规模国家"概念生成的过程联系在一起,构成了新"国家"概念的现实意象和现实蓝图? 以1884年英国知识分子与政界人士建立帝国联邦协会(Imperial Federation League),围绕帝国整合问题开展理论工作和宣传动员为标志,"帝国联邦"开始成为凝聚帝国整合议程的关键词,产出了多种帝国整合方案。其中,既有主张在现行英国议会体制下纳入各殖民地代表的议会(parliamentary)方案,也有在议会之外设立专门委员会、殖民地会议探讨帝国整合议题的"议会外"(extra-parliamentary)方案,更包含在上、下议院之上增设帝国议院(Imperial Assembly)、成立英帝国联邦的"强议

---

① Duncan Bell, *The Idea of Greater Britain*: *Empire and the Future of World Order*, Princeton: Princeton University Press, 2009, pp. 63-91. 晚近我国学术界关于上述时代因素在"世纪末"中国语境的关注和分析,参见汪晖:《世纪的诞生:中国革命与政治的逻辑》,北京:生活·读书·新知三联书店,2020年,绪论、第1章。

会方案"(super-parliamentary)。① 尽管这些方案在如何实现帝国整合这个问题上方向不同,但论者几乎都在"帝国联邦"这个边界灵活的概念框架下,将加拿大、澳大利亚、美国、白人移民作为帝国联邦的整合范围,而将殖民统治的印度排斥在帝国整合议程之外。② 从帝国纽带松散、大国规模更有助于国际竞争的危机意识,到指向明确的帝国联邦方略,这一议程生成的逻辑,不仅关系到界定帝国巩固目标、方向、策略的理论问题,更深刻影响了中国现代政治学最初容受的超大规模"国家"概念。

即使就西方帝国史学术而言,现有的解释也尚未看到③,在大国竞争的冲击和帝国联邦方案的回应之间,帝国整合议程和大国国家概念的诞生,经历了另一个重要的中间环节,即关于"帝国治理结构如何变化才能应对大国竞争"的政治经济学。这里的"政治经济学"(political economy)并不是指一门特定的学科,而是关于帝国或国家应以何种总体性的财政、行政、军事方略和目标次序进行治理的政治经济原则。围绕这些原则和次序,不同政党、派系、集团和阶层基于自身的利益和意识形态展开争论,提出关于治理成本、代价、收益、利弊的具体政治经济理由。在这个介于意识形态的原则之争和"大战略"的目标—手段分析之间的层次上,"帝国"的政治经济学往往需要基于广土众民的构成进行差异化的治理,区分核心区域和特定功能区域,计算保卫或占领不同疆土、航道、基础设施、市场的财政-军事成本及收益,明确主要社会集团与政治群体利益的优先次序,调整集权—分权的政治结构,进而在地缘环境

---

① Michael Burgess, *The British Tradition of Federalism*, London: Leicester University Press, 1995, p. 24.
② 关于这一分野,参见 Amanda Behm, *Imperial History and the Global Politics of Exclusion*, New York: Palgrave Macmillan, 2018, esp. chap. 2。
③ Duncan Bell, *The Idea of Greater Britain: Empire and the Future of World Order*, Princeton: Princeton University Press, 2009; Amanda Behm, *Imperial History and the Global Politics of Exclusion*, New York: Palgrave Macmillan, 2018.

中确定内外政策的主要方向。① 从这一环节入手,才能将帝国联邦和帝国整合运动对局势的分析和整合策略的政治经济原则联系起来,进而总结新的超大规模帝国-国家概念应运而生的逻辑。

具体来说,对这一逻辑的阐发,又可以进一步分解为两个问题:第一,在新兴大国和现代技术条件下,帝国如何挖掘其大国规模的地缘政治优势,从而实现帝国整合,获取或保全与其国际地位相应的经济实力?第二,什么样的"国家"才能实现这个大国竞争的政治经济目标?

三、英帝国巩固的政治经济学
——19世纪末"帝国-国家"概念的生成逻辑

为什么大国竞争的新形势会催生出一种以帝国整合和帝国联邦为方向的政治经济学?要回答这一问题,首先就要理解19世纪下半叶的新兴大国对帝国旧政治经济原则的冲击。

1846年《谷物法》废除后,自由贸易(free trade)开始成为英帝国政治经济政策的指针。这项以"无条件最惠国待遇条款"为核心的政策规定:英国作为贸易条款缔约国的一方,应无条件将给予第三国的一切优惠,适用于缔约的另一方。这不仅意味着,英国国内的普通消费者不必因高昂的进口关税,承受本国土地贵族的粮食定价,原则上确认了"公民消费者"不受任何行业利益集团左右②,更令英国制造商得以在炮舰的加持下将本国制造品输出到世界各地,进入包括殖民地在内的各大市

---

① 比较典型的分析,参见 Steve Pincus, *The Heart of Declaration: The Founders' Case for An Activist Government*, New Haven: Yale University Press, 2017. 本文发掘 political economy 这一维度,从国际压力和方略创制的中间环节,分析帝国巩固方案和新"国家"概念的形成逻辑,希望填补既有研究中的这一空白,亦是源自平克斯(Pincus)教授近著的启发。相应的,近期史学界也出现了从类似路向研究近代中国的典范案例,参见 Li Huaiyin, *The Making of the Modern Chinese State: 1600 - 1950*, London: Routledge, 2019。
② Frank Trentmann, *The Free Trade Nation*, Oxford: Oxford University Press, 2008, chap. 1 - 2.

场。一时间,"自由贸易"几近成为"英帝国意识形态"的代名词。政治家和虔诚的基督徒们相信,"文明教化"的功效将借助"自由贸易"的力量,把帝国使命带到世界的每个角落。在自由贸易的助力下,由企业、商人、冒险者、教会、移民组成的"非正式帝国"已足以替代国家的正式力量,完成对殖民地的势力渗透。在非正式帝国之外,帝国-国家投入正式力量、实施殖民统治的战略部位主要是印度。19世纪80年代,这颗"皇冠上最璀璨的明珠"不仅容受19%的英国出口商品,充当英国亚洲进出口贸易的桥头堡,更是向东亚、中亚、非洲投放常规兵力的军事基地,构成连接大洋洲、非洲海上商路的关键节点。① 大体上,自由贸易政策的政治经济原则可以归结为:以保卫印度和通往印度的航线(尤以东非、南非为要)为中心,帝国的正式军事力量配合殖民地的非正式帝国网络,凭借无条件最惠国待遇条款和强大的工业制造能力,增进帝国各种政治经济要素在全球范围内的自由流动和贸易优势,不以直接控制领土为目标。

19世纪下半叶新兴大国的崛起,从几个重要的方面动摇了这个政治经济原则的前提,在时人的议论中,首先体现为若干现象意义上的战略观察:

第一,不同以往,以德国为代表的新兴大国不安于进口外国制造品的便利,而是要求本国的工业化和制造业的独立自主,在制造商品进口方面实施关税保护政策,为本土产业的成长争取空间,其出口增量不仅挤压了英国制造品在全球市场的份额,作为自由贸易政策核心的无条件最惠国待遇条款,此时反倒成了英国制造商的绊脚石,无法维持这项政策在消费者和制造商之间不偏不倚的传统形象。倘若简单采用对等反制措施,对竞争者施以报复性关税,保守、自由两党的政治家又将一方面损害无条件最惠国待遇条款的国际信用,一方面面临贸易摩擦向其他经

---

① R. Robinson, J. Gallagher, A. Denny, *Africa and the Victorians: The Climax of Imperialism in the Dark Continent*, New York: St. Martins Press, 1961, chap. 1, esp. pp. 11 - 14.

济领域、商品、行业扩散的风险。消费者将指责政府违背自由贸易原则，变相补贴本国制造商，城乡、工农等多种利益群体的组合与区隔，也将阻挠官方政策的干预，带来重大政治风险。① 在英国殖民地，关税保护主义也成为一时风潮，甚至下沉到殖民地下属的各个区域之间，一个典型的例子，就是澳大利亚新南威尔士州与维多利亚州长期的关税争论和贸易摩擦。② 保护主义在各个层级抬头的结果是：自由贸易立足的全球市场的均质性不复存在，但仍然作为英国公众和国内政治的信念底线，阻挠政策调整的各种方略。

第二，新兴大国除了用关税保护自身工业，还能在大国与大国之间运用关税同盟或双边互惠条款等手段，作为扩大势力范围的工具。在英国奉行无条件最惠国待遇条款的前提下，这些关税同盟和双边条款大都不利于英国这一实行自由贸易的第三国，甚至直接针对英国。不仅如此，关税同盟和双边条款的动议还常常发生在英国殖民地和新兴大国之间。例如，19世纪末英帝国研究者查尔斯·迪尔克(Charles Dilke)在其《"大大不列颠"的问题》(The Problems of Greater Britain)一书中指出，19世纪80年代以来，美国政府就在不断向加拿大政府表示建立关税同盟的意愿，依靠两国边境丰厚成熟的产业、五大湖航运和铁路，促进两国在农产品、原材料、制造业等方面的一体化。③ 仅就美国一例，迪尔克就表达了对纽芬兰、西印度群岛等殖民地有可能被新兴大国"拐走"的担忧。④ 尽管迪尔克并不主张以帝国关税同盟"拴住"殖民地，牺牲自由贸易原则，但他也承认：新兴大国和新关税工具的结合，必将在英国激起存量利益遭受瓜分之感，一旦失去在殖民地市场的主导地位，帝国的政治

---

① E. Green, *The Crisis of Conservatism: The Politics, Economics and Ideology of the Conservative Party, 1880 – 1914*, London: Routledge, 1996.
② Charles Dilke, *The Problems of Greater Britain*, London: Macmillan & Co., 1890, pp. 101 – 102, 160 – 196.
③ Charles Dilke, *The Problems of Greater Britain*, London: Macmillan & Co., 1890, pp. 60 – 63.
④ Charles Dilke, *The Problems of Greater Britain*, London: Macmillan & Co., 1890, p. 99.

经济收益与其长期以来的经济-军事投入将形成巨大的颠倒。

　　第三,19世纪末欧洲大国的军事化和俄国在印度不断加剧的威胁,在英国本土和帝国海外"前线"之间带来巨大防务成本,而英国和各殖民地对帝国防务的投入严重失衡。19世纪末,一方面,随着德国、法国军备的扩大,英国本土防御,特别是英吉利海峡和英国在欧洲海军基地的防御,开始成为时人关注的问题;另一方面,俄国在中亚及阿富汗一带不断强化其军事存在,同时导致印度防务压力陡增。① 在本土和前线之间同时保障帝国防卫,意味着英国海上军事力量既要谋划主力舰向欧洲的战略收缩,保持对德国、法国等国数量优势的"两强标准",又要围绕印度防务,保卫南非、埃及(苏伊士运河)、澳大利亚和远东等重要战略节点间的航线。在国际竞争压力提升、帝国防卫成本陡增的情况下,殖民地对帝国防务缺乏贡献的问题开始受到重视。1891年8月11日,后来担任加拿大总理的查尔斯·塔珀爵士在伦敦召集了一次探讨帝国联邦问题的特别委员会会议。会上,帝国联邦协会的成员们提出的关键议题包括:"自治殖民地为帝国防务做出财政贡献,是否可欲?""一个妥善的帝国防务计划应包含哪些要素?""自治殖民地的财政贡献应以什么比例分摊?""应采取何种方法募集这笔军费?"② 其中,加拿大、澳大利亚等自

---

① 帝国整合问题的理论家对当时印度防务的一种完整设想,参见 Charles Dilke, *The Problems of Greater Britain*, London: Macmillan & Co., 1890, pp. 349-392。这份防务方案包括:1. 强化对阿富汗埃米尔的军事承诺,使阿富汗成为应对俄国入侵的缓冲区;2. 保证印度北部常驻兵员量,立足 Quetta 兵营和 Khyber-Attock 两条铁路沿线组织北部和东北部的抵抗,为印度南部援军北上、组织侧翼反击争取时间;3. 加强对兵员、枪支、弹药、铁路、桥梁、堡垒建设的投入;4. 以作战和后勤为导向,确立统一北部边疆政策和机构,将笼络本地部落、建设基础设施、士兵招募与雇佣等职权集中到一人手中;5. 改革管辖区制度(presidency),分属孟买(Bombay)、马德拉斯(Madras)两地总督管辖的印度本土军队,与旁遮普(Punjab)、孟加拉(Bengal)的军队统归印度总司令调遣;6. 裁汰南部军队,降低俄军入侵时后方叛乱的可能性;7. 联合中国在海参崴和远东以海军牵制俄国,联合奥斯曼土耳其在黑海东北岸投放远征军。这一计划除了要求加大财政投入,更与迪尔克反对海军向本土收缩、加强全球海上补给站、保障苏伊士运河和好望角防御、保卫印度商路的建议联系在一起。参见 Charles Dilke, *The Problems of Greater Britain*, London: Macmillan & Co., 1890, pp. 650-693。

② 此次会议收入了帝国联邦协会的会议纪要,参见 Michael Burgess, *The British Tradition of Federalism*, London: Leicester University Press, 1995, pp. 61-64。

治殖民地对帝国防务的贡献问题,占到了所有议题的三分之二。换言之,到了19世纪末,仅凭非正式帝国的经营和英国国家有限的正式力量,已无法在全球尺度上应对大国竞争的财政-军事压力。帝国整合的方向,就在于将殖民地纳入帝国整体的财政-军事正式议程,修正自由贸易时代的政治经济原则。

面对这一系列现象,帝国整合的政治经济原则及其参与大国竞争的政治经济学前提是什么呢?既有的政治经济学史曾用"新重商主义"(neo-mercantilism)一词归结这一前提,以示这些19世纪政治经济现象与18世纪斯密理论批判的重商主义的相关性。① 如果重商主义意指一种"将贸易视为零和博弈"②的心智,那么,也许可以将19世纪下半叶英帝国整合的政治经济原则概括为如下四点:

第一,新兴大国与英帝国之间的竞争是一种零和竞争。这意味着,依附于土地的海外市场、人口、资源,是权力优势的唯一来源。大国规模,则意味着对大规模市场、人口、资源的排他性占有。鉴于新兴大国与新兴市场之间的互惠条款最终都会针对实行自由贸易政策的英国,经济上,英国几乎没有分而治之、同新兴大国寻求势力平衡的余地,只能依靠现有的帝国规模予以回应。

第二,自治殖民地(如加拿大、澳大利亚、新西兰、南非)在新兴大国与英帝国之间,与双方均保持非零和竞争的中间状态,并随时有转变为英帝国零和竞争对手的可能。出于对失去存量市场的担忧,或者说,由于担心因为新关税机制的作用,失去仍然与英国进行非零和竞争的领域,加强帝国与自治殖民地的传统纽带,进而在帝国政治经济结构下创造新的共同市场,成为应对大国竞争的战略重点。用时人的话说,就是"逐步在一切可能之处创造新市场,与我们的殖民地培育更密切的商业

---

① 杰拉德·库特:《英国历史经济学(1870—1926):经济史学科崛起与新重商主义》,乔吉燕译,北京:中国人民大学出版社,2010年。
② Steve Pincus, "Rethinking Mercantilism: Political Economy, the British Empire, and the Atlantic World in the Seventeenth and Eighteenth Centuries", *The William and Mary Quarterly*, Vol. 69, No. 1, 2012, p. 12.

联系"①。

第三,帝国与自治殖民地之间非零和的共同利益,主要在于市场的相互依赖、共同的语言和文化情感以及帝国国防的共同需要。首先,作为大多数英国制造品的输出和消费地,自治殖民地的人口和消费能力正在进一步增长,相较于与美国和欧洲大国的零和竞争关系,其市场规模增长更快,有望形成新的增长点。其次,正如《政治讲义》的作者约翰·西利在其帝国史名著《英格兰的扩张》里强调的那样,同文同种的语言文化纽带、效法英式体制建立的责任制政府,使自治殖民地具备与英帝国整合的最佳条件,也正是这一点将"英帝国"和"印度帝国"区分成两个同以维多利亚女王为君主的平行帝国,后者仍需实施专制性的殖民统治,待其逐步"文明开化"后,方可纳入"英帝国"的范畴,前者作为"盎格鲁-撒克逊世界"(Anglo-Saxondom),天然地构成帝国整合的核心范围,与"臣属国"(Subjects)相异。② 最后,尽管印度仍是帝国防务的一贯要点,但在新的战略感知中,英帝国-国家的正式体制和力量必须强化与自治殖民地的联络,才能在守住印度这条战略底线的同时,将自治殖民地的权势存量转化为增量,创造国际竞争的新空间。

第四,"联邦"(federation)作为一种既保留殖民地本土自主权,又共同对外的正式体制概念,是一种财政和行政成本较低,又能在短时间内将自治殖民地纳入帝国经济和军事正式议程的方式。一方面,federation概念可松散可集中的灵活性,为英国和自治殖民地以"殖民地会议"(Colonial Conference)等正式机制开启帝国整合议程提供了便利;另一方面,federation适用于各个帝国层级,例如一些重要的自治殖民地(如澳

---

① "The most useful course to adopt would be to take steps to … create new markets wherever possible … and to cultivate closer commercial relations with our colonies." RCDTI, First Report, Appendix A, p. 79, 转引自 E. Green, *The Crisis of Conservatism: The Politics, Economics and Ideology of the Conservative Party, 1880-1914*, London: Routledge, 1996, p. 32.

② J. Seeley, *The Expansion of England*, John Gross ed., Chicago: The University of Chicago Press, 1971, Second Course, Part I-V.

大利亚)正在州与州的层面协商推动殖民地联邦的建设。以"联邦"的名义,首先促进各殖民地内部自下而上的联合,可以使原本具体到新南威尔士州与英国的关税争议,经过殖民地联邦各州的内部斡旋,简化到英国与澳大利亚联邦的层面。这样一来,一个超大规模的帝国-国家就能够以帝国和殖民地联邦之间的协商为中心,根据需要,灵活调整政治集权和行政分权的关系,降低创造共同市场的制度成本和协商成本。

通过上述分析,我们从大国竞争的压力背景入手,层层深入还原了帝国联邦方案回应这一压力的过程,并在19世纪下半叶英帝国巩固的政治经济原则中,发现了与"帝国-国家"概念筹划紧密相连的若干关键要素:一是对广袤领土和殖民地上的人口、资源、市场的影响力、汲取力和整合力;二是构成帝国-国家的成员的共同利益;三是以共同的语言、文化界定帝国-国家的主体国族(nation);四是以中央政治集权—地方行政分权的体制构想厘定帝国-国家的财政-军事义务。这些关键要素,主要不是从政治或法权规范的层面来构想"国家"概念,而是从适应大规模国家竞争这个19世纪下半叶的新目标入手,追问什么样的政治能力、共同纽带、社会构成、财政-军事权力格局,能够界定合乎大国竞争政治经济目标的"国家",在韦伯提出"国家"的经典政治社会学定义之前,呈现出一种关注国家社会学(sociological)要素的理论倾向。从这个理论的形成逻辑和"帝国-国家"概念的构成要素出发,我们又可以归结出中国现代政治思想接引、摄取新"国家"概念的三条理论路线,进而在英帝国-国家整合的政治经济学和中国现代多民族帝国-国家建设的思想议程之间,观察、比较两个超大规模国家在国家理论筹划上的区别。

四、代议制联邦主义、有机体、现代 财政-军事权力集合体
——三种"帝国-国家"概念及其理论路线

统观19世纪下半叶的西方政治思想,国家理论是一个建树颇多的

领域。有学者指出,正是在19—20世纪之交,"国家"才从一个不甚受人关注的政治概念,一跃成为英国政治理论的焦点。① 1880—1914年,随着大众民主的深化、社会改革的兴起和个体自由主义的转型,一系列旨在将个人和共同体联系在一起的国家学说应运而生,不仅在新型自由主义的形成中构成核心主题,更与同时期英国唯心主义的国家观念一起,凸显出国家作为统合个体、集团、阶级冲突的理论形象。但就代表性政治思想家的代表性译介、论说而言,19—20世纪之交中国现代政治学形成时期对国家理论的接引,几乎都与三种脱胎于前述议程的大国-国家概念类型或理论话语相关。

第一,以代议制为制度蓝图的联邦主义。国家的性质主要由作为主权来源的议会权力来定义。联邦制则被视为与代议制相互配合、适应大国条件的国家构造形式。从这一理论话语在19世纪末英帝国政治思想的源流来说,尽管时人中如戴雪、弗里曼(Edward Freeman)者并不看好联邦与帝国的联姻,但以联邦形式将自治殖民地纳入代议制框架仍然是19世纪80年代政论的焦点。一方面,英国自身的代议制传统和历史上处理殖民地问题的线索,为代议制和联邦的勾连提供了现成的理论语境;另一方面,美国联邦制对大国规模的成功整合在这一时期被人们誉为制度典范。在帝国整合的语境下,通过议会主权的代议制实现大国联邦,被认为是迈向下一个世代的国家的自然进路。这种新的国家将是由一个单一的联邦最高立法机关统治的政治经济实体,并通过一系列隶属于最高立法机关的地方代议机制,实现政治集权和地方自主权的统一。在中国现代政治思想接引"国家"概念的语境中,这一理论要素不仅与19—20世纪之交通过立宪建设现代国家、树立中国现代政治正当性的议程紧密相关,更为整合满汉蒙回藏五族的目标提供了重要的制度想象。

---

① James Meadowcroft, *Conceptualizing the State: Innovation and Dispute in British Political Thought: 1880 -1914*, Oxford: Oxford University Press, 1995, Introduction.

第二,国家有机体理论。国家的性质主要由维持联合的关键纽带来定义,这种纽带,可以是共同利益(common interest),也可以是共同的语言文化、种族或宗教。与一般的政治体-有机体类比略有不同,19世纪末自帝国巩固议程而来的国家有机体论强调的不是阶级调和意义上整体与部分的和谐,而是旨在说明,大国规模上的国家整合既有有机与强力(force)的性质之别,又有不同整合原则的深浅之分。以严复转译约翰·西利的《政治讲义》为代表,以强力为整合纽带的征服国家和以共同利益、语言、文化为整合纽带的现代国家,不仅在理论上构成国家类型的两极,更在帝国巩固的议程下,对应印度和白人自治殖民地这两类对象,强调作为有机体的主体国族在大国-国家整合中的核心作用,基于国家基础构成的要求,将印度限定为"臣属国"、从"大大不列颠"的蓝图中排除。在中国"国家"概念的形成过程中,这一区分及其隐含的命意将一方面牵引出五族的关系问题,另一方面又以一种与英帝国-国家整合截然不同的"文明-国家"的逻辑,转化为中华民族构建中的同化问题。

第三,区别于部落、城邦和中世纪政治体的现代国家(或军国国家)理论。国家的性质主要由现代社会下的财政-军事权力及其义务来界定,而主权则遵循层层建立联邦、降低制度成本的逻辑,构成一个财政-军事权力义务的集合体,呈现为中央、地方的各级责任制政府层层分享财政-军事义务的复合国家。以斯宾塞及甄克思、西利等人的学说为代表,"国家"被视为运用财政-军事权力、整合广土众民的现代政治单位,并在规模、认同方式、分工的复杂程度等社会构成要素上区别于古代、中世纪的政治体。如果说"大国联邦"和国家有机体学说阐明了大国-国家的理想体制与基础构成,那么这种立足社会形态古今演变,将"军事-工业社会的整合能力"视为现代国家标志的思路,就进一步体现了19世纪末新"国家"理论的实质关切:在超大规模国家整合、形成、竞争的时代语境下,将动员组织各类资源的能力、超地域血缘的强政治认同、缔造并保卫共同利益的实力,锚定为现代政治体的关键特征和成长指标。这一关于超大规模现代国家建设目标的问题意识,不仅与19—20世纪之交的中国政治思想形成强烈共鸣,更通过严复、杨度和章太炎关于民族主义的论战,引出了现代财政-军事国家建设与多民族帝国巩固这两个目标之间的张力问题:如何既通过社会动员,建设单一认同的现代国家,又防止社会动员造成多民族帝国的解体?

因应帝国-国家巩固的议程,"大国联邦"、有机体学说、现代财政-军事权力三种"新"国家理论元素,为理解"国家"概念在中国的摄取和构造过程提供了思想史和理论史语境。从这一过程的发生看,20世纪初围绕严复《社会通诠》《政治讲义》展开的论说,是理解超大规模帝国-国家理论在中西间交汇的关键线索。下面,就从概念摄取的内在理路入手,具体还原这一理论过程的主要环节,回答中国现代政治思想如何在摄取超大规模国家理论的同时,为中国的现代"国家"概念赋予了延续至今的超民族性格。

五、从"国民力"到现代财政-军事国家的政治能力
——超大规模现代国家建设与多民族帝国整合目标的确立

从甲午战败开始,建设一个强大的现代财政-军事国家就已成为变法派论说中的重要议题。在变法派的代表性申论《上清帝第二书》中,实现这一目标的急迫性一方面归结于中国已处于"列国并立,群雄争智"的国际局势判断,另一方面则体现为由练兵、富国之法深入变革教养、国政的意识。① 在变法派看来,洋务派30年来的变法之所以是失败的,正因其只是在表象的意义上"曰练兵也、开矿也、通商也",而不知变法之本原在人才、学校、科举、官制,不知所谓"国之强弱在兵,而所以强弱者不

---

① 康有为:《上清帝第二书》,载《康有为全集》第2集,姜义华、张荣华编校,北京:中国人民大学出版社,2018年,第37页。

在兵"的道理。① 从"国家"概念的接引史看,这种希望在练兵、富国的背后挖掘出某种系统性富强原则的意识,或许还不仅是变法派将自己的改革事业与洋务派区分开来的说辞,也不能简单归结为"事事通过思想文化寻求根本解决的倾向"②,而更是一种对"彻上彻下"的理论原则的欲求,其要害在于:找到统摄国家强弱的关键原理,从而衡量、论证变革的深浅利弊。

戊戌变法失败后,进化论、政体论和东来政治学说的引进介绍,使练兵、富国背后的问题变得更复杂了。自军事、财政、科举而官制的合理化改革均随着戊戌政变告以中止,失位的改革者对盛衰原理的探求,似乎只能转向与作为国家政权的"国"不同的动力。

1899年,流亡日本的梁启超先后在《清议报》上发表了《爱国论》和《论近世国民竞争之大势及中国之前途》的系列文章。其中,"国民"一方面作为独夫家业的"国家"的对立面,被表述为各国参与现代国际竞争的主体和真正动力;另一方面作为构成"国家""国政"的主体和真正动力,成了"练兵理财不足以尽"③的国家之大原。根据梁启超的论证,国作为"积民而成"者,无不起于家族,爱国之心正如将对家人父子的属己之爱,类推到全体国民。与"有国者只一家之人,其余则皆奴隶"④的主奴关系不同,真正的国政是国民伸张民权,治理自己的事,而不是独夫对一家产业的管理。从这个家庭-政治共同体同构的类比逻辑入手,梁启超强调,"人人为其性命财产而争,万众如一心"的"国民力"远比"国家、

---

① 梁启超:《论变法不知本原之害》,载《梁启超全集》第1卷,汤志钧、汤仁泽编,北京:中国人民大学出版社,2018年,第29—31页。
② 林毓生:《中国意识的危机:"五四"时期激烈的反传统主义》,穆善培译,贵阳:贵州人民出版社,1988年。
③ "今世之言治国者,莫不以练兵理财为独一无二之政策,吾固不以练兵理财为足以尽国家之大事也,然吾不敢谓练兵理财为非国家之大事也。即此二者论之,有民权则兵可以练,否则练而无所用也。有民权则财可以理,否则理而无所得也。"梁启超:《爱国论三论民权》,载《梁启超全集》第1卷,汤志钧、汤仁泽编,北京:中国人民大学出版社,2018年,第697页。
④ 梁启超:《爱国论三论民权》,载《梁启超全集》第1卷,汤志钧、汤仁泽编,北京:中国人民大学出版社,2018年,第695页。

君相、政治之争"更为根本,构成了今日世界之竞争的要义。① 从而,练兵、富国背后那个更大的、更神秘的原则,似乎就要从财政-军事国家根本制度的整顿转向别处,诉诸"国民"这个能够以己推人、利群利己的共同体。

然而,一方面,从个人—家庭—国家的类推逻辑谈论国民的公德、国家的公义,很难解释为什么习于私生活的中国人没有国家思想,还有待成为"国民";另一方面,把"国"视作国民所积而成,把"国家"等同于统治者手中的机器,也很难说清楚"国民"为什么需要对一个高高在上的"国家"发生思想。在解说"国家思想"的《国家思想变迁异同论》和《新民说》等篇目中,梁启超的叙述就遇上了上述两重问题,并对这一逻辑进行了理论修正:一方面,梁启超指出,中国人之无国家思想与"家"之小私的确有关,"其下焉者,惟一身、一家之荣瘁是问"②,不知"吾一身之上,更有大而要者存"③;另一方面,国家的起源不再是家族,而是出于自保的"不得已"和国民的联合,"国民"的形成也不再是从家庭、家族而来,而是从群族而居、自成风俗的"部民"进为有国家思想、能布政治的"国民"。④ 这样一来,现代国家与"国民"这个根本动力的表里关系似乎更清楚了一些:只有具备国家思想的国民,才能发扬国民力,构成和建设理想的国家,在19世纪末至20世纪列强推行的民族帝国主义的浪潮下,中国唯有先谋求"民为贵,社稷次之"的民族主义,才能由国民建成作为"社稷"的现代财政-军事国家。⑤

表面上看,以有国家思想、有政治能力、区别于"部民"的"国民"作为

---

① 梁启超:《论近世国民竞争之大势及中国之前途》,载《梁启超全集》第2卷,汤志钧、汤仁泽编,北京:中国人民大学出版社,2018年,第208—209页。
② 梁启超:《新民说》,载《梁启超全集》第2卷,汤志钧、汤仁泽编,北京:中国人民大学出版社,2018年,第544页。
③ 梁启超:《新民说》,载《梁启超全集》第2卷,汤志钧、汤仁泽编,北京:中国人民大学出版社,2018年,第543页。
④ 梁启超:《新民说》,载《梁启超全集》第2卷,汤志钧、汤仁泽编,北京:中国人民大学出版社,2018年。
⑤ 梁启超:《国家思想变迁异同论》,载《梁启超全集》第2卷,汤志钧、汤仁泽编,北京:中国人民大学出版社,2018年,第326—327页。

富国强兵之本,已足以界定"现代国家"之本,并为人心和政治的革新做出方向上的指导。但通过"新民",实现立宪君主时代对君主专制时代的超越①,是否可以展开富强背后的国家之道,仍是一个不甚清楚的问题。最重要的疑问也许就是:那种使国家、国民与群族、部民区别开来的"能布政治"的能力,究竟是什么呢? 进一步说,伸张国民的民德民权,在形式上实现立宪政体以后,那种能将立宪政体和富强有机联系起来的能力又是什么呢?

从中国现代政治思想接引"国家"概念和理论的线索看,界定现代国家"能布政治"的能力,阐明这种能力为何与其他类型的"群族"合群同居之道不同,是一个重要且根本的问题。理论上,国民的政治能力和政治德性,只能在一种乐观主义的进化框架下解释国家发生的动力,却无法系统解释这种动力与国家富强之间的结构性联系。缺少了这个中间环节,国家就是战争兼并和国民成形后的公共产物。而那种使国家富强的能力,最终就只能归因于国民出于经济个人主义的利己动机和保卫群体的利他动机,或者是进化和竞争的叙事框架提供的某种神秘的"天命"。

从现代国家自身的结构和原则角度,系统提出现代财政-军事国家独特政治能力问题的是严复。1903年,《社会通诠》译出,在这部遵循19世纪末家族—部落—城邦(国家/政治体)三阶段叙事②的政治简史里,现代政治社会(modern political society)或现代国家,与对应古代中世纪欧洲的宗法社会(patriarchal society)和更早的蛮夷社会(savage society)构成了历史发展的三个阶段,现代国家为何、如何与过去不同,

---

① 梁启超:《国家思想变迁异同论》,载《梁启超全集》第2卷,汤志钧、汤仁泽编,北京:中国人民大学出版社,2018年,第424页。
② Stefan Collini, Donald Winch, John Burrow, *That Noble Science of Politics: A Study in Nineteenth-Century Intellectual History*, Cambridge: Cambridge University Press, 1984, esp. chap. VI–VII.

构成了原作者甄克思和许多同时代西方学者的核心问题。① 虽然这三个阶段总体上符合从家庭到国家的叙事结构,但不同于梁启超在《中国专制进化史论》中化用的斯宾塞式解释,《社会通诠》中人类社会从家庭到国家演变的图式,并不是家庭通过联合和战争,逐步在规模上扩大成部族和早期近代的专制君主国,而是将宗法社会和现代国家描摹成两种不同性质的社会。二者的区别至少有四:

第一,宗法社会"以种族为国基"(personal basis/race)②、"重民而不地著"③,为种人之社会;现代国家以领土邦域(territory)为国基,在大国规模上包容国民在血缘、宗教、言语上的差异④,其维系纽带是军事上的忠诚(military allegiance),为人人有军事义务的"军国之社会"⑤。

第二,宗法社会具有排他性,禁止杂居(exclusiveness),"排外而除非种"⑥;现代国家则"以广土众民为鹄,而种界则视为无足致严"⑦,在政教上以超越宗法私教的"兼容并取"(universality)为精神,且常取"政教合一"的形式。⑧

第三,宗法社会习俗固定,缺乏竞争,现代国家讲求创新,工商竞争频仍,以"争存"为精神。⑨

第四,宗法社会以家族、家法等的平衡协调为本位,现代国家以个人、公法、主权者的命令为本位。⑩ 现代国家权力多与个人直接相连,而宗法社会的个人则多与部族、公社等中间权威发生关联。具体来说,就是"天演极深、程度极高之社会,以一民之小己为幺匿者也。宗法社会,

---

① 梅因:《古代法》,沈景一译,北京:商务印书馆,1959年;库朗热:《古代城邦:古希腊罗马祭祀权利和政制研究》,谭立铸等译,上海:华东师范大学出版社,2006年。
② 严复:《社会通诠》,北京:商务印书馆,1981年,第61页。
③ 严复:《社会通诠》,北京:商务印书馆,1981年,第18页。
④ 严复:《社会通诠》,北京:商务印书馆,1981年,第69—70页。
⑤ 严复:《社会通诠》,北京:商务印书馆,1981年,第18页。
⑥ 严复:《社会通诠》,北京:商务印书馆,1981年,第18页。
⑦ 严复:《社会通诠》,北京:商务印书馆,1981年,第62页。
⑧ 严复:《社会通诠》,北京:商务印书馆,1981年,第70页。
⑨ 严复:《社会通诠》,北京:商务印书馆,1981年,第63、71页。
⑩ 严复:《社会通诠》,北京:商务印书馆,1981年,第64、72—73页。

以一族一家为幺匿也"①。

对于《社会通诠》提出的这四类关于现代国家的重要原则，严复虽然并未直接在相应文段给出自己的按语，但仅看几个重要概念的翻译，他对现代国家应有什么样的政治能力的见解，就可见一斑：

第一，"现代社会的基础是军事忠诚"（the basis of modern society is military allegiance）②，严复译作"近世社会所以系属其民，存于军政"。这表明，严复不单是从民众的军事忠诚角度来理解现代社会的基础，而是从现代国家这个以军政为其政治形态的政治主体对属民忠诚、认同的维系能力出发，理解现代社会不同于宗法社会的原则。

第二，就现代社会不同于宗法社会的排他性这点说，"现代国家笃信更大的数目，宗法共同体则不"（modern states believe in larger numbers, patriarchal communities do not）③，严复引人注目地将此句训为"今日社会所大异于古者，以广土众民为鹄"，也就是说，现代国家对所谓"更大的数目"的笃信，应该具体而实质地引申为现代国家整合大国版图、容纳不同种族"部民"的能力。

第三，在现代社会异于"团体主义"（communalism/communal character）的构成原则上，严复一方面将"团体主义"直接译作"以家族为本位"，并在译文中添上了"天演极深、程度极高之社会，以一民之小己为幺匿者也。宗法社会，以一族一家为幺匿也"这个未见于原文的对子；另一方面则强调，以一民之小己为基本单位的现代社会，关键特征是"民皆平等，以与其国之治权直接"。这个将团体落实为家族的理解，不仅涉及对中国国家程度"七分宗法三分军国"的判断，更将西方现代国家建构中以中世纪法团为代表的中间权力团体（intermediate authorities），在中国语境中转化成了"家"与"族"，从而引出了现代国家的第四种政治能

---

① 严复：《社会通诠》，北京：商务印书馆，1981年，第19页。
② Edward Jenks, *A Short History of Politics*, Harrisburg: Mount Pleasant Press, 1900, p. 20.
③ Edward Jenks, *A Short History of Politics*, Harrisburg: Mount Pleasant Press, 1900, p. 70.

力:现代国家不仅能绕开中世纪领主、法团、司法管辖团体等中间权力团体,还能突破家族与族群对个体的影响,以个体与国家的关系为基础重组社会,具有维系和动用至高的主权性权力,直接管制、汲取、治理其所辖个体的能力。

第四,以工商业竞争为典范,现代国家还具有破除习俗的固定性、激发个体政治经济活力、不断自我维新(innovation)和参与国际竞争的能力。

上述四种关于现代国家政治能力的见解,从几个方面转换了从国民出发观察富国强兵之道的视角。首先,富国强兵的主体不再是现代国民及其政治能力和竞争力,而是转向按照某些特定结构和原则形成的现代国家;其次,这种特定的结构和原则,就是将作为个体的部民、族民从血缘、地缘、团体等纽带中抽离出来,统合到一个超地域、种族、家庭的政治体系之中,由此,国民才得以与部民区分开来,在与国家的结构性联系中,构成国家的基础和国家权力的客体;再次,在现代条件下,实现富国强兵的关键在于四种基本的政治能力,即以政治军事义务对领土属民忠诚、认同的维系能力,整合大国版图、容纳不同种族部民的能力,直接管制、汲取、治理其所辖个体的能力,以及激发个体政治经济活力、自我革新和参与竞争的能力;最后,从现代国家的政治体系和政治能力要求,以宗法社会和军国社会的性质区别为依据,可以衡量中国的现状同现代国家富国强兵目标的距离,评估中国在天演普遍史中的位置——这一距离并不简单是君主专制政体和君主立宪政体的距离,也不在于中国这个多民族帝国尚未通过民族主义成为单一民族国家,而恰恰是在现代国家政治体系建设和国民脱离家族、宗法的双重进程上踟蹰不前,表征为"七分宗法三分军国"①的奇特处境。

这里,如果简要地把《社会通诠》关于现代国家政治能力的阐述与前述《政治讲义》关于国家的若干论述联系在一起,我们将更清楚地看到:

---

① 严复:《社会通诠》,北京:商务印书馆,1981年,第15—16页。

19世纪下半叶关于超大规模帝国-现代国家的理论,是如何经由中国现代政治思想的接引、转化,进入关于中国现代财政-军事国家及其政治能力建设目标的筹划的。

在《政治讲义》中,严复基本照搬约翰·西利《政治科学导论》的表述,进一步强化了《社会通诠》关于现代国家或军国国家政治能力的论说。首先,虽然在西利看来,以家族、宗教、征服为纽带的政治体都可以叫作"国家",但只有现代国家是以保护共同利益为主要纽带的国家类型。这种共同利益主要是全体国民的商业、政治、军事防御利益,而非某地、某个自治体的利益,与西利在帝国-国家整合议程中的思路一致,即强调从帝国整体,而非某个部分出发,界定帝国和自治殖民地的财政-军事利益。[1]

其次,现代国家整合广土众民之国的方式,既与古代城邦国家不同,也与古代帝国不同。其关键在于民权通过地方自治和中央集权的机关配置与国家相连,突破古代城邦"形制小狭而团体之部署甚密"和古代帝国"形制雄大,然以其大团体之结合,常泛而不深"[2]、"土地过大……于国家措置无所与闻者、其人非国民"[3]的界限。换言之,现代国家具有将保卫共同利益的财政-军事义务与广袤领土上的国民的积极参与有机结合起来的能力,体现为一套在治权上层层分治,但又能在政治上扶持统治权的制度安排。由此,《社会通诠》中现代国家超地域、超团体整合广土众民的能力,就进一步具象化为一个以代议制动员整合全体国民、承担现代财政-军事权力义务的集合体。

最后,《政治讲义》指出,主权性权力并不是简单来源于在下的民众或在上的君主,而往往是呈现为掌握治权的统治者和统治权力扶助团体

---

[1] 严复:《政治讲义英文汉诂》,载《严复全集》第6卷,汪征鲁等编,福州:福建人民出版社,2014年,第27页。
[2] 严复:《政治讲义英文汉诂》,载《严复全集》第6卷,汪征鲁等编,福州:福建人民出版社,2014年,第37页。
[3] 严复:《政治讲义英文汉诂》,载《严复全集》第6卷,汪征鲁等编,福州:福建人民出版社,2014年,第38页。

(government-supporting bodies)的复杂组合。专制者既可以以民众和军队为其扶翼,如克伦威尔和路易十四;也可以以寡头豪强为其扶翼,如与严复同时代的尼古拉二世。① 但如果缺少容受、安排、限定这类扶助力量的机关和制度化安排,这种力量又会颠覆政权,甚至引发革命。② 在这里,现代国家的政治体制除了需要一种纵向地动员整合广土众民的能力,还包含了一种将建立、维持、破坏统治的社会权力制度化的能力。

从国民的政治能力到国家的政治能力,19世纪下半叶的现代国家(或军国国家)理论对中国现代政治思想的介入,使中国对富国强兵系统政治原理的探讨逐渐转向与现代国家及其建设相关的两条问题线索:一方面,富国强兵之道在于建设一个现代财政-军事国家,完成这一任务,首先就要以制度化的方式将民众从家族、宗法的自然关系中动员和解放出来,绕开传统社会的中间团体,与中央集权的国家建立直接联系,共同承担共同体的财政-军事义务;另一方面,这种朝向现代财政-军事权力建设目标的动员,又必须同时保证军国国家对广土众民的整合与维系,在领土、人口方面建设或维持大国规模。但与英帝国-国家整合议程不同的是,19—20世纪之交的中国作为规模既成,却又属于"七分宗法三分军国"的陆地大国,并不以现代军国国家为中心,谋求中央国家与海外殖民地的政治经济整合。在摄取了现代国家的政治能力标准后,中国现代政治思想设置的议程,首先是通过超民族、超地域的政治动员完成现代财政-军事国家的建设,营造国家的现代政治能力,其次才是在超大规

---

① 严复:《政治讲义英文汉诂》,载《严复全集》第6卷,汪征鲁等编,福州:福建人民出版社,2014年,第70—71页。
② "但此种权力,常无机关,或有机关矣,而未正名为扶持政府者。如法之路易十四,几为全国民心之所归,然无机关以达群扶之力。英之可伦谟尔,以兵自辅,可谓有机关矣,然其名则为他用,不曰扶持其所立政府者也。此等现象,见于专制之国最多,于吾中国,正复如是。"严复:《政治讲义英文汉诂》,载《严复全集》第6卷,汪征鲁等编,福州:福建人民出版社,2014年,第75页。《政治讲义》和严复常举的一个同时代例证就是:专制君主尼古拉二世希望借助群臣扩大财政-军事利益,加强集权,富国强兵,但最终却为"群臣藩镇"所囚拘,大权旁落于寡头之手(同上书,第68页)。对这一例证更精彩的讲法,参见严复关于日俄战争胜败原因的论述。严复:《原败》,载《严复全集》第7卷,汪征鲁等编,福州:福建人民出版社,2014年,第160—162页。

模国家整合的意义上思考:以拓展现代财政-军事国家资源、建立统一国家认同为目标的政治动员和政治参与,如何才能避免与多民族帝国差异性原则的冲突?在满汉蒙回藏同时构成中国的国家疆域和人口规模的前提下,什么样的制度化安排才能在动员现代国家建设力量的同时,保障这一进程的稳定性和可持续性?正是在这个与英帝国-国家整合略有不同的军国国家建设目标基础上,如何摆正民族主义在现代政治动员和多民族帝国整合这一双重议程中的位置,构成了19—20世纪之交现代中国摄取国家理论过程中的新问题。

六、有机体学说的摄取与民族同化问题
——单一民族主义与军国国家理论的斗争与同一

如前所述,英帝国整合议程中流行的国家有机体学说,主要是强调共同利益、语言、文化、种族、政治体制作为帝国-国家纽带的重要性。其中,语言、文化、种族、政治体制的同一性是论证英国和白人自治殖民地之所以能够有机联合为"大大不列颠"的关键。这种国家有机体学说,一方面对帝国整合议程起到了建构、统合"盎格鲁-撒克逊世界"的理论作用;另一方面也将印度从帝国整合的蓝图中排除出去,由此限定了英帝国作为一个海上殖民帝国在种族构成方面的基本盘。具体地说,就是以英语、母国出身、议会民主制和责任制政府统治的人口和土地,作为界定英帝国-国家有机体的最终依据。在这个框架下,共同利益仅指有机体的整合纽带,"国民"与"国族"(nation)、"邦域"(country)等概念虽然不能等同于"国家",却呈现出一种高度同构的关系。从这个背景出发,反观中国现代政治思想关于大国-国家理论的接引摄取过程,我们可以进一步在理论逻辑层面揭示:有机体学说何以在19—20世纪之交的中国转化为一种既反对帝国主义,又在客观上削弱了单一民族国家论说力度的独特话语的?

1903年前后,伴随着"民族主义"概念在中国的引进,排满的革命派

论说开始在中国的思想舆论场域兴起。与梁启超在抵御列强帝国主义的语境下引入民族主义概念不同,排满的民族主义不仅明确要求以汉族为中心推翻清朝统治,实现以汉族为主体的革命建国,更在理论上将界定民族的依据明确为血缘、语言、文字、住所、习惯、宗教信仰等具体的历史要素。在梁启超1901—1902年的论说中,民族或民族主义主要是指"群"不断由小而大、联合兼并、形成排他性认同的历史过程,而不是一个本体性的概念。因此,在梁启超"以民族主义建国"的论说框架下,"民族"概念的范围和边界,是可以随着"群与群争"的关系灵活伸缩的;对"民族"做出类似本体性的界说,大约也只是在与帝国主义竞争中的先进政治"人种"对举的意义上,强调包含日本在内的黄种人①必须正视优胜劣汰的道理。但到了1903—1907年,随着血缘、居所、语言、文字作为界定民族的历史要素成为革命派区分满汉、塑造革命主体的范畴,立宪派和革命派的论战,就不得不进入对"民族"概念本身的理论澄清。在这一过程中,国家有机体学说的理论和概念结构,不仅为立宪派建设大民族主义和现代多民族国家的筹划提供了理论武器,也为革命派界定"民族",通过革命建立民族国家的主张提供了重要资源。有机体学说这种双重的理论史作用,体现为两条彼此交叉、相互制衡的理论线索。

第一条线索是民族和国民在构成国家有机体阶段和性质上的概念区分。这条线索的主要源头是伯伦知理的国家有机体学说。正如王宪明和干春松教授已敏锐指出的②,无论是1903年前后梁启超接引伯伦知理的国家有机体学说,并以此为基础展开大民族主义的论述,还是1905年汪精卫在《民报》创刊号上发表《民族的国民》,批评严复错将排

---

① 梁启超:《中国史叙论》,载《梁启超全集》第2卷,汤志钧、汤仁泽编,北京:中国人民大学出版社,2018年,第310—320页;梁启超:《国家思想变迁异同论》《论中国人种之将来》,均载《梁启超全集》第2卷,汤志钧、汤仁泽编,北京:中国人民大学出版社,2018年,第5—10页。
② 王宪明:《语言、翻译与政治:严复译〈社会通诠〉研究》,北京:北京大学出版社,2005年,第197页;干春松:《民族主义与现代中国的政治秩序——章太炎与严复围绕〈社会通诠〉的争论》,《开放时代》2014年第6期。

满民族主义视为阻挠军国民国家建设的洪水猛兽,双方实际上都是基于伯伦知理对"民族"(Volk)和"国民"(Nation)的区分,将建设国民国家的目标和国民国家应由"单一民族还是多元民族"的构成问题,分开论述。例如,梁启超和汪精卫都认同,民族是一个长期同居一地,具有同一血统,因有共同的语言、文字、宗教、生计等历史要素而结成的团体,国民则是构成国家的人格和法团;前者必须在联合成一国、成为人格和法团时,才能与国民国家或国家有机体形成同构关系。① 但在汪精卫看来,"国民国家"成立的障碍在于异族专制,只有通过民族革命和政治革命,建立民族与国民重合的国家,才能毕其功于一役,而梁启超则基于伯伦知理关于"多族混合之国"建国方式的论述,主张"取帝国政略,合汉、满、蒙、回、苗、藏,组成一大民族"②。虽然二者在取向和出路的谋划上大相径庭,但他们的论说策略却是源自同一对区分提供的理论空间:前者重视的是以历史的构成要素界定民族,强调满汉之区别,进而论证驱除他族、建立单一民族国家的合理性;而梁启超则更注重国民对多元民族立国的统摄作用,以国家这个总的有机体消化民族之分别。

第二条线索是界定国家有机体统合国民的纽带的复杂性,这主要是军国国家概念和社会阶段论的接引为国家有机体学说赋予了一个有机演进的目的。《政治讲义》以一种远殊于伯伦知理的进化论语言指出:国家作为有机体,是历史演进的自然产物。将国家视作有机体的意义,在于从国家的历史发展中归纳(内籀)国家的政治科学和现代典范。③ 以血缘和家族为纽带的宗法国家,以宗教为纽带的神权国家,是国家有机体向现代军国国家自然演进的两个历史阶段。从中,政治学者可以从内

---

① 梁启超:《政治学大家伯伦知理之学说(二)》,载《梁启超全集》第2卷,汤志钧、汤仁泽编,北京:中国人民大学出版社,2018年,第211—212页;精卫(汪兆铭):《民族的国民》,载张枬、王忍之编:《辛亥革命前十年间时论选集》第2卷上册,北京:生活·读书·新知三联书店,1960年,第83页。
② 梁启超:《政治学大家伯伦知理之学说(二)》,载《梁启超全集》第2卷,汤志钧、汤仁泽编,北京:中国人民大学出版社,2018年,第214页。
③ 严复:《政治讲义英文汉诂》,载《严复全集》第6卷,汪征鲁等编,福州:福建人民出版社,2014年,第12、19页。

因和外缘两方面总结国家这种"官品"（organism）如何一步步超出"种族、峒社、宗教"①的轨迹，并在其自然演进中形成保护共同利益的军国机关（organization）。因此，虽然血缘、语言、文字、种族都是统合有机体的重要纽带，甚至必然以混合的方式存在于军国国家的运转之中，但它们都不是最理想的纽带，只是对共同利益和军国社会的补充。这样一来，国家有机体理论的意义，就不仅是一种强调主权在国民有机体的宪制性国家主义②，而是与"天演"的历史观和军国国家的标准一道，构成了对单一民族国家本身狭隘性的批判。其结果是，除非首先从历史观的高度拆解掉宗法社会和军国国家在进化次序上的先后，革命派和单一民族主义论者将只能指出满汉两族在血缘、人种等方面不同的历史证据，而不可能真正树立排满革命、建设单一民族国家的历史正当性。

从19—20世纪之交中国政治思想引入国家有机体学说的实际效果看，至少可以从两方面总结上述两条线索显豁的理论意义：一方面，就理论摄取与理论自身的关系说，《政治讲义》对西利国家有机体学说及其自然演化论的摄取，既强化了《社会通诠》关于军国国家的论点，为伯伦知理的"国家有机体"概念加入了新的历史观，更转化了西利着眼于"盎格鲁-撒克逊世界"的共同利益，有机整合英国和自治殖民地的问题意识，使"国家有机体"几近于"多民族国家"或"超民族国家"的代名词；另一方面，从接引、摄取、转化在中国语境的效果看，第二条线索使革命派必须从历史观的高度论证以排满革命道路建设的单一民族国家也是足以实现富强的现代国家，第一条线索则在民族和国民之间，引出了如何将民族化成国民的理论和现实问题——具体来说，就是如何在当时的历史

---

① 严复：《政治讲义英文汉诂》，载《严复全集》第6卷，汪征鲁等编，福州：福建人民出版社，2014年，第11页。
② 关于梁启超的国家主义思想与"国家的宪制理由"问题的联系，可参见张灏教授对梁启超接引伯伦知理国家理论的分析。张灏：《梁启超与中国思想的过渡（1890—1907）》，崔志海、葛夫平译，南京：江苏人民出版社，2014年，第141—159页；Carl Friedrich, *Constitutional Reason of State: The Survival of the Constitutional Order*, Providence: Brown University Press, 1957.

条件下以汉族的语言、文化、政治能力为主体,将其他民族"同化"而合为国族,进而构建国民国家的问题。

1905年,随着五大臣出洋考察,宪政、立宪成为一时风潮,满汉二族能否在立宪格局下"同化"、实现新政"平满汉畛域"目标的问题,成了民族问题的一大焦点。① 有机体学说在"民族"和"国民"概念之间引入的中间地带,使"民族之同化"问题呈现为三种论说方向:

第一种论说从国家有机体学说"合多数之民族为一国家"的话头入手,强调"多族混合之国,必须以一有力之族为中心点,以统御诸族,然后国础乃得坚"②。通过介绍伯伦知理关于多民族合成国家的几种类型,梁启超将"合国内本部属部之诸族以对于国外之诸族"③视为中国建国的理想路线。这一判断的基础是:第一,中国在历史上的同化力甚强;第二,满汉的语言、民俗差异已几近消失;第三,单一民族主义的革命说在理论上错将满族人而非"恶政府"作为政治敌人,在实践中只会破坏"国础之奠安"。④

第二种见解虽然也参鉴了伯伦知理关于"民族之同化"的分类形式,但为同化的理论前提赋予了完全不同的意义。在汪精卫的分类中,一国境内的多个民族除了分为多数和少数,还从属于征服者和被征服者这一新的分类标准。由此,梁启超所谓中国在历史上的强大"同化力",就不再是所谓中国或汉族化合异族的"同化力",而是汉人作为掌握或恢复了自身主权的"多数征服者",吸收"少数被征服者"的"同化"类型。汪精卫进一步指出,当前满汉二族的关系,恰恰属于"少数征服者以非常势力

---

① 关于这一时期民族平等融合问题的思想,参见黄兴涛:《重塑中华:近代中国"中华民族"观念研究》,北京:北京师范大学出版社,2017年,第4章。
② 梁启超:《政治学大家伯伦知理之学说(二)》,载《梁启超全集》第2卷,汤志钧、汤仁泽编,北京:中国人民大学出版社,2018年,第212页。
③ 梁启超:《政治学大家伯伦知理之学说(二)》,载《梁启超全集》第2卷,汤志钧、汤仁泽编,北京:中国人民大学出版社,2018年,第213页。
④ 梁启超:《政治学大家伯伦知理之学说(二)》,载《梁启超全集》第2卷,汤志钧、汤仁泽编,北京:中国人民大学出版社,2018年,第214—215页。

吸收多数被征服者而使之同化"①。基于清军入关以来一系列隔离满汉的实例,汪精卫认为,只要清廷仍以少数控制国家主权,立宪派希望借助立宪体制消除满汉畛域的努力就不可能实现。因此,两面一体的政治革命和排满革命之所以是国民国家的必经之路,是因为现代中国建国的阻碍实为同一个通过少数专制、奴役多数国民的异族政权。② 在这个意义上,梁启超和立宪派基于中国的"同化力"主张"民族之同化",首先就没有看到"同化力"是占国家多数的汉族恢复主权的结果。这一同化民族、塑造国族的任务,只有通过革命才能完成。

不难发现,上述两种论说虽然都将汉族指认为同化的主体,但二者对同化问题的性质抱有截然相反的理解。在梁启超看来,"民族之同化"首先是一个文化上的战略任务,无论主权易于谁手,这个任务都是塑造国民、建成国家、坚实国础的根本议程。而汪精卫则将"民族之同化"与"异族之专制"问题联系在一起,从而使任何不触及政权性质、归属的同化策略,都是无法落实的空谈。尽管汪精卫并未明确质疑宗法社会—军国国家这套进化框架本身的正当性,但以驱除征服异族论定黄帝、秦汉、隋唐的开国事功,以"光复故物"界说明朝灭元和晚清革命的意义③,进而论证以汉族为主体的"多数征服者对少数的同化"之可欲性,实则亦已悄然引出一种竞争性的民族主义史观。

如果说前两种论说更多是借"民族之同化"的话头,向着立宪和革命这两个实际关切的左右互搏,那么第三种论说可以说开辟了一种更切近于问题本身的方向。其特点是:不仅从理论上指出民族同化的策略及其与立宪、革命的次序关系,更同时承认中国的同化力和立宪、革命这两种方案的可能性,进而从实际利弊的角度对民族同化及其问题展开政治和

---

① 精卫(汪兆铭):《民族的国民》,载张枬、王忍之编:《辛亥革命前十年间时论选集》第2卷上册,北京:生活·读书·新知三联书店,1960年,第85页。
② 精卫(汪兆铭):《民族的国民》,载张枬、王忍之编:《辛亥革命前十年间时论选集》第2卷上册,北京:生活·读书·新知三联书店,1960年,第88—95页。
③ 精卫(汪兆铭):《民族的国民》,载张枬、王忍之编:《辛亥革命前十年间时论选集》第2卷上册,北京:生活·读书·新知三联书店,1960年,第86—87页。

战略的分析。

围绕严复对民族主义排他性的批评①,章太炎的《〈社会通诠〉商兑》(1907)是为数不多的一篇从历史观高度予以回应的革命派文章②。在这篇论战文字中,章氏不仅试图以"总相"和"别相"抨击甄克思的宗法—军国学说无法解释自有古今变化之途的中国,亦不知民族主义在不同社会类型中各有所用,更从"复我民族之国家与主权"③的角度解释排满革命的历史意义。与这种"光复中国之种族、光复中国之州郡、光复中国之政权"的民族主义历史意识相应的是,章太炎还指出了革命之后,通过"通变"风俗、"醇化"各族,亦足以使"民知国族"、建设军国国家的理由:

> 惟曰以异民族而覆我国家,攘我主权,则吾欲与之分,既分以往,其附于职方者,蒙古之为国仇,则已解于半千岁上,准回、青海,故无怨也。西藏则历世内属,而又于宗教得中国之尊封者也。浸借言语,风俗渐能通变,而以其族醇化于我,吾之视之,必非美国之视黑民。若纵令回部诸酋,以其恨于满洲者,刺骨而修怨及于汉人,奋欲自离以复突厥花门之迹,犹当降心以听,以为视我之于满洲,而回部之于我可知也。至不得已,而欲举敦煌以西之地,以断俄人之右臂者,则虽与为神圣同盟可也。④

---

① 严复:《社会通诠》,北京:商务印书馆,1981年,第115页。"中国社会,宗法而兼军国者也,故其言法也,亦以种不以国。观满人得国几三百年,而满汉种界,厘然犹在;东西人之居吾土者,则听其有治外之法权……今日言合群,明日言排外,甚或言排满,至于言军国主义,期人人自立者,则几无人焉。盖民族主义,乃吾人种智所固有者,而无待于外铄,特遇事而显耳。虽然,民族主义,将遂足以强吾种乎? 愚有以决其必不能者矣。"
② 对于这一点,干春松教授有敏锐的洞察,参见干春松:《民族主义与现代中国的政治秩序——章太炎与严复围绕〈社会通诠〉的争论》,《开放时代》2014年第6期。关于章太炎的民族主义史学,学术界也已有大量研究,本文不再赘述,可参见王汎森:《章太炎的思想(1869—1919)及其对儒学传统的冲击》,台北:时报文化出版事业有限公司,1985年,第4章。
③ 章太炎:《〈社会通诠〉商兑》,载《章太炎全集》第4卷,上海:上海人民出版社,1994年,第332页。
④ 章太炎:《〈社会通诠〉商兑》,载《章太炎全集》第4卷,上海:上海人民出版社,1994年,第333页。

为什么主张单一民族主义的革命者最终还是不能回避多民族帝国-国家的整合问题呢？胡汉民在调和立场上解释严复理论意图的一个说法，或许有助于我们理解这种徘徊于单一民族国家和军国国家之间的问题意识："为中国民族计者，同时以民族主义而排满人，即同时以军国主义而期自立。"①超民族军国国家和国家有机体学说借助进化论框架进入中国后，革命者强调行动的光复论和单一民族主义，已无法绕开军国国家的美好蓝图和进化原理，自行宣告成立。19—20世纪之交中国对国家有机体学说的摄取，与其笼统地说是吸纳了国家主义，不如说是深化了单一民族国家和多民族帝国-国家这两个现代国家建设议程的互动过程。

从"民族之同化"这个双方议程的交汇点入手，我们将在下面的讨论中展开严复、章太炎、杨度等人关于代议制问题的理论和战略探讨，进一步揭示现代中国国家体制的构想过程与多民族帝国的理论联系。

七、"代议制然否"
——建设超大规模现代国家的体制构想与论争

1903年末，当《社会通诠》的翻译进展到"国制不同分"（Varieties of Political Society）一节时，严复以"共和之合""共和合邦之制"对译"联邦"（federation），并用"吾译前语，于吾心砰砰然"②表达自己对联邦制的盛赞：

> 窃料黄人前途，将必不至于不幸也。即使其民今日困于旧法，拘于积习之中，卒莫由以自拔，近果之成，无可解免，而变动光明，生于忧患，行且有以大见于世史，无疑也。今夫合众之局

---

① 汉民：《述侯官严氏最近政见》，载张枬、王忍之编：《辛亥革命前十年间时论选集》第2卷上册，北京：生活·读书·新知三联书店，1960年，第146页。
② 严复：《社会通诠》，北京：商务印书馆，1981年，第155页。

何为者？以民族之寡少，必并合而后利自存也。且合矣，乃虽共和之善制而犹不坚。何故？以其民之本非一种，而习于分立故也。天下惟吾之黄族，其众既足以自立矣，而其风俗地势，皆使之易为合而难为分……吾民之智、德、力，经四千年之治化，虽至今日，其短日彰，不可为讳，顾使深而求之，其中实有可为强族大国之储能，非摧而不可灭者。夫其众如此，其地势如此，其民材又如此，使一旦幡然……尽去腐秽，惟强之求，真五洲无此国也，何贫弱奴隶之足忧哉！①

在严复看来，联邦作为"合众之局"的最大优点，就在于为习于自立、易于为合的黄族众民，提供一个整合强族大国之美质的制度方向。在与沙俄帝国的对比中，严复进一步申说了中国在风俗地势方面的整合优势：沙俄帝国虽有"长驾远驭、吞并六合"的扩张性格，但它收服的多为半开化之民，种族混杂，国家的财政和军力不足以同时应对前线远征和平息内乱的压力。因此，"俄今之所以胜中国者，其在上之国主官吏为文明人耳，舍此而外，实无所优于中国也"②。

---

① 严复：《社会通诠》，北京：商务印书馆，1981年，第155页。史华慈对这段引文的评论，参见史华慈：《寻求富强：严复与西方》，叶凤美译，南京：江苏人民出版社，1996年，第168页。与严复同时发出的类似感慨，参见梁启超：《卢梭学案》，载《梁启超全集》第4卷，汤志钧、汤仁泽编，北京：中国人民大学出版社，2018年，第347页。

② 严复：《社会通诠》，北京：商务印书馆，1981年，第156页。从联邦体制联合广土众民的方式说，中央政府和地方政府虽呈现为"主权之分治"，但由于中央的制度性权力集中涵盖了统摄全国的军权、立法权、行政权和司法权，其实例如美国之"合众"（The United States of America）、加拿大之"连藩"（The Dominion of Canada）、澳大利亚之公产（The Commonwealth of Australia），因此，比之联合王国与邦联更有成"机体完备之大邦"的潜力。紧接着，严复更以溢于言表的赞誉之情，严重"扭曲"了甄克思的原文："夫我不列颠帝国，制从其地，故未建一统之治制。有王者兴，为数大端之变制改良，则可以祛其政治之分歧，而成大共和之盛制，此非意外不可跂之业也。"严复：《社会通诠》，北京：商务印书馆，1981年，第153页。原文为：Indeed it seems to be the true type also of the anomalous government of the British Empire, which, with a few important but feasible alterations, would approximate closely to a federal constitution. Edward Jenks, *A Short History of Politics*, Harrisburg: Mount Pleasant Press, 1900, p. 159. 此句直译应为："的确，这似乎也是大英帝国独特统治的真正类型，只需做出若干重要而易行的调整，它就会十分近似于联邦宪制。"

与民国时期以省或地方为中心的联邦主义话语不同①,19—20世纪之交晚清思想接引联邦制观念的路径虽不甚系统,却比较原初地呈现出一种与多民族帝国或大国国家的整合建设紧密相关的意象。这种以"大共和之盛制"为鹄的意象,几乎可以等同于在大国规模上建设一个现代多民族国家的终极图景。其焦点是以帝国的中央层面为中心,自上而下地创设全国性的代议制和责任制政府,并在现代国家财政-军事集权的议程下引入地方自治,一方面勾连起现代国家的中央集权和具有自主性的地方社会,另一方面以现代政治的代表性机制统合各大民族,最终实现对"强族大国之储能"②的整合与动员。

在1905年五大臣出洋考察政治、科举制废除、沙俄政权在日俄战争中战败并面临"革命"的风潮下,新接引的政治科学特别围绕君主立宪体制和代议制的实际功效,为代议制落实国家现代化的理想蓝图提供了原理性的解释,其重点有三:第一,代议制创设的立法机构作为容受国民舆论表达的机关,可以将君主立宪政体的正当性和责任政府分开,作为君主政体和政府的扶助机关,防范革命③;第二,相较于直接民主这一古代民主制城邦国家的政治正当性机制,"合众代表之制"能"以至正大公之法制、用之于邦域国家"④的大国规模,使地方之治依据"天时地利人情物产之各殊"而行,在中央任命的官员之外,为地方政府的正式治理体系提供补充,扭转"以年格而非以才"的选贤原则⑤;第三,代议制的原则不

---

① 这一领域的研究成果已相当丰富,参见杜赞奇:《从民族国家拯救历史:民族主义话语与中国现代史研究》,王宪明等译,北京:社会科学文献出版社,2003年,第168—195页;王绫添:《现代中国两次民族国家构建中单一制选择之比较——兼论现代中国国家基本制度建设》,《中共党史研究》2013年第8—9期;龙长安、高力克:《联邦制、国家统一与两种话语之争——对近代中国联邦制论争的回顾与思考》,《安徽史学》2008年第5期。
② 严复:《社会通诠》,北京:商务印书馆,1981年,第155页。
③ 严复:《政治讲义英文汉诂》,载《严复全集》第6卷,汪征鲁等编,福州:福建人民出版社,2014年,第74页。
④ 严复:《政治讲义英文汉诂》,载《严复全集》第6卷,汪征鲁等编,福州:福建人民出版社,2014年,第63页。
⑤ 严复:《社会通诠》,北京:商务印书馆,1981年,第149页。

会导致统治者与民众争夺财政赋税之利①,而恰恰有利于政府消化争议,扩大对财政-军事资源的汲取。根据这套原理,"参用民权"、扩大政治参与只是以代议制谋求富强的过程和手段,设置代议制和责任政府的真正目标,是在大国规模的基本条件下,为现代财政-军事国家建设供给政治正当性机制和制度化的资源动员机制。

无论这种议论是不是一厢情愿的书生之见②,在当时的知识资源和理论视域下,以代议制促进现代国家建设和多民族帝国整合的双重议程,实现富国强兵的问题意识,在立宪派知识分子那里都是十分明显的。其中最典型的文本,当属杨度1907年发表在《中国时报》上的《金铁主义说》。在这部长篇策论里,杨度不仅明确以"经济的军国主义"界定中国现代财政-军事国家建设的目标,更在绩效和战略层面引出了君主立宪体制(代议制和责任政府)为何更有助于实现这一目标的论证。在这个论证里,代议制和责任政府在理论和战略上的绩效,主要体现在与现代国家建设和多民族帝国巩固目标相应的两大议程:一是以代议制和责任政府的政治动员和责任担当体制,对治"内外皆轻"这一晚清中央—地方权力格局之弊;二是发挥君主制和代议制的团结、代表、吸纳功能,为整合政治能力和向心力参差不齐的多个民族,防范国家版图被列强瓜分或自行解体的风险,赋予一个体现现代政治合法性的制度框架。

按照杨度对晚清政治现实的观察,清廷与地方督抚的权责体制是一个中央和地方互相牵制推诿的怪局:一方面,实力督抚分治地方、左右新政的权力极大,"凡事不得各省督抚之赞同者,政府不能为丝毫展布"③,也许是因为同光以来洋务多自地方开始经营筹办,商务和外交事宜在新

---

① 严复:《政治讲义英文汉诂》,载《严复全集》第 6 卷,汪征鲁等编,福州:福建人民出版社,2014 年,第 63 页。
② 关于责任内阁和袁世凯的关系,参见李细珠:《地方督抚与清末新政:晚清权力格局再研究》,北京:社会科学文献出版社,2012 年,第 6 章。关于地方督抚对清廷财政整顿、立宪改革的抗诘,参见刘增合:《"财"与"政":清季财政改制研究》,北京:生活·读书·新知三联书店,2014 年。
③ 杨度:《杨度集》,刘晴波编,长沙:湖南人民出版社,1986 年,第 239 页。

政时期已下沉各地、盘根错节,中央政府即使意欲推行新政方针,也会因众口难调、不解实情,陷于"商部不办商务之事,外部不理外交之事,惟坐食而已"①的尴尬境地;另一方面,"督抚不得中央之承诺,又一事不可为也",杨度颇为老到地援引中兴名臣胡林翼的宦海心得,说明这种中央以人事否决权牵制地方履行事权的制度逻辑,为什么会导致"人人有权、人人无权,各有一分而相牵制、相推诿,以为放弃责任之地步"②。

要突破"内外皆轻"体制的推诿、掣肘,就必须建立"谁能尽责任者即权力归于谁"的责任政府体制。其要害,除了在中央设置责任内阁、内阁总理大臣,集中政治责任,使君主不必为政府之违法失政负责③,更同时要求以国会体现人民的参政权,在监督、弹劾、预决算等制度的配合下,形成制度化的问责主体④。杨度认为,一旦国会的代表制度和责任政府的问责制度同时确立,中央和地方就能进一步对照各自的治权、事责,厘清国税、地税,为公共事业和新政经费的筹措扩大财源⑤,动员起中等社会的力量,在中央与地方之间实现"两难自解"的目标。

与这个乐观的制度构想并行的,是杨度以开国会整合五族的政治设计。这个方案的关键在于将君主制的团结功能和代议制的代表功能结合起来:一方面在国会召开之初即为五族赋予议员选举权与被选举权,以"通中国语"作为界定议员资格的标准和推进民族同化的标志,在代表制的准入条件和政治正当性构造中打消以血统族类分等级的色彩⑥;另一方面维系蒙、回、藏部与清代君主制之间的服从关系,运用各族效忠

---

① 杨度:《杨度集》,刘晴波编,长沙:湖南人民出版社,1986年,第239页。
② "昔胡文忠有言:政府不得明白,亦不可使之明白。此何以故? 中国政府对于各省,固非能以上下级官厅之制度发号施令,命地方长官执行,如各国内阁对于地方团体之所为也,惟能立于批评各督抚之地位,交军机议,交各部议,以论说其短长而已。成事不足,败事有余,此胡文忠之所以为此言。然……以用人职权又在中央,于各督抚一纸去之而有余。故外人虽评我十八省为十八国,然实无稳固之职权,故谓权在督抚亦复难言。"
杨度:《杨度集》,刘晴波编,长沙:湖南人民出版社,1986年,第239—240页。
③ 杨度:《杨度集》,刘晴波编,长沙:湖南人民出版社,1986年,第309—321页。
④ 杨度:《杨度集》,刘晴波编,长沙:湖南人民出版社,1986年,第323—329页。
⑤ 杨度:《杨度集》,刘晴波编,长沙:湖南人民出版社,1986年,第369—370页。
⑥ 杨度:《杨度集》,刘晴波编,长沙:湖南人民出版社,1986年,第369—370页。

"清朝大皇帝"的观念①,使代议制建构的现代政治合法性框架与多民族帝国的认同机制彼此适配,避免单一民族主义和民主立宪方案的种种危险。在杨度看来,这些危险与其说是革命派在战略战术方面构想不周的结果,不如说是将单一民族主义政治动员施用于中国多民族帝国的逻辑有着内在的困难:

第一,以民族主义为手段建国的方案,典型地适用于德意志和意大利统一国家、"变小国为大国"的近代国家建设进程;相比之下,中国立足于既有的大国规模和多民族差异建设军国国家,各民族在语言、文化、风俗、国民程度等方面差异和离心力更大,一旦去除君主这个认同符号和君主制的传统服从关系,转以单一民族主义作为民主立宪制的合法性来源,中国现代国家建设的进程势必导致统治权认同瓦解的潜在压力。②

第二,由于单一民族主义的政治动员是建立在对主客民族的分别之上的,一旦君主制解体,这种动员逻辑的惯性会反噬自身,使之很难迅速提供替代性的多民族国家整合机制,应对国家解体危机。一方面,蒙、回、藏部的居住地集中在边疆,"分居各地",幅员辽阔,如以兵力弹压,强行整合,则"不知当须几何兵力,乃足以略取蒙、回、藏二百三十七万余方里之土地,而后能镇压之也"③;另一方面,即使采取五族分立各国的策略,宣布"今后世界各国,有欲于东亚细亚大陆得领土者,视为乱中华民国之平和"④,以政治-军事承诺的门罗主义框架在五个民族国家之间谋求多民族共和之实,在英俄环伺边疆、新共和国无法出兵保护的局

---

① 杨度:《杨度集》,刘晴波编,长沙:湖南人民出版社,1986年,第382页。
② 杨度:《杨度集》,刘晴波编,长沙:湖南人民出版社,1986年,第373—374页。
③ 杨度:《杨度集》,刘晴波编,长沙:湖南人民出版社,1986年,第378页。此处杨度对所谓"压制策"的批评,主要是针对章太炎《〈社会通诠〉商兑》一文中关于民族同化问题的解说:"蒙古之为国仇,则已解于半千岁上,准回、青海,故无怨也。西藏则历世内属,而又于宗教得中国之尊封者也。浸借言语,风俗渐能通变,而以其族醇化于我,吾之视之,必非美国之视黑民。"参见章太炎:《〈社会通诠〉商兑》,载《章太炎全集》第4卷,上海:上海人民出版社,1994年,第333页。
④ 杨度:《杨度集》,刘晴波编,长沙:湖南人民出版社,1986年,第379—380页。

面下,这个新的秩序想象也很难像美国以门罗主义宣言承诺"保护"美洲那样,有效地威慑近在咫尺的对手①。换言之,无论是压制在一国之内重建等级制还是以分立求平等之联合,以单一民族主义为基础重建认同代价极高,更难以实现建设军国国家、抵御列强的目标。

与在既有代议体制框架下容纳自治殖民地立法机关,创造正式的帝国-国家主权机制不同,杨度以代议制和君主制同步推进现代军国国家建设和传统多民族帝国巩固双重议程的思路:一方面体现出中国的立宪派将代议制同时视作大国现代国家建设动员、传统多民族帝国团结、正当性建构机制的独特关切,在与一个迫切希望突破距离的限制,为帝国-国家加强竞争增量的现代商业-海权帝国比较的意义上,揭示了一个希望在既有规模存量上建设现代国家的传统多民族帝国筹划自身大国体制的次序;另一方面,杨度和严复等人基于代议制理论,提出了一个体现现代政治正当性和体制绩效的制度框架,这就不仅迫使革命派沿着民族同化路线,在多民族帝国巩固问题上与立宪派作战,更要求革命派拿出自己的超大规模国家体制方案。

就革命派的回应看,立宪派关于代议制的论说至少引出了两个全新的议题:第一,如何既找到一种能够动员民众,加强中央—地方政权治理绩效的政治正当性机制,又避免代议制潜在的地方化和封建化问题?第二,如何既以单一民族主义动员社会,完成民族和政治革命,又在革命之后提供建设性的团结与认同机制,从形式上保全边疆领土完整?②这里,我们只需简要地以《中华民国解》(1907)和《代议制然否》(1908)这两篇章太炎回应《金铁主义说》的论战文字为例,就可以进一步认识到,

---

① 对分立策的抨击,主要是针对章太炎《〈社会通诠〉商兑》中的另一节文字:"纵令回部诸酋,以其恨于满洲者,刺骨而修怨及于汉人,奋欲自离以复үөрх花门之迹,犹当降心以听,以为视我之于满洲,而回部之于我可知也。至不得已,而欲举敦煌以西之地,以断俄人之右臂者,则虽与为神圣同盟可也。"参见章太炎:《〈社会通诠〉商兑》,载《章太炎全集》第4卷,上海:上海人民出版社,1994年,第333页。
② 革命派关于这一议题的典型论说,参见寄生(汪东):《革命今势论》,载张枬、王忍之编:《辛亥革命前十年间时论选集》第2卷上册,北京:生活·读书·新知三联书店,1960年,第791—806页。

代议制问题和民族问题的纠缠,是如何将政治理论思考与当时中国的政治经济问题联系在一起,进一步深化中国现代超大规模国家体制构想的复杂性的:

首先,代议制作为一种提供政治正当性和代表性的框架,必须依赖一个在纵向上明确切分为若干阶级、种姓、等级的封建制,在各个等级的权力、财富与其等级稳定挂钩的前提下,才有可能以较为统一明朗的"纳税"标准,产生与各等级情况一一对应的权利资格,形成有效的纵向动员和财政汲取。作为代议制方案力图动员的对象,中国的"平民""去封建远",除了"闽粤间或以族姓分高下""江东有惰民渔户"①等极少数反例,"民"的差异主要是地域之间的横向差异,没有阶级之分。以代议制的纵向逻辑动员和汲取社会,或是导致社会的封建化,或是在实行中难以应对广土众民的横向差异。

其次,中国国家的超大规模、庞大人口和地力差异,容易在全国层次的代议制建构过程中产生代表性断裂问题,引发现代国家建设的正当性危机。一者,从代议制扩大政治参与面,为现代国家建设提供合法性的要求来说,内地十八省和新疆、盛京、吉林、黑龙江乃至蒙、回、藏部,都应在中央立法机关具备代议资格。如按照"列国议员无有过七百人"的标准确定国会议员总数,则"六十万人而选其一也",其结果就是"土豪"登堂入室,"徒为有力者傅其羽翼,使得腰膂齐民甚无谓也"。② 二者,倘以纳税、纳粮为标准确定选举资格,则江浙等地力肥沃、田赋较重的省份或将占得大多选举权,而西部、西北、东北或是肥力不厚,或是农田未升科处,极有可能"空国而无选权"③。三者,中国社会没有长子继承制,农人的选举资格或是在分产析户后随着土地、缴税额的稀释而消失,或是

---

① 章太炎:《代议制然否》,载《章太炎全集》第 4 卷,上海:上海人民出版社,1994 年,第 301 页。
② 章太炎:《代议制然否》,载《章太炎全集》第 4 卷,上海:上海人民出版社,1994 年,第 302 页。
③ 章太炎:《代议制然否》,载《章太炎全集》第 4 卷,上海:上海人民出版社,1994 年,第 303 页。

引进长子继承,"乱七子均分之美",租界的买办和工商阶层将比平民的大多数更容易掌握选举权。① 如此,则代议制不仅将沦为代表土豪、官绅、商人利益的工具,更可能引发地方社会自身的争斗。

  再次,代议制不仅无法借助动员厘清中央—地方政权的责任,提升汲取和治理绩效,反而可能沦为层层榨取平民的新名目。代议制的设立过程,本身也可以是一个变相聚敛的过程。在推行代议制的名义下,政府可以为了扩大选举资格、新增税目,使"无代表不纳税"的逻辑走样为"不纳税无代表"的逻辑。② 因此,与其以代议、共和之名行专制之实,不如重用年格、经历充分的法吏,有因国事亟须加税时,使地方官根据一方实情,询问农人,于州县"相地衰征"③。

  最后,尽管引入代议制不如重建自中央到地方的"总统、学官、法司"制度,但章太炎也没有彻底排除代议制在整合各族方面的作用。按照章氏对代议制的批判,以民生为中心的吏治,特别是以知晓民事情伪、能中利病要领的法吏为主体的政治,不仅在与代议制对举的意义上构成为人民平等而设的共和政治,更同时作为代议制的一种替代性构想,为理解章太炎批评金铁主义的五族代议制方案提供了理论逻辑。在章氏看来,蒙、回、藏只有在二三十年的"同化"之后才能真正与中国本部形成有机联系,在这段时间内,蒙、回、藏部必须先设置"总督"之官,辅之以"学",使三部之民不仅在"通中国语"的意义上"醇化",更在知晓中国社会形态、能"参通国之政"的意义上"醇化"为具有与政资格的议士。④ 换言之,在无法将吏治以形体落实到边疆的前提下,代议制仍然可以作为中

---

① 章太炎:《代议制然否》,载《章太炎全集》第 4 卷,上海:上海人民出版社,1994 年,第 305 页。
② 章太炎:《代议制然否》,载《章太炎全集》第 4 卷,上海:上海人民出版社,1994 年,第 305 页;并参汪晖:《现代中国思想的兴起》下部第 1 卷,北京:生活・新知・三联书店,2004 年,第 1064—1067 页。
③ 章太炎:《代议制然否》,载《章太炎全集》第 4 卷,上海:上海人民出版社,1994 年,第 310 页。
④ 章太炎:《代议制然否》,载《章太炎全集》第 4 卷,上海:上海人民出版社,1994 年,第 258—259 页。

华民国团结统合五族的形式,让受到吏治精神"醇化"的议士与闻国政。

　　章太炎的批判和严复、杨度等人的论说一起,为中国现代国家建设的体制问题做了收束。从军国国家目标的提出,到国家有机体理论对民族问题的彰显,再到围绕代议制问题展开的争论,这个层层推进、摄取国家的理论过程,不仅在中英两大帝国比较的意义上展现了中国现代政治思想的独特逻辑,更引出了19—20世纪之交新政治科学的崭新议程。

八、结语

　　通过梳理现代大国国家概念诞生的两种帝国语境和思想语境,我们重估了19—20世纪之交中国政治思想接引、摄取、转化现代大国国家概念的理论过程和思想逻辑。在这个经由帝国史和政治理论史考辨赢获的比较基础上,我们可以深入两大帝国在同一时期出于类似的问题意识(超大规模帝国的巩固整合)、基于同一概念丛(19世纪政治社会学和历史-政治科学)、创发同类理论概念(超大规模国家和帝国-国家)的理论过程,进一步指出几个比较性的结论。

　　第一,在现代条件下巩固国家超大规模,加强多民族的帝国整合,不是专属于中国政治文明的问题意识,也不同于古代大国统合自身差异的努力,而是19世纪下半叶技术变迁、新兴大国崛起、国际政治经济体系变化带来的全球性课题。中西方超大规模国家理论的出现,政治科学对现代国家的关注,之所以集中在19世纪末20世纪初这个理论高产期,是因为以大国规模提升帝国现代政治经济竞争力的问题意识,直到19世纪下半叶才真正议题化。这一时期,无论是以英帝国为代表的现代海权帝国,还是以中国为代表的传统大陆型多民族帝国的国家理论,都是在帝国的差异治理视野下,着眼于具有现代财政-军事权力、整合广土众民能力的帝国-国家目标,来应对现代帝国-国家建设与整合这一重大问题的。这提示我们,在从中国性出发强调中国现代国家建设建制性议程的同时,也要在19—20世纪现代帝国-国家建设与整合这个世界性的理论筹划过程中,将中国的现代国家建设和多民族帝国巩固视为一个超出帝国/民族国家二分、中/西二分的过程,这样才能在比较中揭示现代中国筹划自身建国议程、延续多民族帝国国家规模的独特意义。①

第二,中国现代国家概念和现代国家建设议程筹划的中国性,主要体现为一种不同于英式现代帝国应对帝国-国家整合的思路。首先,不同于英帝国以帝国整合为手段,促进其现代财政-军事国家在体制上的正式化和力量上的全球化,中国摄取国家概念、筹划帝国整合的目标首先是建设一个有能力的现代财政-军事国家,同时避免现代国家建设、动员、新型合法性框架创制对传统多民族帝国治理体系和认同机制的冲击。其次,不同于英式帝国整合理论以同文同种的自治殖民地这个市场增量为中心,排除与主体民族相异的印度,世纪末中国现代国家理论不是为增加帝国政治经济规模和非零和竞争领域提供政治论说,而是基于其现成的超大规模陆地领土、人口和统治权,在保全多民族帝国既有存量的意义上,谋求超民族国家的建设。最后,不同于海权帝国通过既有的代议制框架,将超远距离的帝国诸单位整合到同一个财政-军事义务体制的思路,中国现代国家理论没有遵循"降低共同市场建设的协商和制度成本"的间接统治体制构想逻辑,而是一方面将代议制作为激活现代国家建设动员和汲取资源、提供代表-团结功能、创建现代合法性框架的体制设计,一方面又对代议制可能造成的封建化问题抱有清晰认识,是一种为提升中央—地方体制的汲取与治理绩效,引入体制化政治动员和治理、财政、事权责任体系的直接统治体制构想逻辑。上述三个方面和现代军国国家、有机体学说和代议制联邦主义的理论转化一一对应,展示了中英帝国性质和政治经济原则的差异,揭示了中英帝国回应同一问题的不同理论逻辑,使19世纪末中西方理论创发的共享文本,进一步成为帝国比较和政治思想史的活的材料。

---

① 参见孔飞力:《中国现代国家的起源》,陈兼译,北京:生活·新知·读书三联书店,2013年。

第三，现代国家建设和多民族帝国整合不仅同时构成中国现代国家理论的双重议程，这种双重性更可以以一种围绕二者利害因果关系展开的提问方式，为比较传统多民族帝国应对现代国家建设任务的不同战略筹划、政治思想、政治理论建构，提出一系列既源自19—20世纪之交的中国政治思想，又指向现代政治本身的中层问题。例如：1. 如何既充分动员社会与经济力量，扩大现代国家建设的政治参与，又有效防止社会失序和大众革命？2. 如何既使中央政府获取现代国家建设所需的关键财政资源，又避免中央政府和地方社会的冲突？3. 如何既使中央政府从精英培养-选拔体制中获取符合现代国家建设所需的人才，又避免中央与地方在人事权力方面的斗争？4. 如何既巩固多民族帝国的认同和效忠，又不至于在各民族间引发民族主义和分离运动？如此，在现代国家建设这个普遍问题和传统多民族帝国不同的回应方式之间，我们不仅可以通过"可比较的政治思想和社会科学问题"，进一步深入比较同一时期奥匈帝国、奥斯曼帝国、沙俄帝国的政治思想，回答中国政治文明规模现代延续有何特殊性，更可以期待一种以帝国/文明比较为中心的政治思想史书写。

Towards the Epoch of Imperial-States: Fin-de-siècle Theories of British Empire and Modern Chinese Political Thought

Liu Yifan

Abstract: The continuity between the scale of modern China and its traditional constitution has become a hot issue in the recent scholarship. However, making a powerful modern state capable of integrating a vast and old empire was not a unique problematic that belongs to China, but rather a global agenda for the politics and theory in the end of the nineteenth century. During this period, the conception of an imperial-state in the British imperial integration movement constituted a key context of the making of a new theory of state in China. This article points out that, theories of modern fiscal-military state, state organism, and representative government of an imperial federation made three vital fronts for the encounter of Chinese and British modern political thought. The uniqueness of China's responses to the common issue of imperial integration and state making was a dual mindset, which calls for a fiscal-military state capable of integrating a large territory as well as prevents the traditional multi-ethnic state from being crushed by the process of modern state building. This duality not only reflects the differences between the Chinese and British empires in terms of their nature, principles, and political economy, but also helps to raise "questions of middle range" for comparative empires. As such, the article shows the way in which one could better understand the uniqueness of modern China in a history of political thought focused on comparative empires/civilizations.

Keywords: modern state building, empire, theory of state, Chinese modern political thought, comparative empires

论 文

数据要素交易的难点与解决之道[*]

汤 珂 王锦霄[**]

摘要：作为数字经济时代新的生产要素，数据具有可复制性、非标准化、权属关系复杂等特点，数据要素的交易具有天然的安全脆弱性。同时，市场主体间天然的信任缺失阻碍了数据要素的充分流动，交易的难点和痛点贯穿数据流通的全生命周期。为此，本文从政策、技术、监管三位一体的视角出发，构建数据交易的基本解决方案，强调应确立数据脱敏和传输的相关国家标准，细化"一数多权"的权属界定规则，引进新型数据交易技术和交易监管沙箱。新型数据交易所作为数据市场体系建设的抓手，将发挥备案记录、交易撮合、争议解决等关键作用。未来，为激活海量数据源，我们提倡建立全国性的数据登记基础设施，由此构建完善有效的数据市场体系和数据生态。

关键词：数据要素 数据交易 数据市场

"数据是21世纪的石油"，在数字经济飞速发展和数字全覆盖的时代，数据已经渗透到经济社会、科学教育、国防军工等各个领域，成为和土地、海洋等自然要素相匹敌的国家战略资源。在微观层面，数据要素推动企业突破资源和路径依赖，构筑新的竞争优势；在宏观层面，数据要素促

---

[*] 本文系国家自然科学基金重大项目"数据要素的界权、交易和定价机制设计"（项目批准号：72192802）的阶段性研究成果。感谢匿名审稿专家的意见。

[**] 汤珂（通讯作者：13466777332，ketang@mail.tsinghua.edu.cn），清华大学社会科学学院经济学研究所教授；王锦霄，南开大学经济学院学生。

进全局性智能决策和资源优化配置,成为疫情冲击叠加全球经济下行背景下提升产业全要素生产率乃至重塑国际政治经济格局的关键资源。

拜尔齐(A. Berczi)指出,一种资源能否被视为生产要素取决于六个标准:1. 存在供给;2. 存在需求;3. 有交易价格;4. 存在相对完善的市场体系;5. 与其他生产要素结合时能够增加产出;6. 资源的贡献递减。① 目前,大多标准数据均已符合,唯有数据交易的市场体系没有形成,也缺乏流通与交易的基本理论和解决思路。数据的经济价值只有在流通与使用中才能得以发挥,因此数据要素市场化配置已上升为国家战略,推动数据的共享与交易是我国数字经济发展的必由之路。有鉴于此,本文旨在探索数据要素的交易机制与市场体系建设,为促进数据的流动提供基本的解决方案。

一、数据要素交易的特点与难点

国际标准化组织将数据定义为信息的形式化体现方式,旨在达到交流、解释或处理的目的。在计算机数据技术的支持下,数据资产可以被区分为物理层的数据载体(存储介质)、符号层的数据文件以及内容层的数据信息②,数据文件和数据信息构成广义上的"数据"。数据具有信息属性,信息的本质在于流动。因此,数据经过流通才能创造价值,而数据要素的特点客观上决定了其交易规则和场景必然与劳动、资本、土地等传统生产要素不同,数据要素的交易具有天然的安全脆弱性。

(一)数据要素的六大特点

数据要素具有非竞争性、可复制性。不同于一般商品,数据能以极

---

① 数据要素因其协调性、自生性、网络外部性等不同于传统生产要素的特点,使其规模报酬可能会呈现出递增趋势(与拜尔齐的标准不同)。A. Berczi, "Information as A Factor of Production", *Business Economics*, Vol. 16, No. 1, 1981, pp. 14—20.
② 纪海龙:《数据的私法定位与保护》,《法学研究》2018 年第 6 期,第 72—91 页。

低的边际成本进行无限复制和分享,且这种行为多数情况下不会影响数据本身的价值。在数据二次转售的利益驱动下,数据拥有者 A 将数据出售给 B 后,B 就有激励将其转卖给 C,从而使得 A 丧失对数据的控制权。同时,数据的可复制性也导致数据平台可以拦截并攫取数据,大大滋生了平台对数据主体的侵权可能性。

数据要素具有非标准化的特性。数据产品具有很强的、灵活的可聚合性,不同单位粒度数据整合在一起就具有不同的价值[1],相同的数据集经过组合、拆分、调整后便能够以多元的形式呈现。数据要素的这种特点使得其很难作为标准品,经由统一的方法和技术批量质检、核查、筛选等,因而在数据内容、质量等层面容易引发争议。

数据要素具有信息属性。数据的信息属性意味着数据买方如果不了解数据产品的详细信息,就较难明确其能带来的效用价值,因而不愿购买;而一旦买方知晓了数据中的信息,就没有必要购买:因而,产生信息悖论,导致数据很难交易。

数据要素与个人隐私相关。数据信息包括个人信息和非个人信息,个人信息又可以进一步区分为敏感信息和非敏感信息,个人敏感信息包含了大量的个人隐私,如身份信息、出行信息、健康信息等。因此,数据的流动伴随着隐私泄露的风险,数据要素经济价值和隐私价值的平衡是数据交易必须关注的问题。

数据要素与国家主权相关。数据主权作为新型国家主权愈益重要:一方面,特定领域的数据要素出境带来技术乃至国家机密的扩散和泄露,国家对数据主权的控制至关重要;另一方面,部分国家陆续出台法案以增强其执法机构获取域外管辖区数据的能力,加强对数据要素的争夺,数字经济时代的大国竞争越来越表现为数据领域的激烈博弈。[2]

数据要素权属关系复杂。与传统生产要素不同,数据产品往往由个

---

[1] C. Li et al.,"A Theory of Pricing Private Data", *ACM Transactions on Database Systems*, Vol. 39, No. 4, 2014.
[2] 苗圩:《大数据:变革世界的关键资源》,《人民日报》2015 年 10 月 13 日,第 7 版。

人、企业、国家共同产生,其权属分配和收益份额确定至少需要兼顾这三方的利益诉求:公民对个人敏感信息、隐私数据不被泄露和滥用的期待;企业对通过合法合规采集、使用、交易数据等创造经济价值的期待;国家对数据拥有一定的控制力、切实保障国家安全的期待。

(二)数据交易全周期的难点与痛点

数据要素不同于一般商品和生产要素的特点,导致数据交易的难点和痛点贯穿交易过程的全生命周期。首先,在数据交易前,复杂的数据权属关系以及由此引发的权属争议成为阻碍数据流动的第一道屏障,这也是目前数据交易无法规模化的最大障碍。数据的合规性也是这个阶段需要重点关注的问题,数据产品可信度的法律边界往往模糊不清,数据来源、数据处理是否合法,数据是否涉及个人隐私、国家机密等都是影响数据能否顺利交易的因素。其次,在数据交易中,数据的可复制性造成了数据泄露的风险,在现有技术条件下数据传输的安全性无法得到有效保障。最后,在数据交易后,卖方能否按照合约如实、准确、完整地将数据发送给买方,其中存在数据的送达问题。同时,由于数据的事后价值评估与事前评估容易出现较大出入,买方对数据的范围、质量等是否满意都存在争议的可能。况且,即便数据买卖双方对交易不满,数据产品也无法实现"退货",因为购买者可以把物理层的数据载体退回,而仍然私下备份数据文件和数据信息。在双方单笔交易完成后,数据买方潜在的二次转卖数据的行为也会极大地威胁数据要素市场的公平。

值得注意的是,交易主体间的相互信任是任何交易市场良性运转都不可或缺的条件。作为特殊生产要素的数据交易,尤其需要各个市场主体的充分信任,而交易的不信任问题直接阻碍了目前数据要素的自由流动。这种不信任主要表现在数据供给方与需求方之间,供给方担心出售数据后就会丧失对数据的控制权,因而更愿意封锁数据;需求方则担心数据的合法性以及到手数据产生的价值与事前描述不相符。数据主体与数据收集者之间也存在不信任,公民个人作为大量行为数据的产生者，往往担心数据的搜集、整合、出售会暴露个人的私密信息，且其维权能力与数据企业、平台相比处于绝对劣势地位，从而在一定程度上排斥数据的要素化。此外，监管方对数据交易平台也存在不信任，平台作为独立第三方数据交易渠道，能否对数据交易主体和产品进行详细的合规审查，正在交易的数据是否涉及隐私、商业秘密乃至国家机密等都是不信任的来源。

（三）数据交易不活跃的内外部成因

自2014年以来，我国大数据战略从酝酿、落地，已逐步走向深化，数据要素的流通、交易、资产化取得前所未有的关注。但是，据大数据流通与交易技术国家工程实验室观察，每年全社会数据量增长率约40%，而真正被利用的数据量增长率只有5.4%，数据要素的交易与使用尚不活跃。我们的理论分析已表明，数据要素具有的六大特点决定了数据交易具有天然的安全脆弱性，这也成为目前数据交易不活跃的内部原因。

除此之外，数据交易成交量的低迷还有相应的外部原因，它们共同造成了良好数据交易生态的缺失。从供给端来看，如上文所述：一方面，数据供给侧出于对数据交易风险的规避，如隐私泄露、控制权丧失、非法转卖等而拒绝交易数据；而另一方面，因数据外流造成的竞争会削弱数据供给方的市场优势和商业地位，由此也会产生数据在一定程度上的自留和垄断。[1] 从需求端来看，一些买方偏好标注后的原始数据，另一些买方则可能需要结果类数据或数据服务，异质性的买方必然形成多样化的需求，这造成数据产品的供需难以适配，数据交易量无法扩大。从政府端来看，关于数据交易的法律法规制度建设尚不完善，随着《数据安全法》《个人信息保护法》在2021年的陆续出台，我国数据合规的法律框架初步搭建完成，但数字经济时代产业和社会发展的需求仍需要大数据法

---

[1] Anat Admati, Paul Pfleiderer, "Selling and Trading on Information in Financial Markets", *The American Economic Review*, Vol. 78, No. 2, 1988, pp. 96-103.

律法规体系的不断细化。此外,数据市场体系建设的顶层布局有待加强与落实。针对此现象,《中华人民共和国国民经济和社会发展第十四个五年规划和 2035 年远景目标纲要》《"十四五"大数据产业发展规划》《关于构建数据基础制度更好发挥数据要素作用的意见》等先后对数据基础制度建设、数据产业发展做出总体部署,将数据要素作为数字经济发展的原料,特别强调了数据要素市场的规划与建设,包括加强数据供给,完善数据资源产权、交易流通、跨境传输、安全保护多方面规则等一系列问题。

二、推动数据要素交易的三位一体布局

鉴于目前数据要素的交易存在诸多挑战与困难,我们特别提出需要从政策、技术、监管三个维度合力建构解决思路。

(一)政策布局

在政策层面待解决的首要问题是推动数据标准化体系的建设,确立大数据相关国家标准。首先,应确立数据产品的通用技术标准,制定交换共享的准入规则、技术要求、流程描述、质量评价、风险评估规范体系,即明确什么样的数据是可以交易的。同时,数据安全标准是数据交易安全合规的重要保障[1],应围绕数据全生命周期构建安全标准体系。例如,数据匿名化、数据泄露处置、数据监管等问题都亟待解决。其次,匿名加工信息的认定机构、标准和流程,个人信息泄露之后各方的义务和责任分配等也需要预案。数据脱敏是安全标准中最重要的一环,脱敏标准是动态化、情景化、结构化的,随着技术的革命性进步,以前经脱敏后无法指向个人的数据,在技术进步后极有可能揭示个人隐私,因此数

---

[1] 肖筱华、周栋:《大数据技术及标准发展研究》,《信息技术与标准化》2014 年第 4 期,第 34—38 页。

据安全标准需要动态化的调整与变革。

识别重要数据和敏感数据是国家主管部门和企业进行数据安全管理工作的必要前提,也是合理分配监管力度的重要基础。数据分类分级安全管理能够以最低成本精细化数据要素的风险管控,构筑数据开放共享的安全屏障。数据分类是指采用一定原则和方法依据属性和特征对数据进行区分和归类。在数据分类的基础上,根据数据泄露、窜改、丢失或滥用等危害数据安全的事件发生后的影响对象、影响程度、影响范围等可以对数据进行重要程度定级。① 不同类别和不同级别数据的隐私保护标准和可交易标准不同。经过分类定级、分级管控的顶层制度设计,并逐步推进公共数据、企业数据、个人数据的分类分级确权授权使用,我们就能够在数据交易中有效平衡数据价值开发与数据安全保护,形成中央与地方、行业与企业两大数据分类分级管理规定与实践体系。

此外,明确的数据权属关系是数据可交易的前提,而数据权属界定不清晰成为目前数据要素化的重大障碍。数据的界权应遵循场景性公正原则,即数据使用的场景要合理并提前规定,并根据具体场景中各方的合理预期、该场景下价值实现的最大收益来确定相关主体的数据权益。② 近年来,数据权属界定要突破"一物一权"和"物必有体"的局限,实现"一数多权"的基本原则成为共识。③ 对于个人数据,个人享有信息所有权,在基本的隐私权、自由权、名誉权、信息权等不受侵犯的基础上,可以将数据的占有权(除信息所有权之外的收益权、使用权等权益集合)进行转让以获取财产收益。数据收集者享有脱敏后个人数据有限制的占有权,占有权是不包含所有权的数据剩余权益④,包括采集权、储存

---

① 浙江省市场监督管理局:《数字化改革 公共数据分类分级指南》(DB33/T2351—2021),2021年。
② Helen Nissenbaum, *Privacy in Context: Technology, Policy, and the Integrity of Social Life*, Stanford: Stanford University Press, 2010.
③ 连玉明、大数据战略重点实验室:《数权法1.0:数权的理论基础》,北京:社会科学文献出版社,2018年。
④ 龙登高:《中国传统地权制度及其变迁》,北京:中国社会科学出版社,2018年。

权、迁移权、使用权、制造权、分析挖掘权、交易权、收益分配权等。真正的数据交易,就在于权属的交易。数据权属交易的对象通常只是一个子权利,例如交易数据的使用权、收益分配权等。正是由于每次数据交易的权属可能不同,一些涉及使用权,而另一些涉及占有权,或者是数据使用权规定的数据使用场景、使用年限不同等,导致数据很难像普通商品一样进行单一定价。但可以肯定的是,随着出让权利的范围、期限、使用场景的改变,数据产品的经济价值就会相应发生改变。因此,在数据权属界定的基础上,数据交易合同应明确规定交易的权利范围、时效、许可的使用场景等细则,并且详细记录交易环节及合同价格,这些都离不开政策层面的标准确立与统一规划。

(二) 技术布局

数据要素交易的难点和痛点决定了传统的数据交易方法难以取得实践层面的成功,新一代数字技术的引入是应对此类难题的有效举措。从该视角出发,数据交易首先需要从技术上实现交易的全程可追溯。数据的流转需要遵循"保护义务衍生"的原则[①],也就是说,当 A 将数据出售给 B 时,A 需要对数据类型、数据来源进行明示和记录,就数据交易的购买对象的使用范围在合同中进行规定;基于此,B 应该严格按照合同的约定使用数据,自觉承担数据保护和合理利用的责任和义务,实现对数据使用过程全生命周期的风险排查和防范。如果数据交易的事前磋商、具体的交易流程和获取数据的真实情况无法追踪,交易中将不可避免地存在大量的欺诈行为,"保护义务衍生"就无法有效落实。一旦数据的每一笔交易都有记录可循,数据供需双方就可以在产生争议时诉诸技术手段提供仲裁证据,数据拥有者也可以据此通过法律途径制裁滥用、转卖数据的行为,从而防止黑市交易的盛行,缓解买卖双方的不信任

---

① 全国信息安全标准化技术委员会:《信息安全技术 个人信息安全规范》(GB/T35273—2017),2017 年。

问题。

不可更改的数据库（如区块链）因其实时触达性、智能合约自动执行等特点，通过赋权、完整记录交易过程、提供可信的执行环境来缓解二次转售和其他交易问题；其时间戳技术还可以有效记录交易的时序，减少数据交易的欺诈与争议行为。在全程可追溯的基础上，由于数据交易平台可以很容易地攫取数据产品，因而需要借助公钥密码学研发数据加密技术，实现平台对数据的不可见、数据的无争议送达并固定数据交易中的证据。数据的监管也有赖于新兴的监管沙箱技术和人工智能算法。此外，数据交易市场还需要经济学中机制设计理论和数据定价理论的支持，它们将促进数据市场的协调运转。

当然，以上我们考虑的是可以进行权属转移的数据的交易，即那些脱敏之后不包含隐私的数据。除此之外，当涉及隐私类数据，因而不能进行直接的数据交易时，应当引入联邦学习等分布式机器学习方案和数据"可用不可见"等隐私计算技术。当买方 B 通过隐私计算的方法使用 A 的数据时，他仅仅得到了数据服务，而数据权属仍旧归于数据拥有者 A。

（三）监管布局

在数据交易的起步、发展阶段，为了建立规范化的数据要素交易市场，适当的数据监管不可缺失。数据监管首先作用于严厉打击包括黑市交易、刷单交易等在内的非法数据交易活动。黑市交易是非法交易的典型代表，参照知识产权保护的策略（如设立国家知识产权局、制定《知识产权法》等），我们应该明确数据保护的执法机构，健全数据安全法律体系，依法规制数据的使用。当通过黑市交易的数据被用来谋取商业利益或数据遭泄露时，数据拥有者就可以通过法律手段对违法者索取赔偿。第二类非法交易活动表现为刷单交易，数据拥有者往往通过刷单行为来提高数据资产的价格，从而谋取更多的经济价值。为此，需要打击数据资产的虚假申报，妥善制定数据评估标准，发展数据资产审计等，这些都是数据监管中的重要环节。

正如前文所述,数据交易很容易因为买卖双方的不信任关系而产生分歧与争议,由此数据监管也应具有交易仲裁的职能。通过建立专属的线上法院或仲裁机构①,借助数据交易平台提供的基于区块链或互联网的证据,就可以实现集中管辖、专业审判,有效解决买卖双方的交易争端,构建便捷、低成本的数据交易案件审判机制,为促进数据安全、充分流动做出积极的贡献。

为了实现事前、事中、事后全生命周期数据交易的监管,我们提倡应开发数据的监管沙箱。同时,沙箱中应运用人工智能等新型的监管技术以进行穿透式、全方位的监管,用监管化解数据市场的失灵问题,推动数据交易规范化、制度化。

三、数据交易基本解决方案的落地:建设新型数据交易所

在金融市场上,证券交易所占据着举足轻重的地位。同样,成熟的数据要素市场,离不开数据交易所的媒介作用。新型数据交易场所的构建,能够将政策、技术、监管的三位一体布局付诸实践。由此,建设数据要素交易的市场体系应以数据交易所为主要抓手。

(一)数据交易所的发展现状

实际上,数据交易所并不是新生事物,自 2014 年起全国各地就开始探索建设数据交易机构。贵阳大数据交易所是我国首家数据交易所,其设立初衷在于面向社会提供数据交易、结算、交付、安全保障、数据资产管理和融资等配套服务,推动政府数据公开和行业数据的价值发现。随

---

① 2017 年 8 月 18 日,杭州互联网法院挂牌成立,集中审理杭州市辖区内基层人民法院有管辖权的六类涉互联网一审民事、行政案件,开启了中国互联网案件集中管辖、专业审判的新篇章。

后，遵循国有控股、政府指导、企业参与、市场运营的原则，武汉东湖大数据交易所、华中大数据交易所、钱塘大数据交易所等相继成立。早期的数据交易所一定程度上发挥了促进数据流通的作用，但却普遍存在确权难、定价难、互信难、监管难的关键共性难题，粗放式、同质化发展趋势严重。多数数据交易机构陆续转变经营方向，而少数持续经营的交易所也仅能发挥交易撮合的中介作用，经营业绩不容乐观。

为贯彻落实国家大数据战略，推动数据要素市场化配置，近两年来，各地再次掀起建设数据交易中心的热潮，利用新一代交易技术的新型数据交易所应运而生。北京国际大数据交易所研发 IDeX 系统，创新推出全国首个分级分类交易模式，率先开展数据分级管理、机构分类审核和合规体系建立；上海大数据交易所首发"数商"体系、数据交易配套制度、数字化数据交易系统、数据产品登记凭证、数据产品说明书等，预计新型数据交易所将引领全国数据要素市场的新发展。

（二）数据交易所的存在必要性

数据市场体系应该场内和场外交易并存，除了在数据交易所进行数据的买卖外，供需双方当然可以通过私下交易来实现数据的流通。然而，数据交易所相较于场外交易具有明显的优势，数据交易所有其存在的必要性。

数据交易所保护了买卖双方的合法权益。首先，交易所解决了买卖双方的不信任问题。数据交易所作为第三方平台，是公允取证的，有效地保证交易双方的公平交易，促进买卖双方的充分信任，这是场外交易无法企及的。其次，交易所的存在减少了争议。由于交易所的可追溯特点，它完整记录了买卖双方的交易合同、交易价格、交易过程及其他细节且不可更改，一旦产生争议，交易所可以提供一手证据来判断孰对孰错。最后，交易所是监管机构容易触达的地方，高效的监管降低了违法犯罪事件发生的频率。正因为如此，交易所中发现的数据交易价格是最容易被采信的价格。特别是，数据资产价值与数据的交易价格密切相关，随着数据的资产化,数据的交易价格也愈发重要。为了找到容易被公众采信的价格,我们必须借助数据交易所的价格发现和记录功能,最大限度地探索数据的公允价值和合理的交易价格。因此,改革传统的数据交易所,构建集政策、技术、监管于一体的新型数据交易所是促进数据要素流通的关键举措。

(三)新型数据交易所的功能构想

虽然数据交易所和证券交易所都促进了市场中要素的自由流动,但数据交易所具有不同于传统的股票、期货交易场所的特点。其一,交易的产品为非标准化产品。证券交易所的交易对象为标准化证券产品,而在数据交易所中流通的则是非标准化产品,数据产品具有衍生性和多样性,如此才能满足异质性买方的需求。其二,交易机制不同。证券交易所采用竞价交易制度,拍卖出价高者得;而数据产品的价值与使用场景密切相关,很难作为标准品进行价值评估和集中定价,因此目前多采用讨价还价即协议定价机制,寻求双方都能接受的价格,本质是双方对数据要素经济价值的利益分配。其三,职责功能不同。价格发现、审计监管等是交易所都具有的基础性功能,以制定交易规则,维护交易秩序。除此之外,数据交易所的另一个职责是提供数据登记、交易追溯、审计监管等相关技术的平台。

在此基础上,新型数据交易所应该贯彻落实与大数据相关国家标准和权属界定规则,引进尖端数字交易技术,实现监管机构的全程接入与直接监管。其基本功能可以归纳为以下六点:1.核实数据交易双方身份,通过尽调、合同、IT审计等方式对交易对象的资质、风险和非法行为予以评估和监督,确保买卖双方都是合法的交易者;2.审核交易标的,保障数据的来源和质量,可以抽查,也可以逐笔审查;3.价格发现与交易撮合,并从中收取一定的中介费用;4.交易备案,数据要素的特点要求数据交易所实现数据交易的全程可追溯;5.减少争议,通过数据交易技术及机制设计,尽量降低争议发生的可能性;6.提供仲裁证据,即为监管和争议解决留存原始证据。

（四）激活数据交易所的举措

在第一部分我们曾谈到，由于数据市场主体的不信任，数据交易目前并不活跃。为了激励市场主体通过数据交易所开展数据的共享与交易，我们必须从供给端、需求端及交易平台与市场的痛点出发，寻求激活数据要素交易的方式方法。

从供给端出发，我们分别考虑个人或企业作为数据供给方这两种情况。个人作为交易主体，往往担心自己的隐私信息在数据交易后被泄露，这就要求我们建立可追溯、可举证的数据交易平台，而这正是目前数据交易所努力的方向。同时，由于数据交易相较于传统商品交易而言具有更高的门槛，个人往往难以直接参与到数据交易中去。参考国外的做法，有必要培育数据商，由数据商整合个人的零散数据并代为经营，以此扩大个人的数据交易参与度，挖掘海量的数据源。

对于企业而言，数据自留现象的存在有其背后的经济机制，即企业的数据自留相较于数据共享而言为其带来更高的价值。为了促进数据的共享与交易，需要建立反垄断规制以推动企业在适当的范围内出让自留的数据。除法律法规约束之外，应积极推进数据的资产化进程，建立健全数据资产登记评估制度和数据价值评定体系。

从需求端出发，尝试采取买方邀约模式鼓励数据需求者从数据交易所获得理想的数据。一般而言，传统商品的交易都是卖方邀约，当价格低于买方的保留价格时，商品就会被购买，目前的电商交易平台如淘宝、京东等都是照此规则实施。对于数据来说，由于其非标准化特性和买方的异质性，卖方很难确定数据的单位产品规模及其价格。此时，不妨由买方提出意向数据的内容、质量和出价，当卖方接受买方的邀约时再提供相应的数据，由此使得数据的交易更为灵活且结构性适配，通过需求导向的交易与定价机制引导买方积极参与数据市场。

数据交易所连接供给端与需求端，具有鲜明的双边属性，这是交易平台的共性。同时,平台也具有网络外部性,即随着平台中买方数量的增加,卖方数量也会动态增加①;反之,卖方的扩张也会导致买方体量的扩大。基于此,数据交易所发展的初期,通过降低交易费用等优惠补贴方式吸引初始的买卖双方进入是非常重要的。值得注意的是,不同规模企业所具有的网络效应弹性不同,通常大企业网络外部性的弹性更大,往往能发挥以大带小的作用,所以我们应注重吸引头部互联网企业进入数据交易市场。与此同时,建议新型数据交易所按照行业和数据结构分门别类设立板块,从而发挥行业聚集效应。

四、围绕数据基础设施打造数据生态

未来围绕数据交易所将形成数据市场体系,该体系离不开数据供给者、需求者、交易平台、数据商、审计机构和监管机构的共同维护。数据市场体系中容纳了众多的数据交易所,每个数据交易所都分别记录该交易所中发生的每一笔数据交易。然而,数据不同于房产,房产会天然地固定在某个区域,而数据却可以同时在北京、上海等地登记,不受区域的限制。不同层级、地域数据交易所的存在也使得数据的重复登记和登记套利成为可能。此处以一个简要的例子加以说明,在北京国际大数据交易所中,数据供给方A将数据卖给了需求方B,并只授予B对数据的使用权(并无转卖权),如果B在上海大数据交易所中将数据转卖给C,那么B就威胁并侵害了A的权益。但由于不同平台无法互联互通,数据拥有者A就无从查证B的侵权行为。

因此,不同交易所的数据登记应该在同一个数据库中进行,支撑全国互通的统一大数据市场化运营。为了推动数据要素的规模化流动,需要面向海量数据构筑数据基础设施,建立统一的数据登记场所。数据基

---

① K. Tomak, T. Keskin, "Exploring the Trade-Off Between Immediate Gratification and Delayed Network Externalities in the Consumption of Information Goods", *European Journal of Operational Research*, Vol. 187, No. 3, 2008, pp. 887 - 902.

础设施的构建支撑了数据、算法、算力等核心资源的一体化流通①,降低了交易者跨平台套利的可能性,减少了数据权属在不同平台上的混淆和争议,有效降低数据流通的成本,提升数据流通的效率,构成我国数字经济时代的"新基建",从而将数据交易所及其参与主体有机地连接起来,助力形成良好的数据生态。

五、结论

数字经济在全球经济发展中扮演着日益重要的角色,数据的流通已成为数字产业发展的基础,掌握并运用数据是重构全球经济和创新版图,也是改变国际竞争格局不可忽视的战略手段。如何建立全方位的数据要素生态体系,是关乎数字经济未来走向的重大问题。据此,本文提出了推动数据要素市场化的基本解决方案。

本文首先通过对数据的非竞争性、非标准化、价值不确定性、与隐私相关、与国家主权相关、权属关系复杂等六大特点的归纳,揭示了数据交易全周期的难点和痛点,以及数据交易不活跃的内外部原因,指出数据要素的交易需要克服其天然的安全脆弱性和信任缺失问题。接着,本文从政策、技术、监管三个视角出发提出了数据交易的基本解决思路,强调在政策层面应着重确立大数据相关国家标准,构建分类分级安全管理体系,明确"一数多权"权属界定规则,在技术层面应通过公钥密码学、人工智能算法、不可更改数据库(区块链)、机制设计理论等实现数据交易的可追溯、可举证等,在监管方面注重打击非法交易活动、建立交易仲裁机制、引进数据监管沙箱。随后,本文特别强调建设新型数据交易所是数据交易解决方案付诸实践的载体,并就其核实交易身份与标的、交易撮合、交易备案、减少争议与提供证据的功能构想进行详细说明。鉴于

---

① 中国电子技术标准化研究院、全国信息技术标准化技术委员会大数据标准工作组:《大数据标准化白皮书(2018版)》,2018年,第52页。

目前数据交易所尚未规模化,我们需要从供给端、需求端、交易平台端分别给予激励措施,以盘活数据供给,激活数据需求。最后,本文指出数据生态的形成需要数据基础设施的支撑,统一数据登记库的建立将促进数据的互联互通和交易共享。

Difficulties and Solutions of Data Transaction

Tang Ke, Wang Jinxiao

Abstract: As a new type of production factors in the digital economy, data has the characteristics of reproducibility, non-standardization, and complex ownership, which makes data transactions vulnerable. Meanwhile, the lack of trust between market entities also hinders the flow of data. Therefore, the difficulties and pain points of transaction run through the whole process of data circulation. To this end, this paper proposes the basic solution for data transaction from the perspective of policy, technology, and supervision. We highlight the necessity of establishing relevant national standards for data desensitization and transmission, improving the rights confirmation rules, and introducing new types of data trading technology and regulatory sandbox. Neotype data exchanges will play a key role in recording details, matching transactions, and resolving disputes, serving as the important carrier for the construction of the data market system. Besides, to activate massive data sources in the future, we advocate the establishment of a national infrastructure for data registration, thereby building an effective data market system and data ecosystem.

Keywords: data factor, data transaction, data market

今文经学的礼学观念与汉代的制礼问题

陈壁生[*]

摘要：汉代今文经学体系以《仪礼》为礼经，故在礼经之学中，礼是五经中之一种，而不是五经共同的基础；礼是一系列具体礼仪之学，而不是一套无所不包的政教大典。礼唯有士礼，且是完书，而无天子、诸侯、卿大夫之礼。汉代要有自己的一代大典，必须具备两个条件：一是天下进入太平，太平才能制礼；二是有新的圣人出，圣人才能制礼。这导致了汉代礼乐与制度的分裂，即制度承袭秦代，礼乐需待太平。但是，在现实政治生活中，时王始终需要礼乐制度。因此，汉末的郑玄以《周官》代替《仪礼》成为"礼经"，以两汉今文经学的"礼乐之礼"吸纳"礼经之礼"，决定性地解决了这一问题。

关键词：今文经学　礼学　《白虎通》　制礼

宋世大儒欧阳修在修《新唐书》时，于《礼乐志》对三代之前与三代之后有一个根本性的分判，即"治出于一"与"治出于二"。"治出于一"者，以礼乐治世，大凡政治、官制、刑法，都围绕礼乐进行，服务于礼乐，故治即教，教即治。"治出于二"者，以制度治世，制度不据礼乐，而有其独立的逻辑，礼乐只是制度的文饰，故有治无教，而教不能合于治。《新唐书·礼乐志》云：

---

[*] 陈壁生，清华大学哲学系教授。

由三代而上，治出于一，而礼乐达于天下；由三代而下，治出于二，而礼乐为虚名。古者，宫室车舆以为居，衣裳冕弁以为服，尊爵俎豆以为器，金石丝竹以为乐，以适郊庙，以临朝廷，以事神而治民。其岁时聚会以为朝觐、聘问，欢欣交接以为射乡、食飨，合众兴事以为师田、学校，下至里闾田亩，吉凶哀乐，凡民之事，莫不一出于礼。由之以教其民为孝慈、友悌、忠信、仁义者，常不出于居处、动作、衣服、饮食之间。盖其朝夕从事者，无非乎此也。此所谓治出于一，而礼乐达天下，使天下安习而行之，不知所以迁善远罪而成俗也。

　　及三代已亡，遭秦变古，后之有天下者，自天子百官名号位序、国家制度、官车服器一切用秦，其间虽有欲治之主，思所改作，不能超然远复三代之上，而牵其时俗，稍即以损益，大抵安于苟简而已。其朝夕从事，则以簿书、狱讼、兵食为急，曰："此为政也，所以治民。"至于三代礼乐，具其名物而藏于有司，时出而用之郊庙、朝廷，曰："此为礼也，所以教民。"此所谓治出于二，而礼乐为虚名。

　　在欧阳修的理解中，礼主要是指两汉今文家所说的礼经，即《仪礼》，以礼为治，则治教合一；而制度，主要是秦以后建立的制度。秦所建立的制度一反古典，纯用尊君卑臣之法，汉以后因之不改，故所谓"礼乐"，只不过成为秦以后以皇帝为中心的政治制度的文饰而已。正如朱子弟子黄仁卿问："自秦始皇变法之后，后世人君皆不能易之，何也？"朱子曰："秦之法，尽是尊君卑臣之事，所以后世不肯变。且如三皇称'皇'，五帝称'帝'，三王称'王'，秦则兼'皇帝'之号。只此一事，后世如何肯变？"[1]"皇帝"不仅是一个称号，而且是以其为中心的一套中央集权制度与郡县

---

[1] 黎靖德编：《朱子语类》，载朱杰人等主编：《朱子全书》第18卷，上海：上海古籍出版社，2010年，第4189页。

制度。礼乐与制度的分离,使簿书、狱讼、兵食等制度成为行政治民的主导要素,而礼乐则成为教民的虚名,从而导致治教分离,治出于二。

制度与礼乐的分合,关系着治与教的分合,其本质乃是对政治的理解。欧阳修所做的,是对周秦二代差别的历史考察。而从两汉今文经学中之礼学,到郑玄的礼学体系转化,对制度与礼乐的思考贯穿于这一过程中。

两汉礼经之学,以《仪礼》为中心,大戴、小戴、庆氏为辅翼,构成"礼经之学"。及至刘歆发掘《周官》以为《周礼》,郑玄变《周礼》为"礼经",使"礼学"的意义从以《仪礼》为中心的人生礼仪,革命性地转变为以《周礼》为中心的国家政教大典。由此,"礼学"也从一经之学变成理解群经的学问。

两汉今文经学的礼学困境,主要源于汉承秦制,制度上为皇帝制与郡县制相结合。而经书中所述之制度,无不为封建制与宗法制,礼乐所依托的制度基础也是封建制与宗法制。同时,汉世经学本以《春秋》为纲,即汉代经学之所以成立的一系列思想观念,如素王说、孔子"为汉制法"等等,主要由《春秋》奠定。因此,礼学主要是以《仪礼》为主的礼经之学。如此,礼学只是五经之一而非经学的共同基础,偏重人生礼仪而非政教大典,主要为士礼而非整全性的仪轨。而且,面对制度与礼乐的分离,这种"治出于二"的局面使汉世经师不在既有的制度中制作礼乐,而认为要等到太平到来才能制定汉礼,以恢复"治出于一"。

一、两汉今文经学中的"礼经之礼"

两汉礼经之学本于《仪礼》。《史记·儒林传》云:"诸学者多言礼,而鲁高堂生最本。礼固自孔子时而其经不具,及至秦焚书,书散亡益多,于今独有《士礼》,高堂生能言之。"司马迁所谓"独有士礼",即今所见《仪礼》十七篇,亦即完整的"礼经"。及至后汉,礼经博士传承、立学愈备,班固《汉书·儒林传》言其事云:"汉兴,鲁高堂生传《士礼》十七篇……

孟卿,东海人也,事萧奋,以授后仓、鲁闾丘卿。仓说《礼》数万言,号曰《后氏曲台记》,授沛闻人通汉子方、梁戴德延君、戴圣次君、沛庆普孝公。孝公为东平太傅。德号大戴,为信都太傅。圣号小戴,以博士论石渠,至九江太守。由是《礼》有大戴、小戴、庆氏之学。"此三家皆立博士,若《汉书·艺文志》云:"汉兴,鲁高堂生传《士礼》十七篇。讫孝宣世,后仓最明。戴德、戴圣、庆普皆其弟子,三家立于学官。"

两汉之学,五经分教。故在礼经之学中,礼是五经中的一种,而不是五经共同的基础,礼是冠、婚、丧、祭、乡饮酒、朝聘这一系列具体礼仪之学,而不是一套无所不包的政教大典。礼唯有士礼,且是完书,而无天子、诸侯、卿大夫之礼。

首先,两汉礼学与郑玄之后的礼学之最大不同,在于两汉礼学只是作为五经之一的礼经之学,而不是可以解释五经的礼学。两汉立学官之经学中,只有《春秋》一经具有"法"的意义,即孔子"为后王立法""为汉制法",此即两汉今文经学"以《春秋》为纲"之根本理由。而其他四经,无论《诗》《书》《礼》《易》,虽然与《春秋》共同面向后世,但都不纯为孔子之法,而是孔子删削前王之法、赋予素王新义的结果。是故自战国至于两汉,言六经要旨,本各不同。《庄子·天下》云,"邹鲁之士、搢绅先生多能明"六艺之学:"《诗》以道志,《书》以道事,《礼》以道行,《乐》以道和,《易》以道阴阳,《春秋》以道名分。"这是说六艺之旨,各不相同。《荀子·儒效》云:"《诗》言是,其志也;《书》言是,其事也;《礼》言是,其行也;《乐》言是,其和也;《春秋》言是,其微也。"董仲舒《春秋繁露·玉杯》云:"六学皆大,而各有所长。《诗》道志,故长于质。《礼》制节,故长于文。《乐》咏德,故长于风。《书》著功,故长于事。《易》本天地,故长于数。《春秋》正是非,故长于治人。"太史公曾从董生问学,其《史记·太史公自序》言六经政教,亦云:"《易》著天地阴阳四时五行,故长于变。《礼》经纪人伦,故长于行。《书》记先王之事,故长于政。《诗》记山川溪谷禽兽草木牝牡雌雄,故长于风。《乐》乐所以立,故长于和。《春秋》辨是非,故长于治人。是故《礼》以节人,《乐》以发和,《书》以道事,《诗》以达意,《易》以道化,《春秋》以道义。"以上是说六艺之所长,各不相同。而六经之教,《礼记·经解》载孔子之言云:"入其国,其教可知也。其为人也温柔敦厚,《诗》教也。疏通知远,《书》教也。广博易良,《乐》教也。洁静精微,《易》教也。恭俭庄敬,《礼》教也。属辞比事,《春秋》教也。"这是六艺之教,各不相同。六经之名义不同,意旨殊异,教化也各自不同。故汉人立学,除了《乐》无书不立,其他五经立为博士,使各自传授。

也就是说,在两汉今文经学中,虽然《春秋》扮演更加重要的角色,但是五经分教,博士以师法、家法传经,虽有如小夏侯从他经诸儒问难,以改变师法者,但总体而言,博士之学的授受,各有源流,各持大义,并不以他经解本经,更无一经可以遍注群经。因此,两汉今文经学也并不着力于把不同经典的文字、制度、义理,互相印证,互相对比,转相发明,结合成为一个共同的体系。

其次,礼经之学是《仪礼》所载的冠、婚、丧、祭、乡饮酒、朝聘等具体礼仪,以及以《礼记》为中心的对这一礼仪系统的阐述论说,而不是一套无所不包的政教大典。司马迁言先王之礼书,至孔子时已经散亡。《史记·儒林传》云:"礼固自孔子时而其经不具,及至秦焚书,书散亡益多。"司马迁云"其经不具",是指孔子之时,先王留下的礼经不备,如《史记·孔子世家》云:"孔子之时,周室微而礼乐废,《诗》《书》缺。"及至孔子,删定《礼》经,即此《仪礼》十七篇。孔子之后,或尚有其他礼典之遗,秦汉之际大量散亡。而孔子删定之《仪礼》十七篇,作为士礼,至汉初而高堂生传之。

作为五经之一的礼经之"礼",在礼之类目上,包括了冠、昏、丧、祭、射、乡、朝、聘诸礼,远远不能构成一代大典。故刘歆移书让太常博士,批评经学博士排斥古文,"至于国家将有大事,若立辟雍、封禅、巡狩之仪,则幽冥而莫知其原"(《汉书·楚元王传》)。刘歆之批评,泛对五经博士,但所列辟雍、封禅、巡狩之仪,在郑玄之后的经学体系中,要皆春官大宗伯所掌,列在礼学范围之中。

最后,礼经之礼,主要是以士礼为中心,而无天子礼。司马迁《史记·儒林传》言"于今独有《士礼》,高堂生能言之",班固《汉书·儒林传》言"汉兴,鲁高堂生传《士礼》十七篇",其意完全相同,此"士礼"即是今之《仪礼》。但如果以郑玄之后的礼学观之,"士礼"绝不可能成为"礼经",如果士礼是礼经,那么应该还有天子礼、诸侯礼、卿大夫礼,再加上士礼才完整。但是,这完全是据后观前的结果。在两汉今文经学之中,《仪礼》十七篇即是完整的礼经。

也正因如此,汉世无天子礼始终是一个重大问题。东汉章和二帝,数有兴作之意,曹充、曹褒、张奋三人,屡上制礼之谏。甚至曹褒在章和元年(87)受章帝之命,"乃次序礼事,依准旧典,杂以五经谶记之文,撰次天子至于庶人冠婚吉凶终始制度,以为百五十篇,写以二尺四寸简。其年十二月奏上"(《后汉书·曹褒列传》)。曹褒所制之礼,正是针对"天子礼"问题,因此在礼类上仍然沿袭《仪礼》冠、婚、丧、祭,在适用性上扩展到了"天子至于庶人"。

在汉世今文经学中,以《仪礼》为礼经,实质上是把"礼"理解为作为六经之一的礼经之礼,而不是作为国家大典的礼乐之礼。《仪礼》只有士礼但又是完书,礼类要为人生礼仪而非国家大典,这完全不妨碍其作为"礼经"的地位。其主要原因在于,在经学上,孔子"为汉制法"的核心经典是《春秋》,而不是礼经,要遵循孔子之制,主要是《春秋》之大义,而不是礼经之仪轨。因此,只有士礼,并不妨碍成为完整的礼经。而在现实上,在新的圣人制作新的礼乐之前,可以权且参考古礼,根据现实损益之,而《仪礼》所言只是一种参考,在现实中也没有强烈的规范性。也就是说,《仪礼》不可能原样落实在士的现实生活中,同样,即便有天子、诸侯、卿大夫礼,也不可能成为现实的规范。

二、礼经之"记"与礼的双重性

但另一方面,汉世五经,礼经有其特殊性,表现在"礼经"与"礼学"不尽相同。今存大小戴记中,既有专解《仪礼》之篇,也有"通论"之作;既有据《仪礼》礼类言礼者,也有泛论之礼者。

大小戴记与《仪礼》固有明确的关联。朱子有云:"《礼记》只是解《仪礼》,如《丧服小记》便是解《丧服传》,推之每篇皆然。"①《礼记》之中,《礼运》《经解》诸篇言及礼类,皆与《仪礼》礼类同。尤其是《冠义》《昏义》《乡饮酒义》《射义》《燕义》《聘义》诸篇,在思想上确实解释《仪礼》冠、婚、乡饮酒诸礼,《丧服四制》《丧服小记》诸篇,视为《丧服》之外传可也。就此可见,孔子删定之礼即《仪礼》,故孔子之后,七十子及其后学在讲习礼时,多以士礼为准。这些篇章,可以视为《礼经》之学。但有许多篇章,所述并非专为《仪礼》十七篇而发。

汉世五经立十四博士,其博士之学,皆为解经而立。《后汉书·儒林列传》载:

> 于是立五经博士,各以家法教授,《易》有施、孟、梁丘、京氏,《尚书》欧阳、大小夏侯,《诗》齐、鲁、韩,《礼》大、小戴,《春秋》严、颜,凡十四博士。

此十四家,除《春秋》严氏之外,皆见于《汉书·艺文志》。但是,据今所见残佚,诸家博士所传,皆解经说经之作,惟《礼》大小戴,其体称记,而其文亦非专释礼经。故汉世五经,无论《诗》《书》《易》《春秋》,皆追溯其源至于孔圣,以示正统,但《礼记》则为杂记,甚至其篇章之作者也多有争论。若《王制》,《礼记》孔疏引《郑志》郑玄答临硕云:"孟子当赧王之际,《王制》之作,复在其后。"又引卢植云:"汉孝文皇帝令博士诸生作此《王制》之书。"②《王制》言天下政制,与《仪礼》十七篇不同,故难以视为解经之作,甚至连作者也不明确。又有《月令》,郑玄《礼记目录》云:"名曰《月令》者,以其记十二月政之所行也,本《吕氏春秋·十二月纪》

---

① 黎靖德编:《朱子语类》,载朱杰人等主编:《朱子全书》第17卷,上海:上海古籍出版社,2010年,第2941页。
② 孔颖达:《礼记正义》,载《十三经注疏》,台北:艺文印书馆,2007年,第212页。

之首章也，以礼家好事抄合之，后人因题之名曰《礼记》，言周公所作，其中官名、时事多不合周法。"①陆德明《经典释文》云："蔡伯喈、王肃云周公所作。"②诸说以为此篇或出周公，或出秦代，但皆不妨碍其为礼经之"记"。又有《中庸》一篇，郑玄《礼记目录》云："名曰《中庸》者，以其记中和之为用也。庸，用也。孔子之孙子思伋作之，以昭明圣祖之德。此于《别录》属《通论》。"③此篇若为子思"昭明圣祖之德"，则宜为六经之记，而非单为礼经之记也。

而且，大小戴《礼》诸篇或出诸子之学。若《缁衣》，新出战国竹简郭店楚简、上博简皆见此篇，其文大同小异，可以确定为《礼记·缁衣》的战国形态。此篇的定位，刘向《别录》属《通论》，而陆德明《经典释文》引刘献云："公孙尼子所作也。"④《汉书·艺文志》有"《公孙尼子》二十八篇。七十子之弟子"，在诸子略儒家类。则《缁衣》或即《公孙尼子》之一篇。《大戴礼记》中有章名以"曾子"开头者十篇，为《曾子立事》《曾子本孝》《曾子立孝》《曾子大孝》《曾子事父母》《曾子制言上》《曾子制言中》《曾子制言下》《曾子疾病》和《曾子天圆》。而《汉书·艺文志》诸子略儒家类，有"《曾子》十八篇。名参，孔子弟子"，《隋书·经籍志》有"《曾子》二卷，目一卷，鲁国曾参撰"，《宋史·艺文志》有"《曾子》二卷"。宋代晁公武《郡斋读书志》云："《隋志》《曾子》二卷，《目》一卷。《唐志》《曾子》二卷。今此书亦二卷，凡十篇，盖唐本也。视《汉》亡八篇，视《隋》亡《目》一篇。考其书已见于《大戴礼》，世人久不读之，文字谬误为甚。"⑤宋末王应麟《汉艺文志考证》亦云："今十篇。自《修身》至《天圆》，皆见《大戴礼》。盖后人摭出为二卷。"⑥晁公武、王应麟所见宋代《曾子》，已有十篇，皆出《大戴礼记》。可见《大戴礼记》中关于曾子之十篇即《曾

---

① 孔颖达：《礼记正义》，载《十三经注疏》，台北：艺文印书馆，2007年，第278页。
② 孔颖达：《礼记正义》，载《十三经注疏》，台北：艺文印书馆，2007年，第278页。
③ 孔颖达：《礼记正义》，载《十三经注疏》，台北：艺文印书馆，2007年，第879页。
④ 孔颖达：《礼记正义》，载《十三经注疏》，台北：艺文印书馆，2007年，第927页。
⑤ 孙猛校证：《郡斋读书志校证》，晁公武著，上海：上海古籍出版社，2011年，第411页。
⑥ 王应麟：《汉艺文志考证》，北京：中华书局，2011年，第198页。

子》之书。

因此,大小戴记作者众多,时代不一,甚至采集子书以为记,其言礼者,也并非皆专为礼经而发。也正因如此,在《礼记》中,既有礼经之礼,也有通言之礼。前者是明确的"礼经之学",后者是宽泛的"礼学"。

明确的礼经之学者,如《昏义》云:"夫礼,始于冠,本于昏,重于丧祭,尊于朝聘,和于射乡,此礼之大体也。"此文纯粹是解释《仪礼》礼类之说。而据冠、昏、丧、祭诸礼,可以发挥礼义,故据诸礼仪而推其义者,如《礼运》云:"夫礼必本于天,动而之地,列而之事,变而从时,协于分艺,其居人也曰养,其行之以货力、辞让、饮食、冠、昏、丧、祭、射、御、朝、聘。"其礼类也与《仪礼》相同,但推此礼仪,至于"本于天,动而之地"。

但在《礼记》中,还有大量言礼是把礼作为一种基本规则,而不是言《仪礼》诸礼。如《曲礼》云:

> 道德仁义,非礼不成。教训正俗,非礼不备。分争辨讼,非礼不决。君臣、上下、父子、兄弟,非礼不定。宦学事师,非礼不亲。班朝治军,莅官行法,非礼威严不行。祷祠祭祀,供给鬼神,非礼不诚不庄。是以君子恭敬撙节退让以明礼。鹦鹉能言,不离飞鸟。猩猩能言,不离禽兽。今人而无礼,虽能言,不亦禽兽之心乎?夫唯禽兽无礼,故父子聚麀。是故圣人作,为礼以教人,使人以有礼,知自别于禽兽。

就此而言,礼是人禽之别,其意义比《仪礼》所列之礼宽泛得多。《乐记》也说:"天尊地卑,君臣定矣。卑高已陈,贵贱位矣。动静有常,小大殊矣。方以类聚,物以群分,则性命不同矣。在天成象,在地成形,如此,则礼者,天地之别也。"无论是《曲礼》还是《乐记》,讲"礼",都无法用《仪礼》的礼类来解释,因此都不是礼经之礼,而是礼学之礼。而且,礼学之礼也是孔子以来论礼的主流,如《论语》孔子云"道之以德,齐之以礼",《孝经》云"安上治民,莫善于礼",《孟子》云"辞让之心,礼之端也",《荀子》言"礼有三本,天地者,生之本也,先祖者,类之本也,君师者,治之本也"。其言"礼",皆不能以《仪礼》之礼类概括之。

因此,两汉立礼学博士,在学理层面,对"礼"的理解本身就有双重性,即"礼经"所述诸礼,并不能概括传统所言的"礼学"。作为六经之一的"礼经"之礼,是孔子所定,类目要为冠、昏、丧、祭、射、乡、朝、聘等,主要是士礼。而作为国家大典的"礼乐"之礼,则未曾确定,按照两汉今文经学对礼的态度,前王之礼对本朝只有参考价值,要等待圣人出世,天下太平,才能制作礼乐。

三、太平制礼

在两汉今文经学支配下的政治观念中,"礼乐"问题的复杂性表现在,孔子所定的礼经即《仪礼》,在礼类上不足以构建完整的政教大典,在适用对象上不足以成为天子至于庶人的范式。真正的汉世礼乐,需要在至太平之后,方能制作。东汉章帝时期,一方面下制作汉礼之诏,一方面集合诸儒议经于白虎观。白虎观会议最终录成《白虎通》一书,其篇章安排明显可见汉代今文经学中的"礼乐"定位。《白虎通》的内容和主题包括:

一,爵。二,号。三,谥。四,五祀。五,社稷。六,礼乐。七,封公侯。八,京师。九,五行。十,三军。十一,诛伐。十二,谏诤。十三,乡射。十四,致仕。十五,辟雍。十六,灾变。十七,耕桑。十八,封禅。十九,巡狩。二十,考黜。二十一,王者不臣。二十二,蓍龟。二十三,圣人。二十四,八风。二十五,商贾。二十六,文质。二十七,三正。二十八,三教。二十九,三纲六纪。三十,情性。三十一,寿命。三十二,宗族。三十三,姓名。三十四,天地。三十五,日月。三十六,四时。三十七,衣裳。三十八,五刑。三十九,五经。四十,嫁娶。四十一,绋冕。四十二,丧服。四十三,崩薨。

其主题之中,"六,礼乐"作为一个主题,占据其一。但是,如果从后世对"礼乐"的理解,凡爵、号、谥之法,五祀、社稷之祭,封公侯、定京师之法,三军、诛伐、谏诤之制,乡射、致仕、辟雍、耕桑、封禅、巡狩、考黜之礼,乃至三纲六纪、宗族、衣裳、嫁娶、绋冕、丧服、崩薨之法,全部都在"礼乐"范围之内。也就是说,一部《白虎通》,大多数的内容都是后世所理解的"礼乐"的范围。但事实上,在两汉博士看来,"礼乐"只是白虎观会议的众多主题之一。而这一主题所讨论的内容主要是"乐",极少涉及"礼",唯略言礼义:

礼乐者,何谓也?礼之为言履也,可履践而行。乐者,乐也,君子乐得其道,小人乐得其欲。王者所以盛礼乐何?节文之喜怒。乐以象天,礼以法地。人无不含天地之气,有五常之性者。故乐所以荡涤,反其邪恶也。礼所以防淫佚,节其侈靡也。故《孝经》曰:"安上治民,莫善于礼。移风易俗,莫善于乐。"[1]

礼所揖让何?所以尊人自损也。揖让则不争。《论语》曰:"揖让而升,下而饮,其争也君子。"故"君使臣以礼,臣事君以忠"。"谦谦君子,利涉大川",以贵下贱,大得民也。屈己敬人,君子之心。故孔子曰:"为礼不敬,吾何以观之哉?"夫礼者,阴阳之际也,百事之会也,所以尊天地,傧鬼神,序上下,正人道也。[2]

---

[1] 陈立注:《白虎通疏证》,班固著,北京:中华书局,1994年,第93、94页。
[2] 陈立注:《白虎通疏证》,班固著,北京:中华书局,1994年,第95页。

此之所言"礼",既不是像郑玄之后那样以《周礼》之"五礼"为标准来讲,也非根据汉人所尊的《仪礼》十七篇之礼类来讲,而是泛言礼的功能与意义。若以后世礼书书写之法,则用《仪礼》之冠、婚、丧、祭、乡饮酒、朝聘为标准,如嫁娶、丧服诸节,必入于"礼"之中,且《白虎通》此二主题之文,本来也多引《仪礼》。但是,《白虎通》之所以并不用《仪礼》礼类的标准,根本原因在于《白虎通》所言的"礼乐",并非要以《仪礼》礼类为标准去构建汉代的礼乐体系,而是根本上认为汉无圣人,未至太平,不能制礼作乐。因此,《白虎通》"礼乐"部分的内容,不是汉代实际的礼乐或礼经记载的礼乐,而是"太平乃制礼作乐"的"礼乐"。所以,《白虎通·礼乐》又云:

> 太平乃制礼作乐何?夫礼乐所以防奢淫。天下人民饥寒,何乐之乎。功成作乐,治定制礼。乐言作,礼言制何?乐者,阳也,动作倡始,故言作。礼者,阴也,系制于阳,故言制。乐象阳也,礼法阴也。
>
> 王者始起,何用正民。以为且用先代之礼乐,天下太平,乃更制作焉。《书》曰:"肇称殷礼,祀新邑。"此言太平去殷礼。《春秋传》曰:"曷为不修乎近而修乎远?同己也。可因先以太平也。"必复更制者,示不袭也。①

也就是说,天下太平才能制作礼乐,而在天下太平之前,只能用"先王之礼乐"。《白虎通》一书是说经之作,而非述汉制之作,因此,其书说到"礼乐",便不是汉代实际那些可以称为"礼乐"的内容,而是经书中记载的有待新的圣人出世制作的礼乐。同时,现有的礼经,即《仪礼》也不能作为"礼乐"的标准,因为孔子删削制作的礼经是"士礼",士礼可以作为完整的礼经,但却无法作为完整的"礼乐"。

---

① 陈立注:《白虎通疏证》,班固著,北京:中华书局,1994年,第98、99、100页。

《汉书》有《礼乐志》,同时又有《郊祀志》,犹如《史记》有《礼书》《乐书》,同时又有《封禅书》,皆可见在《史记》《汉书》之中,"礼乐"与后世的理解完全不同。后世若《通典》之"礼"部分,吉礼之先,即是祭天,此《史记·封禅书》《汉书·郊祀志》之内容。而《汉书·礼乐志》的叙述结构,与《白虎通》"礼乐"之节,几乎完全相同。《礼乐志》先言"六经之道同归,而《礼》《乐》之用为急",继而用《礼记·经解》之文,云:"人性有男女之情,妒忌之别,为制婚姻之礼。有交接长幼之序,为制乡饮之礼。有哀死思远之情,为制丧祭之礼。有尊尊敬上之心,为制朝觐之礼。"盖以班固在汉世所言之礼,仍是《仪礼》十七篇之礼类也。但是,《礼乐志》接下来也没有分此昏、乡饮酒、丧、祭、朝觐而述之,因为这些礼仪,礼经所载主要是士礼,汉代天子、诸侯、卿大夫也不能行之,《礼乐志》述礼之书,遂无可述之。因此,《礼乐志》接着说:"王者必因前王之礼,顺时施宜,有所损益,即民之心,稍稍制作,至太平而大备。"依《礼乐志》此说,则王者因前王之礼,稍为损益,以为过渡阶段。直至太平,才能真正制作一代大典,前王之礼才彻底成为历史。因此,《礼乐志》之下文,主要是描述汉世历朝"顺时施宜,有所损益,即民之心,稍稍制作"的过程。其文云:

> 汉兴,拨乱反正,日不暇给,犹命叔孙通制礼仪,以正君臣之位……至文帝时,贾谊以为:"……汉兴至今二十余年,宜定制度,兴礼乐,然后诸侯轨道,百姓素朴,狱讼衰息。"乃草具其仪,天子说焉……至武帝即位,进用英隽,议立明堂,制礼服,以兴太平……至宣帝时,琅邪王吉为谏大夫,又上疏言:"……愿与大臣延及儒生,述旧礼,明王制,驱一世之民,济之仁寿之域,则俗何以不若成康?寿何以不若高宗?"……至成帝时,犍为郡于水滨得古磬十六枚,议者以为善祥。刘向因是说上:"宜兴辟雍,设庠序,陈礼乐,隆雅颂之声,盛揖攘之容,以风化天下。"……世祖受命中兴,拨乱反正,改定京师于土中。即位三十年,

四夷宾服，百姓家给，政教清明，乃营立明堂、辟雍。显宗即位，躬行其礼，宗祀光武皇帝于明堂，养三老、五更于辟雍，威仪既盛美矣。然德化未流洽者，礼乐未具，群下无所诵说，而庠序尚未设之故也。

班固的《汉书·礼乐志》，就基本立场来说，完全是自刘歆以来的古文经学所倡导的，杂用古文、制作国家政典的思路。但是，《汉书》毕竟是为西汉一朝立史，故班固于《礼乐志》中，既不用《仪礼》之冠、婚、丧、祭诸礼为作史的标准，因为《仪礼》主要是士礼而无天子诸侯之礼；也没有像后来的《周官》那样可以吉凶军宾嘉五礼为标准，因为《周官》之五礼只是周礼而不是汉礼。班固把西汉一代的《礼乐志》，写成董仲舒、王吉、刘向倡导礼乐的过程。简言之，如果没有制作"汉礼"，《礼乐志》没办法真正书写，能够书写的只是制礼与否、应以何种标准制礼的问题。

在汉代今文经学中，对于"礼"的定义的理解，有两套并行的观念：一是以《仪礼》一经为基础的"礼经之礼"；一是以国家大典为诉求的"礼乐之礼"。两套观念在关于礼的起源、分类、功能等方面，皆不尽相同。而依今文经学之见，礼乐要保持其作为经学的"礼乐"的纯粹性，就不能动辄杂以时王的"制度"，如刘歆所批评的今文博士，对"立辟雍、封禅、巡狩之仪，则幽冥而莫知其原"，盖以今文礼经无辟雍、封禅、巡狩之类目，博士所崇尚者在礼乐而不在制度。

按照汉代今文经学的理解，《春秋》是孔子为汉制法的一代大典，当面对汉承秦制的事实，礼的问题有其特殊性，因为五帝三王不同礼，礼经所述的宫室、动作、衣服等，也必然要因时损益。既然礼必随时损益，汉代要有自己的一代大典，必须具备两个条件：一是天下进入太平，太平才能制礼；二是有新的圣人出，圣人才能制礼。正因如此，即便面对班固所说的"旧旷大仪"的局面，曹褒迎合皇帝之意，制作汉礼，"太尉张酺、尚书张敏等奏褒擅制《汉礼》，破乱圣术，宜加刑诛"（《后汉书·曹褒列传》）。简言之，在今文经学看来，既然汉承秦制，在制度上完全是皇帝制度,那么便不能在此皇帝制度之中制定一套相应的礼乐,而是要在真正的"太平"之后,才能有一套相应于太平之世的礼乐,这样的礼乐才像古代圣王所制定的那样,可以行之长久。

但是,在现实政治生活中,时王始终需要礼乐制度。如果没有一套经学体系为时王的一代大典提供理论基础,则时王的各种制度始终无法得到系统的整合。正是在这一意义上,郑玄现身于中国经学史与文明史,以《周官》代替《仪礼》成为"礼经",以两汉今文经学的"礼乐之礼"吸纳"礼经之礼",决定性地解决了这一问题。这样一来,便把作为国家大典的礼乐之礼变成真正的礼经,《仪礼》成为春官大宗伯所掌的礼类节目,最终纳礼乐于制度,使礼乐、制度合二为一。郑玄的新礼经,也成为群经共同的制度、义理、历史基础,并为三国两晋之后时王制定一代大典提供了根本性的范本。

The Concept of Li in the Jinwen Study of Confucian Classics and the Establish of Li in Han Dynasty

Chen Bisheng

Abstract: In the system of Jinwen study of Confucian classics of the Han Dynasty, *Yili* is the most important classic of Li, which is one of the Five Classics, rather than the common basis of the Five Classics. Li is a series of specific ritual studies, rather than a set of all-encompassing law of politics. *YiLi* which is whole and unabridged is only the rites of the class of Shi, but there is no ritual of the emperor, governors or Qingdafu. If the Han Dynasty want to have its own Li, two conditions must be met: one is that when the world enters into peace; another is the arises of a sage. This led to the split between Liyue and system in the Han Dynasty, that is, the system was inherited from the Qin Dynasty, but the Liyue had been suspended. However, in real political practice, the emperor always needs the system of Liyue. Therefore, at the end of the Han Dynasty, Zheng Xuan replaced *Yili* with *Zhouguan* and became the most important classic of Li, and absorbed the Jinwen study of Confucian classics of Li of the Han Dynasty, which decisively solved this problem.

Keywords: Jinwen study of Confucian classics, the study of Li, *Baihutong*, the establish of Li

"后真相"时代网络民粹主义的特征与挑战*

贺东航　吴俊儒**

摘要： 网络民粹主义作为一种社会思潮已经占领了当今网络空间场域,并逐渐蔓延到现实世界之中,以反权威、反精英的形式对稳定的政治秩序形成了有力挑战。在网络民粹主义从网络空间外延到现实世界的路径中,"后真相"以信息碎片化与模糊化的姿态登场,通过事实颠覆与话语操作,迎合受众的情绪与心理,使用断言、猜测、感觉等表达方式,强化或极化某种特定观点,甚至直接制造谣言,挑拨公众的理性神经。在这种情况下,真相已变得不重要,反而是态度和道德审判才有价值。可以预见的是,"后真相"与网络民粹主义的耦合为未来社会的理性发展带来了诸多不确定性。

关键词： 后真相　网络民粹主义　事实颠覆　挑战

在现代政治的领域中,"后真相"(post-truth)被视作政治权力通过话语性支配渗透与争夺真相的一种行为。政治权力通过对真相的操控,维护其政治权威以达到一定的政治目的。在政治角力中,真相逐渐丧失了客观性,取而代之的是立场性,"后真相"因而成为当代政治争夺中的一个显著特征。当代"后真相"的煽动与传播主要集中在互联网空间中,互联网所具备的个体性、草根性与泛民性使其成为"后真相"传播的温床。

---

* 本文系复旦大学社会科学高等研究院2021年度主题"哲学社会科学新思潮和新方法"的研究成果之一。
** 贺东航,复旦大学社会科学高等研究院特聘教授、专职研究员;吴俊儒,复旦大学国际关系与公共事务学院博士研究生。

当网络的参与者通过广泛的社交媒体接触到虚假的、立场导向的、兜售恐惧与仇恨的"真相"时,自发的激进情绪就会汇集成非理性的民意与汹涌的舆情。在"后真相"背景下,民粹主义在互联网上的加速聚集已经成为无法逆转的趋势。"后真相"在互联网上的传播将社会转型中出现的问题和矛盾继续进行非理性描述,激化社会阶层与团体之间的仇视与不信任,从而强化了网络民粹主义的韧性。

本文的研究脉络如下:第一节回顾国内外学界对"后真相"与网络民粹主义的研究现状;第二节探究"后真相"时代下网络民粹主义的生成与强化的路径,其生成演变的过程大致经历了"后真相"式信息—民意发酵—舆论声讨—民怨鼎沸—网络动员—现实溢出这六个阶段,"后真相"与网络民粹主义的双向循环是推动这一路径的主要动力;第三节将指出"后真相"时代网络民粹主义的两个表现形式,分别是二元对立下的戾气发泄和价值倾覆下的道德审判;最后一节总结"后真相"时代的政治将面对来自事实颠覆与话语操作的挑战。

一、"后真相"时代与网络民粹主义的文献回顾

(一)"后真相"时代的研究综述

"后真相"一词在 2016 年成为牛津词典的年度词汇,与美国民粹主义总统候选人唐纳德·特朗普在 2016 年当选美国总统存在直接关系。西方学者对于"后真相"的研究也集中在 2016 年之后,体现了"后真相"在政治活动中产生的巨大能量。费什(Will Fish)认为在"后真相"的政治传播中,政治家会运用对真相的臆测与预警帮助自己获得选举优势。① 莱考夫(George Lakoff)探究了特朗普胜选的过程和真相的传播策

---

① Will Fish, "'Post-Truth' Politics and Illusory Democracy", *Psychotherapy and Politics International*, Vol. 14, No. 3, 2016, pp. 211-213.

略如何损害了文化中的"真相"概念——从"谎言"到"后真相""真相"和"替代事实",再到"真相"的连续过程。① 马歇尔(Hannah Marshall)批判性地评估英国脱欧公投这一黑天鹅事件受到了"后真相"政治的帮助与支持,认为网络社交媒体通过煽动恐惧与仇恨言论,影响与重塑公民的政治立场,"后真相"在很大程度上影响了选民的投票行为。同时,他指出"后真相政治"并未被充分概念化,其在经验上的可行性受到质疑。② 作为对这种不确定性的回应,吉布森(Timothy Gibson)更明确地将"后真相政治"概括为一种具体的政治和修辞策略,并认为它在个人在现代社会对现实的反思、对真相产生机构的信任恶化的路径之中产生并被利用,而新兴的参与式媒体起到了推波助澜的作用。③ 麦金太尔(Lee McIntyre)认为,"后真相"时代的蔓延预示着人们对真相的追溯意愿已经显著降低,取而代之的是人们已经在有意或无意之间成为"后真相"的创造者与传播者。他同时指出,"后真相"不再仅仅存在于政治家之间不计政治成本的事实性挑衅中,更已经蔓延到了普通人的生活空间之中。④ "后真相"已经深刻地影响了西方国家的政治参与、政治行为、政治角力与公众社会等众多方面,其在西方社会所涵盖的,不仅是政客与精英之间为了获取政治利益制造谎言的过程,同时还涉及公众的信息接受和解构的领域。

国内的研究者也已经注意到中国社会出现的"后真相"现象,有学者判断中国在社会转型期间的传播具备了"后真相"时代的特点。曾敬涵认为,中国共产党对舆论宣传的有效指导获取了人民的信任。⑤ 在这种情况下,中国为何依旧会受到"后真相"的冲击,成为国内许多学者研究

---

① 乔治·莱考夫:《别想那只大象》,闾佳译,杭州:浙江人民出版社,2020年。
② Hannah Marshall, Alena Drieschova, "Post-Truth Politics in the UK's Brexit Referendum", *New Perspectives*, Vol. 26, No. 3, 2018, pp. 89–105.
③ Timothy Gibson, "The Post-Truth Double-Helix: Reflexivity and Mistrust in Local Politics", *International Journal of Communication*, Vol. 12, No. 12, 2018.
④ Lee McIntyre, *Post-Truth*, Cambridge: MIT Press, 2018.
⑤ Zeng Jinghan, *The Chinese Communist Party's Capacity to Rule: Ideology, Legitimacy and Party Cohesion*, London: Palgrave Macmillan, 2015.

的问题。陈龙认为"后真相"借助修辞策略对事件本身加以包装,诱导民众,以达到某种政治诉求,其终极目的是争夺话语权。① 吴育林与赵悦彤认为中国出现的"后真相"话语思维会割裂中国共产党和人民的关系,将党和人民扭曲成利益根本不一致甚至对立的两端,模糊人民对中国制度叙事的立场与把握。② 李腾凯认为,产生这种现象的原因在于,自媒体已经融入中国青年的日常生活,并深刻塑造了他们的性格特征。社交媒体平台上扭曲事实、仇视精英、丑化官方的情绪化言行,深刻影响了当代青年的政治认同。③ 汪行福认为,"后真相"本质上是一种"后共识",权威性的真相遭遇社交媒体和公共社会的多重阐释与放大,人民共识与认同的建构基础从客观性的事实与真相,转变为主观的情感与价值的交融。④ 面对"后真相"时代中国社会面临的挑战这一问题,具有开创性的是,一些国内学者已经将"后真相"从现实政治层面上升到人的主观性与认识论的哲学层面。吴晓明从黑格尔的"坏的主观性"概念出发,指出现代社会将人对知识的巨大热情和对未来文明的信仰建筑推翻。而在公共舆论领域中,实体性的真理与主观错误是交错杂糅的。当实体性的真理在公共领域中瓦解之际,公共领域被"坏的主观性"占据,以至于到最后成为各种主观意见交锋的战场。当"坏的主观性"达到极致,"后真相"这一社会现象似乎存在必然性。⑤

(二)网络民粹主义的研究综述

学界对于网络民粹主义从概念到生成再到影响的过程有较为完整的研究。从网络民粹主义的概念来看,陈尧认为其本质是民粹主义,是

---

① 陈龙:《话语强占:网络民粹主义的传播实践》,《国际新闻界》2011年第10期。
② 吴育林、赵悦彤:《后真相时代讲好中国制度优势的叙事逻辑》,《湖北社会科学》2021年第12期。
③ 李腾凯:《"后真相"时代青年政治认同的困境及其应对》,《中国青年研究》2019年第10期。
④ 汪行福:《"后真相"本质上是后共识》,《探索与争鸣》2017年第4期。
⑤ 吴晓明:《后真相与民粹主义——"坏的主观性"之必然结果》,《探索与争鸣》2017年第4期。

借助互联网的蓬勃发展而形成的一种社会思潮。① 而丁小文认为,互联网通过聚合与延伸民粹情绪,使底层民众的怨恨心理得以激发,从而生成网络民粹主义。② 曹建萍认为网络民粹主义是一种立场、态度或是行为方式,存在于舆论之中,由社会转型和价值诉求演变而成,由于不具备成熟的、系统化的理论体系,网络民粹主义不是一种社会思潮。③ 从网络民粹主义的生成原因看,邓理认为,网络民粹主义的激化来自虚拟空间衍生的算法政治及其风险所导致的意识形态极化与非理性。④ 王路坦从三个维度分析网络民粹主义生成的原因:其一是社交媒体的传播为网络民粹主义的产生提供了技术基础,低门槛和匿名性营造了民粹话语的舆论环境;其二是网络参与群体素质的参差不齐,使得形成非理性和群体的民粹团体的可能性较高;其三是社会转型的过程中,贫富差距分化,以及民主政治领域和文化认同领域的内在矛盾。⑤ 从网络民粹主义的特征来说,郭忠军认为网络民粹主义的特征是平民的直接参与、平民性的价值诉求以及非理性和对抗性的群体行为。⑥ 贺东航认为,网络民粹主义的特征是对民众渺小、脆弱的一面进行放大,地方政府不当的公共政策以及制造叙事陷阱误导民众。⑦ 陈虹从政治学的角度总结网络民粹主义具有虚拟现实性、直接参与性、人民至上性、群体极化性和话语霸权性等特点。⑧ 从网络民粹主义的影响来看,一些学者对网络民粹主义持批判态度。陶鹏指出,网络民粹主义下极端化的阶层对立与非理性

---

① 陈尧:《网络民粹主义的躁动——从虚拟集聚到社会运动》,《学术月刊》2011年第6期。
② 丁小文:《网络民粹主义与青年社会主义核心价值观引导》,《北京青年研究》2015年第3期。
③ 曹建萍:《马克思主义视域下我国网络民粹主义研究》,乌鲁木齐:新疆大学博士学位论文,2016年。
④ 邓理:《技术变革与政治变迁——互联网对西方民粹主义的多重赋能》,《理论月刊》2020年第8期。
⑤ 王路坦:《微时代的躁动——民粹主义嬗变探究》,《天府新论》2015年第5期。
⑥ 郭中军:《网络民粹主义与传统政治共识的解构》,《学习与探索》2012年第9期。
⑦ 贺东航:《警惕疫情大考中网络民粹主义反向冲击》,《人民论坛》2020年第8期。
⑧ 陈虹:《网络民粹主义特征的政治学解读》,《重庆科技学院学报》(社会科学版)2014年第3期。

情绪会导致政治认同的弱化。① 陈龙等认为网络民粹主义的滋长培植了现实社会超越法律的暴力的可能性。② 相反,另一些学者对网络民粹主义持较为中立的态度。邹诗鹏认为,网络民粹主义本质上是社会情绪的反映,对网络民粹主义积极的应对有利于国家未来的政治建设。③ 李良荣认为网络民粹主义有助于促进社会的公平正义,同时给予社会的弱势群体捍卫自身权利的机会,二元对立的思维方式则可能降低政府的政治信任。④

在"后真相"与"网络民粹主义"的研究领域中,鲜有学者将这两者结合起来进行研究。吴晓明认为后真相与民粹主义都是"坏的主观性"的必然结果,然而在论证过程中也是将"网络民粹主义"与"后真相"视作两个独立的学术概念。⑤ 本文认为,"后真相"时代成为网络民粹主义孕育和演变的催化剂,"后真相"的网络媒体环境也加剧了网络民粹主义对于现实政治社会的危害。因此,探究网络民粹主义在后真相时代下的生成范式、表现形式以及网络民粹主义治理面临的新的挑战,是本文的生长点。

二、"后真相"时代网络民粹主义的生成

民粹主义的基本价值具有极端平民化的倾向。当涉及重大的公共政策事件时,民粹主义作为一种政治运动,主张依靠大众对社会进行激进改革,并把普通群众当作政治改革的唯一决定性力量,从根本上否定政治精英在社会政治变迁中的重要作用;作为一种政治策略,它指动员

---

① 陶鹏:《对网络民粹主义的审视与治理思考》,《理论导刊》2013年第9期。
② 陈龙:《社会焦虑与网络民粹主义的特质》,《人民论坛·学术前沿》2019年第17期。
③ 邹诗鹏:《后真相世界的民粹化现象及其治理》,《探索与争鸣》2017年第4期。
④ 李良荣:《警惕网络民粹主义"暴力"——中国民粹主义新动向》,《人民论坛》2015年第1期。
⑤ 吴晓明:《后真相与民粹主义——"坏的主观性"之必然结果》,《探索与争鸣》2017年第4期。

大众参与政治进程的方式。互联网的发展降低了公民参与公共事务的成本,网络成为民粹主义成长的栖息地。任何个人、任何组织、任何社团都可以在社交媒体营造的创拓式公共空间中,表达自己对政治事件、政治人物以及公共事务的意见与观点。同时,互联网的匿名性与聚集性,使其成为平民宣泄不满情绪的场域。民粹话语通过热点新闻的传播得到生长的空间。网络民粹主义与现实民粹主义的差异,在于参与网络民粹运动的成本极低:在传统民粹主义的行为方式中,民粹主义者需要通过情感动员、组织运动策略与提出民粹诉求,组织政治运动以达到其政治目的。而在互联网中,参与者个体仅与虚拟社会产生关联而离散于现实社会,网络民粹主义者仅需要针对热点政治事件组织民粹主义话语。"当民粹主义者认为时机成熟之时,便会制造更加强大的舆论来参与到行政决策中,表达自身的利益诉求,以此来实现对权力的争取。"[1]"后真相"与网络民粹主义的催化密不可分。网络世界的"后真相"化在实质上就是一种民粹化。在网络世界中,真实性话语被无限扩展与增殖的主观性话语所淹没,公共事件的真相被社交媒体有目的地篡改成公众的默认。后真相的特征即情绪和主观感知的无限放大与事实真相的虚无,久而久之,公共事件的大众被立场与情感所支配,失去了对事实和真相的认同。当网络世界的参与者更乐意接受被情感化、渲染化的谎言而抵制反价值的真相时,"后真相"无疑加剧了网络民粹化。

从生成方式看,"后真相"时代的网络民粹主义呈现为"后真相"式信息—民意发酵—舆论声讨—民怨鼎沸—网络动员—现实溢出六个阶段。网络意见领袖通过对公共事件真相的蓄意篡改及肆意煽动,将网络平民的主观情绪推向高潮,集散的涌动情绪逐渐汇集成民意的发酵,演变成对个人和事件的舆论声讨。舆论声讨的过程往往是极端化与立场化的,民粹运动发起者通过对事件涉及人物的网络暴力,将其行为的负面性无

---

[1] 张爱军、王富田:《网络民粹主义——反话语表征与消解策略》,《理论与改革》2020年第1期,第157页。

限放大,进而将聚集的民怨转化成社会抗争运动。通过在网络上进行有目的、有计划、有组织的动员行动,网络民粹主义"在网络空间活跃起跳"并"外溢到现实空间来表达"。① 需要注意的是,"后真相"时代网络民粹主义是以"后真相"为起点的。相反,有学者认为,网络民粹主义并不能同"后真相"画上等号,因为民粹主义倾向有时是与不诚实政治相对抗的。② 这一现象在现实的政治运动中有具体表现。在西方国家,网络民粹主义的根源来自对建制黑暗的声讨,抑或是对争议事件真相的诉求。美国总统特朗普的成功竞选正是来自选民对其"真实性"的认同。然而,"真实"并不等同于"真相"。特朗普吸引支持者的"真实性"来自自发和未经排练的风格,而不是所谓的"真相"③,其前提恰好是特朗普利用社交媒体,通过煽动对少数者的恐惧和仇恨来塑造选民的意见和情感,通过推行排斥边缘化群体的政策来获得大多数人的选票④。尽管网络民粹主义带有反对不诚实政治的属性,但是当民粹主义生成后,对虚假政治的声讨通常会被民粹领袖利用,成为其获取政治既得利益的工具。可以预见的是,在"后真相"时代,虚假真相所发酵的民意会带来更极端、更恶化的现实后果。

不过,由于中国的政权体制不同,中国的民粹主义难以在现实政治中找到爆发的生长点。中国政府对社会的治理使得民粹式的政治活动不会在中国获得成长空间,中国的网络民粹主义一般停留在社交媒体中,然而这会导致中国面临更大规模的网络压力。与西方国家所出现的

---

① 贺东航:《警惕疫情大考中网络民粹主义反向冲击》,《人民论坛》2020 年第 8 期,第 18 页。
② Benjamin De Cleen, "Populism, Exclusion, Post-Truth: Some Conceptual Caveats: Comment on 'The Rise of Post-truth Populism in Pluralist Liberal Democracies: Challenges for Health Policy'", *International Journal of Health Policy and Management*, Vol. 7, No. 3, 2018, pp. 268 - 271.
③ Martin Montgomery, "Post-Truth politics: Authenticity, Populism and the Electoral Discourses of Donald Trump", *Journal of Language and Politics*, Vol. 16, No. 4, 2017, pp. 619 - 639.
④ Robin Lakoff, "The Hollow Man: Donald Trump, Populism, and Post-Truth Politics", *Journal of Language and Politics*, Vol. 16, No. 4, 2017, pp. 595 - 606.

网络民粹主义不同,中国的网络民粹主义现象是"一种非典型的民粹主义,或者说是民粹主义政治的初级阶段"①,其最终目的是在指向具体事件中表现为一种利益抗争和诉求表达。裴宜理(Elizabeth Perry)认为,中国当代抗议者极少质疑执政者意识形态的统治权威,这表明中国群体性事件大多属于工具主义的、谋求解决现实社会问题的抗争行动。② 当人们的理性需求与所诉求的利益得到满足后,结合政府对公共舆论的选择性控制,网络民粹主义在中国能够得到快速消解。在"后真相"时代,中国的网络民粹主义滋生和发酵的根源来自涉及个人利益的现实生活议题,例如贪污腐败、官商勾结、土地权益、环境污染以及重大卫生公共事件,这些事件往往触及了人民的生存危机感与道德正义感,使得公民在短时间内失去了对事件的理性分析与判断力。当这些问题被舆论领袖偏差性的报道渲染之后,蛰伏的民粹主义便会抬头并在网络上掀起风浪。民粹主义者以"谣言"与"恐惧"作为传播武器,通过反精英主义与反智主义扩张人民的"非理性"情感升级社会矛盾,塑造与激化平民与精英阶层的鸿沟与矛盾,充满负面情绪的声讨随即充斥网络空间。

当舆论持续升级,民众理性思考的能力在网络民粹主义者的煽动下被消磨殆尽,有目的、有立场的"后真相"占据了舆论场的中心,"后真相"与网络民粹主义陷入一种恶性循环。蜂拥而出的"后真相"事件赋予了网络民粹主义生长的最佳空间,而网络民粹主义的滋生与蔓延会导致网络参与受众失去对"真相"的敏感度。首先,网络受众暴露在各种成分复杂的、情绪化的、碎片化的网络信息侵扰中,在网络新闻社群化的传播方式以及大数据算法的科技加持之下,"后真相"的杂糅信息煽动了社会的广泛热议,对网络受众采取对症下药的手段。在这样

---

① 陈龙:《社会焦虑与网络民粹主义的特质》,《人民论坛·学术前沿》2019 年第 17 期,第 101 页。
② Elizabeth Perry, "Chinese Conceptions of 'Rights': From Mencius to Mao, and Now", *Perspectives on Politics*, Vol. 6, No. 1, 2008, pp. 37-50.

的网络舆论环境之下，在舆论场域中出现显著的个人认知失衡与个体去个性化，最终趋于群体极化的群体反智主义倾向，这直接导致了网络民粹主义的凝聚与生成。其次，网络民粹主义在"后真相"的催化下，汹涌的民意与激烈的舆情的结合，社会矛盾在这一传播路径中不断激化，以致撕裂社会阶层。这样的撕裂会导致公众阶层与其他社会阶层之间的割裂，试图以正义之名对所有公共事务进行"人民的审判"。强大的舆论态势导致了观点与立场的切割，处于不同阵营的群体仅仅愿意接受与其情感和价值观相符的信息，在观点的两极对立下，以情感构建事实，以话语形成观点，"真相"被扭曲成了"后真相"。由此，"后真相"与"网络民粹主义"的双向循环构成了恶劣的网络环境。话语割裂、话语强占与话语专制的"乌合之众"态势，冲击社会主流价值共识，消解社会秩序与社会凝聚力，可以预见这会在客观上造成严峻后果。

在2022年上海疫情防控中，中国的互联网环境出现了显著的"后真相"与"网络民粹主义"双向循环的现象。社会阶层之间的矛盾、政府与公众的矛盾、地域之间的矛盾在网络民粹主义滋生与蔓延的情况下被不断激化，让基层政府与社区管理者在防疫中多次陷入被动，其主要原因是新冠肺炎病毒"奥密克戎"的变异性以及地方政府防疫的刚性做法。网络意见写手通过制造碎片化的事实信息，抑或是宣传被情感包装后的热点新闻，甚至直接制造虚假的谎言与谣言，在网络上迅速营造了"后真相"的舆论环境，形成了"动态清零"与"共存"的二元对立。同时，接踵而至的新闻事件使得受众永远停留在观点而抛弃事实和真相的状态。这些"后真相"话语通常集中在"揭示"被封控居民的"悲惨生活"，或是政府官员的"不作为"，营造权利落差、生存危机等网络焦虑，刺激了民众脆弱的神经，继而快速占据舆论的制高点。在这个过程中，舆论的扩张呈现出了显著的反精英主义和反威权主义等民粹主义特征。意见领袖通过话术诱导网民，形成了"我们对抗你们"的对立格局，挑起平民大众对政治集体、精英阶层的仇视，夸大政府与百姓之间的价值对抗与情感鸿沟,从而有效助推了网民情绪的发酵。① 此外,全国舆论中的"损沪叙事",造成"真不真"并不重要,关键是为了情感宣泄,形成了"后真相"与网络民粹主义的双向循环。

基于上述分析,"后真相"的网络民粹主义大致经历了"后真相"式信息—民意发酵—舆论声讨的过程。在民意发酵的过程中,"后真相"与网络民粹主义的双向循环使得网络的舆论环境不断激进化,继而导致民意爆发。在西方国家,民粹主义者大多以"真正的人民"和"沉默的大多数"作为旗号来实现某种政治诉求,例如以"直接民主"取代"代议民主",让政治离人民更近,从而重新确立"人民主权"。"后真相"对网络民粹主义的多重赋能,延伸与拓展了网络民粹主义话语影响。长期以来,西方政治体制的重要基础是"宽容与包容",温和的政治文化与公民精神是西方政治体制得以维持和延续的基本保障。然而,"后真相"通过网络算法有针对性地向网络受众投放仇恨、攻击、对立的言论,厌恶精英政治与建制政治的公民便会趁势通过互联网这一超大的虚拟空间,将对于建制政治的民怨外溢到现实空间,以形成政治运动。网络民粹主义下,从鼎沸民怨演变到政治运动,会经历民怨鼎沸—网络动员—现实溢出这三个阶段。鼎沸的民怨通常以松散的、无组织的特点在互联网上传播,互联网中的民粹主义者以意见领袖的形式整合离散的民怨,在有导向性的组织引导之下,在互联网上进行民意汇集和政治动员,通过不断散播"后真相"的资讯形成整合的"利益集团"。民粹主义者"并不满足于制造'网络集聚事件',因为仅仅通过点击率、跟帖或发言来表明观点、立场是难以满足民粹主义对现实的关切的"②。因此,意见领袖和网络推手能够通过"后真相"的力量,将民怨转化成有进一步规划、组织和步骤的网络动员活动,从而在形成一股巨大的动员力量后,将堆积的"沉

---

① Amy Eckert, "The Populist Explosion: How the Great Recession Transformed American and European Politics, Written by John B. Judis", *Populism*, Vol. 2, No. 2, 2019, pp. 256 - 258.
② 陈尧:《网络民粹主义的躁动——从虚拟集聚到社会运动》,《学术月刊》2011年第6期,第27页。

默的大多数"以爆发式的集体力量形式,将网络聚集溢出到现实聚集。民粹主义领袖以"反建制""反精英"的话语裹携民意,要挟政府,以至于演变成重大的群体性事件或是政治抗争运动,造成严重的社会动荡,破坏传统的公共文化精神,使西方政治体制暴露出巨大的张力,陷入弱势与无力的状态。

美国在2021年初发生的震惊全球的"冲击国会山"事件,是"后真相"驱使下网络民粹主义的集中表现,这次事件完整经历了从"后真相"信息到民怨积聚最终形成大规模的政治事件这一完整路径。特朗普及其政治团体在美国总统大选落败后,通过Twitter、Facebook等大型网络社交平台,制造"停止选举骗局"(Stop the Steal)、"拯救美国"(Save America)等煽动性言论,传播碎片化的、虚假的关于美国大选舞弊情况的"后真相"信息。民众对于美国政治的立场、情感,在"后真相"的政治传播中被扭曲成权力操控下变形的公共话语。特朗普及其团队正是整合了网络中变形的公共话语,在网络媒体中进行针对性的政治动员。被权力话语操控的民众随即丧失了对真相的追求和理性的判断。当他们坚信拜登的胜利是"偷窃"而来的时候,激愤化、反智化的民怨在专业的网络政治动员后演变成了大规模的群体性暴力冲突事件,对美国的政治秩序造成了难以估量的伤害。在"冲击国会山"事件平息后,Twitter、Facebook及YouTube等社交平台以"鼓励暴力"为由将特朗普的视频撤下,Twitter、Facebook及Instagram先后暂停特朗普的账户。这意味着美国以互联网巨头为代表的精英阶层已经意识到了民粹主义在互联网中快速发酵,互联网已经演变成了民粹主义散播的主战场,虚假的"后真相"政治言论传播已经给美国长久以来引以为傲的政治体制蒙上了巨大阴影,并以封锁美国前总统社交媒体言论权为代价进行网络阻断,以遏制因网络民粹主义蔓延而形成的现实外溢。分析至此,可以说在西方国家中,"后真相"的网络民粹主义的生成路径是"后真相"式信息—民意发酵—舆论声讨—民怨鼎沸—网络动员—现实溢出。在这个过程中,"后真相"信息与网络民粹主义的双向循环,推动着这一路径的层层递进。

汹涌的民意外溢到现实的政治世界中,往往会带来不可控制的负面结果。

对于中国的网络环境而言,国家对互联网环境的有效治理能够有效控制"后真相"信息以及网络民粹主义的滋生与成长。但是,由于中国处于社会转型的关键时期,尽管经济高速增长,人民生活水平得到了巨大提升,转型过程中遇到的许多社会问题却是不可避免的,收入分配不均、社会阶层流动的放缓、贪腐问题、环境问题等因素都容易引起群众的不满情绪。互联网的潜伏性、隐蔽性使得弥散在社交媒体上的信息被一些不法分子有意利用,他们"以特定议题作为载体,刺激民众神经,瞬时发酵成网络围观,形成网络动员态势,触发更多的网络民粹主义议题"①。与此同时,"后真相"信息会助推堆积的民怨走向激进与极端,最终"对主流意识形态和现有体制进行冲击,产生较大的社会政治势能"②。网络民粹主义议题下,对社会公平问题的有意助推使民众强烈地感受到"社会的不公"。在营造沸腾的民怨后,民粹主义者亦会试图进行网络动员,并寄希望在线上线下升级成大规模的群体性运动,以谋求特定的政治目的。但值得注意的是,中国的网络民粹主义现象一般不会外延成大规模的群体性事件,其中有两个可能的原因。一是上文已经论述的,中国网络空间的公共议题往往只涉及利益侵犯与道德危机,并不直接挑战政权正当性。政府能够对争议性公共议题做出快速反应(例如通过对资源的再分配策略来调节不同社会群体之间的利益冲突③,或是通过有效的管控、化解危机的能力对法律和体制进行修缮④),满足了利益需求的民众便会倾向于选择息事宁人,结束对争议事件的专注。二是中国政府

---

① 贺东航:《警惕疫情大考中网络民粹主义反向冲击》,《人民论坛》2020年第8期,第18页。
② 贺东航:《警惕疫情大考中网络民粹主义反向冲击》,《人民论坛》2020年第8期,第19页。
③ Jing Zhan, "Repress or Redistribute? The Chinese State's Response to Resource Conflicts", *The China Quarterly*, Vol. 248, No. 1, 2021, pp. 987 – 1010.
④ Xiao Yuefan, *The Politics of Crisis Management in China*, Ph.D. Dissertation of University of Warwick, 2013.

凭借全能式的管理手段直接介入信息传递和舆论扩散之中,切断"后真相"与"网络民粹主义"的源头,使网络民粹的生成路径无法形成闭环效应。例如国家互联网信息办公室旨在打击传播违法信息的"清朗行动",即是国家试图在网络平台掐断"后真相"传播的可能性,阻止网络民粹主义者与意见领袖制造叙事陷阱以误导民众,从根源上解决与预防"后真相"的问题与网络民粹主义在社交媒体中传播。在中国的治理环境下,政府对包括互联网环境在内的社会秩序进行严格管理,有可能切断"后真相"时代网络民粹主义的生成路径。

三、"后真相"时代网络民粹主义的表现形式

网络民粹主义作为一种社会思潮,强调平民大众的理想与权利。从政治学的角度说,一方面,网络民粹主义极端化的反权威倾向有可能造成政治认同弱化、群体极化和零和博弈的趋势,导致社会分裂;但另一方面,网络民粹主义也可以作为一种"政治的信号",强调"平民的价值",敦促执政者维护社会的公平正义,捍卫弱势群体,推动法治建设的完善,并督促政治权力受到有效监督。但是,一旦网络民粹主义失控,"后真相"式的谎言便极有可能滑向反智主义,失去其"为人民发声"的作用,成为不法分子宣扬消极情绪、仇恨言论,以攫取政治利益的工具。而对"后真相"时代下的网络民粹主义进行针对性的分析,有助于更精准、高效地消解被"后真相"扭曲的网络民粹主义现象。

(一)二元对立下的戾气发泄

在"后真相"的渲染下,网络新闻的受众往往对其"事实"坚定不移,忽视对客观真相事实的关注;或者当受众已经被先前塑造的"后真相"讯息侵蚀,真相的出现也无法引起受众的共鸣,这就导致"非黑即白""非对即错"的二元化思想,"我们对抗你们"的倾向即"后真相"通过社交媒体精准投放的结果。"后真相"塑造的对立被网络民粹主义者利用,用突

出的批判色彩强化事件双方的对立趋势。社会转型中出现的社会问题则成为二元对立的有力助推器。网络民粹主义者塑造"贫穷与富裕""平民与精英""人民与政府"之间的对立。占社会大多数的平民阶层被充满仇恨、激进的片面言论所蒙蔽,沉溺于现实中的相对剥离感。这种相对剥离感来自"个人主要通过与他人的比较来评价自己的地位和处境,而弱势群体的成员往往会有一种基本权利被剥夺的感觉"[1]。这些所谓"人民正义"的诉求也大多是由于其身处在社会的焦虑感被"后真相"有意图地唤醒与放大,形成了一种针对对立阶层的戾气发泄。

在西方国家,以戾气发泄为特征的网络民粹主义表现为"建制"与"非建制"、"左翼"与"右翼"的对立。在这种情况下,网络民粹主义被政客视为一种选举手段。民粹主义政党有意渲染和放大民众在建制政府下的社会矛盾,例如移民危机、就业危机、政治操弄等。他们通过社交媒体给平民提供发泄戾气、表达不满的平台。这些民意被政客收集,并被操弄成竞争选举的手段,政党和政治家充当了利益集团的代理人,以进行党派竞争与夺取权力。这是西方引以为傲的"理性主义"和"自由主义"受到侵蚀的征兆,主要表现在民粹话语塑造的对立使民众抛弃理性的规训,转向对自私的、个人情感的肆意宣泄。而对西方政客来说,启蒙运动起始,集中的民意代表着"社会契约论"下国家主权来自人民的意志,政党的轮替反映出人民利益在不同时期的变化。然而,在"后真相"的民粹主义煽动下,民意被异化成政客获得政治权力的工具,怨恨的舆论与二元激化的社会文化,显示出西方政治制度结构性的不均衡、政党政治衰落和公共领域的异化。[2]

对于中国来说,网络民粹主义下二元对立的戾气发泄根源,来自社会发展的不平衡不充分,社会法治建设急需完善,社会分配制度有待合

---

[1] Kessler Mummendey et al., "Strategies to Cope with Negative Social Identity: Predictions by Social Identity Theory and Relative Deprivation Theory", *Journal of Personality and Social Psychology*, Vol. 76, No. 2, 1999, p. 229.

[2] 侯恩宾、李济时:《西方民主制度的结构性不均衡与民粹主义的兴起》,《社会主义研究》2019年第3期。

理化,表现为民众对现实矛盾的不满,需要通过网络社交媒体进行情绪发泄。民粹主义者利用民众对现实的剥离感,制造声势浩大的网络舆论,以营造"人民正义"的假想,挟持民众的道德情感,高举正义的大旗,煽动人民采取一切手段对"邪恶"的精英阶层进行审判。网民在"后真相"制造的阶层对立中,陷入个体与个体情绪激愤的互动,互联网上的虚拟身份更使其忽视了自己的个人身份。现实的不如意,使得需要释放戾气的民众将自己作为某一群体的身份视作骄傲的标志,例如近几年互联网中爆发出现的"饭圈"行为,正是网络民粹主义在中国网络环境中最显著的体现。粉丝为了维护自己的偶像,屈从于群体的感性释放,对"对家爱豆"进行污蔑、造谣与辱骂,在不自觉的过程中成为"后真相"的制造者与传播者。为了使所属群体的立场处于支配性地位,各方观点会趋于极端化、偏激化,从而聚集成网络民粹主义群体。这种"群体身份大于个人身份"和"不满者相遇"的现象符合勒庞(Gustave Le Bon)所论证的"乌合之众"的态势。[1]

不可否认的是,二元极化的戾气发泄来自社会转型过程中平民不满情绪的积累。群众希望通过社交媒体提升个体话语权,其本质是民众面对社会的未知性而产生的紧张感、焦虑感和不安全感。"后真相"新闻放大了社会的现实问题,加剧个人在日常社会中的个人防御感,住房、就业、养老、医疗等社会矛盾逐渐形成了全民性的社会焦虑。在个体原子化的社会下,社会的对立与偏见通过网络虚拟平台得以宣泄。但是,网络民粹主义者试图通过借题发挥,塑造矛盾和冲突以倒逼政府解决社会矛盾,民意无法以理性的情绪进行合理的陈述,反而将所有矛盾与问题推向针锋相对的偏激表达。久而久之,对立和冲突成为民众面对社会争议时的惯性思维。这不但不能促进社会矛盾的消弭,反而会让政府疲于解决沸腾的民怨和极端化的冲突。无论对于政府推行国家治理现代化

---

[1] Gustave Le Bon, *The Crowd: A Study of the Popular Mind*, North Chelmsford: Courier Corporation, 2002.

建设,还是人民追求良好的社会生活环境,这些都是绊脚石。

(二) 价值倾覆下的道德审判

与现实的民粹主义相比,网络世界构建了平民大众的第二个世界。它打破了人们在出身、阶级、财产、年龄、性别、职位、等级等各个方面的差异,让人们平等地进入一个虚拟的共同体之中。在虚拟的共同体中,个体不再受制于现实社会的道德枷锁,往往会在匿名性的网络世界中颠覆现实生活的正常逻辑,表达人性中阴暗的部分。在互联网世界,由于追溯责任的滞后,发布谣言、传播碎片化的"后真相"信息并不一定会立刻受到追责。同时,网络参与者"法不责众"的心态使得他们乐于作为旁观者"看热闹"。因倾向相似而结合形成的群体具有极强的同质性,由此形成的集体无意识会使网络参与者失去对道德判断的自觉性,给"后真相"的生长提供温床。在这种全民娱乐化与非理性的情绪呈现下,互联网的道德底线被不断突破,主流的意识形态话语被抛弃与解构,颠倒黑白、混淆是非的民粹式言论得以泛滥,造成群体的价值倾覆。

群体价值倾覆的蔓延会导致"人民审判""平民无罪"以及"美化罪责"的现象。在精英主导的社会改革之下,平民以批判者的身份入场,对于不符合所属群体的事件与政策进行偏激的辱骂与诋毁,摒弃对法律与司法的信任。网络民粹主义者对于触犯道德底线者进行的,不是法律与道德意义上的公正评判,而是非理性的网络暴力。这些群体往往不会评估网络暴力的合法性,当网络暴力可以让他们获得"伸张正义后无上的道德感"时,民粹主义者便会退场寻找下一个审判目标。然而,网络暴力是基于立场与情感之下的集体无意识活动,并不是程序性的法理型审判,这意味着网络民粹主义的参与者并不重视"真相"是否被揭示,他们只沉浸在"后真相"下"道德审判"的满足感之中。民粹主义代表的是现实中处于弱势地位的平民,使得"道德审判"通常是对"富人""精英"的审判。当某一公共事件的冲突双方是"平民"vs"精英"时,弱者的身份会在审判中被无限放大,强者成为所有罪责的承担者。与此同时,平民通过制造"后真相"的舆论,扩散二元对立的道德绑架话语以产生寻求更大范围的情感共鸣,证据和法律在民意与舆论面前显得弱不禁风。另一个显著的表现是,网络民粹主义者对于争议性事件的态度都是"立即解决",这是建立在"民意至上"的话语构建之下的,主要表现为:当现实生活中出现较为恶劣的犯罪案件,或是产生了伤害人民利益的不良事件时,网络舆论的态度都是"立即严惩犯罪嫌疑人""立即执行严酷的刑罚"以及"立即将涉事官员绳之以法"。当群众认为当事人的行为突破了个体理性的底线时,便会将司法公正与程序正义抛掷脑后,试图在互联网上用"舆论的审判"替代"司法的审判"。更值得注意的是,在汹涌的民粹舆论压力下,一些地区的政府为了维护社会稳定,跳过司法审判,向民众直接表达承诺,这对法治社会建设造成了严重的冲击。

德沃金(Ronald Dworkin)在《法律帝国》中指出:"司法应当按照公平与正义理念,尽可能做出能够在政治道德上得以证成的判决……正直且一致的法律的终极精神在于赋予政治社群中的每一个人以平等与尊重。"① 正义与平等作为人类社会的基本价值取向,是人类社会不懈追求的崇高理想与信念,所有个人在政治生活中,无论是在现实世界还是在虚拟空间,都有资格得到平等的尊重与关怀。然而,网络民粹主义者抛弃法律的原则,以群体的立场与情感进行网络暴力与道德审判,在一定程度上违反了政治社群中最基本的道德伦理。"后真相"对价值的倾覆使网络民粹主义群体抛弃了对理性的皈依,将朴素正义扭曲成网络世界的"平庸之恶"。② 当"沉默的大多数"不再沉默并且站在道德的制高点对争议事件的当事人进行"网络暴力"与"道德审判"时,他们就剥夺了这些当事人在政治生活中获得平等尊重和关怀的权利。"后真相"的负面影响在于,网络受众无法接触到事件的真实情况,他们往往被预先营造、片面加工的虚假信息所蒙蔽,以至于他们的"道德审判"行为成为

---

① 罗纳德·德沃金:《法律帝国》,许杨勇译,上海:上海三联书店,2016年。
② Elizabeth Minnich, "The Evil of Banality: Arendt Revisited", *Arts and Humanities in Higher Education*, Vol. 13, No. 1-2, 2014, pp. 158-179.

"自觉"。由此观之,"多数人正义"所代表的极端网络民粹主义必须得到足够重视。

四、结语:"后真相"时代政治面临的挑战
——事实颠覆与话语操作

在"后真相"时代的政治环境中,群体对情感和价值的集中表达,使得人们对"什么是真相"或"什么是事实"的分野问题表现出无关紧要的态度。相反,政治权力对事实的颠覆和话语的操作创造的对于世界的非理性观念,成为人们在"后真相"时代追捧的价值意义。在这个过程中,"后真相"颠覆传统的话语模式,构建了新的话语模式,即"政治谎言并不是为了建立信任,而是为了加深选民的偏见;对真相并非被伪造或产生了争议,它只是在政治生活中失去了重要性"①。人们深陷于一种对"真相的客观性"充满亵渎的政治生活中,政客们宣传的"真相"与公众在网络平台上接触的"真相"之间存在着偏差。当"真相"被个别利益群体进行颠覆与操作时,一切理性诉求变得微不足道,个人的主观情感和立场逐渐成为人们认识世界和开展价值判断的主导因素。

网络平台给予"后真相"政客们充分的操作空间,他们为了攫取政治利益出现了"表演型政治"的特点,即通过话语、情感使用互动策略,目的是在公众面前建构出关于自身的形象。② 网络社会媒体的井喷式发展,使得"表演型政客"得到构建"人设"的机会,创设了绝佳的广场政治天然表演舞台。广场政治的力量不仅来自演讲者,更来自观众的情绪感染。传统的广场政治,其较小的规模能使理性与感性处于较为平衡的位置;然而,新的传播媒介使得广场政治的影响力数以百倍地扩大,社交媒

---

① Peter Lor, "Democracy, Information, and Libraries in A Time of Post-Truth Discourse", *Library Management*, Vol. 39, No. 5, 2018, pp. 307 – 321.
② 邓理:《技术变革与政治变迁——互联网对西方民粹主义的多重赋能》,《理论月刊》2020年第8期。

体把这种给予群体情绪的广场政治发挥到极致。当社会出现热点事件,社交媒体上通常就会出现舆论爆发。在群体的情绪下,个人原初的道德感和正义感敦促人们对事件进行表态与转发。至于事件的真实性,则并没有什么人真正关心,这个过程中的关键是人们的情绪,而政客们利用了这一点。当他们发现使用非理性的话语比陈述客观的政见更能够获得选票时,掩盖公共议题的真实性,用反智的故事来煽动情绪成为最有效的策略与工具。当越来越多的政治家为了获取支持,颠覆事实,挑动人民的情绪,极端化、非理性化的网络民粹主义生成,似乎就是不可避免的情况。

"后真相"政客们对真相的话语进行操作,主要表现为用抽象概念代替具体概念,用大概念代替小概念,混淆人们的事实判断和价值判断,营造似真非真、似错非错的话语环境,借题发挥使其获得一定的同情与支持。例如,当某一个群体受到某一精英的伤害时,这一群体会将情况描述成人民遭受了来自精英整体的不公正对待。这样的话语操作对政治秩序是极其危险的,如果权力话语一味地诉诸煽动和迎合人们的非理性情绪,掩盖真相与虚假之间的鸿沟,那么席卷而来的网络民粹主义将会充斥本就弥散着意见的网络环境,不断消解着人们对知识和理性的信念。到那时,国家的政治秩序将不再以理性作为根基;相反,狂热且积极的非理性思潮将左右未来世界政治的前进方向。

Internet Popularism in the Era of "Post-Truth"

He Donghang, Wu Junru

Abstract: Internet populism is a social ideological trend that has taken over the field of cyberspace nowadays. It has been gradually creeping into the real world and poses a powerful challenge to the stable political order in the form of anti-authority and anti-elite. In the path of internet populism extending from cyberspace to the real world, "post-truth" has emerged as fragmented and blurred information. Through factual subversion and discursive manipulation, it provokes the public's rational nerves by catering to the emotions and psychology of the target audience. Simultaneously, internet populism uses expressions such as assertions, speculation, and feelings to reinforce or polarize a particular viewpoint or even create false rumors directly. Under such circumstances, the truth has become less of a priority than attitudes and "moral judgments". Predictably, the coupling of "post-truth" and internet populism brings many uncertainties to the rational development of future politics.

Keywords: post-truth, online populism, factual subversion, challenge

南京国民政府初期江苏省地方自治组织建设研究

项浩男*

摘要: 地方自治和直接民权是孙中山政治理念的重要组成部分。南京国民政府成立后,制定并颁行由《县组织法》及辅助性法规构成的地方自治法律体系,是推行地方自治的依据和指南。江苏省作为国民党政权统治的核心地区,是施行地方自治最有力的省份。《县组织法》颁行前,江苏省推行融行政控制与地方自治于一体的市乡行政局制和村制,为建设地方自治组织奠定了基础。《县组织法》颁行后,江苏省制定详备的实施计划,采取多种举措,相继完成区、乡镇、闾邻各级地方自治组织的建设工作,形式上重塑了基层政治的组织形态。然而,受人才匮乏和经费困窘所限,各级自治组织运转成效不佳,各项自治事业无法运转,地方自治徒有其名。从实质上看,地方自治是国民党政权巩固政治合法性的重要手段,其之所以难以达成预期目标,根源于简单僵化的公共规则与复杂多样的地方情形之间存在张力,制度设计脱离现实。总体而言,江苏省在《县组织法》框架下建设地方自治组织的历程,是践行孙中山政治理念的一次尝试,是考察和反思国民党政权国家建设成效的窗口。

关键词: 《县组织法》 地方自治 江苏 区公所 自治经费

1928年6月12日,南京国民政府发表《对内宣言》,宣布全国统一,

---

* 项浩男,中央民族大学历史文化学院讲师。

军政结束，训政开始。① 在训政时期，为孙中山政治理论体系奠基的《三民主义》《五权宪法》《建国大纲》《地方自治开始实行法》等重要著作，被国民党奉为"中华民国最高之根本法"②。地方自治和直接民权是孙中山政治理念的重要组成部分，在孙中山的建国理论和程序设计中，以县为基本单位的地方自治是建立民国的基础，分县自治的最终目的是实现真正民治，即直接民权。③ 9月15日，南京国民政府颁布《县组织法》，之后又加以修订，并陆续颁布《县组织法施行法》《区自治施行法》《乡镇自治施行法》等若干辅助性法规。《县组织法》是全面抗战前有关县制的基本法律，是将孙中山地方自治、直接民权的政治理念转化为政治制度的重要尝试，是南京国民政府初期建设县及县以下各级组织、推行地方自治的依据和指南，体现其改革基层政治的愿景和规划。

按照南京国民政府于1929年6月5日颁布的《县组织法（修正）》的规定，一个县的全部组织被分为行政和自治两个系统：前者包括县政府及所属科、局；后者由区、乡镇、闾邻构成。④ 相关辅助性法规比较全面地规划了地方自治的施行步骤。既有研究对《县组织法》框架下的地方自治建设给予了一定关注，但大多侧重于法规条文层面的梳理，较少探究自治组织的构建过程与实际运作情况，充实的个案研究亦付诸阙

---

① 《时局关系重要文件汇存·国府对内宣言》，《国闻周报》1928年第24期，第2页。
② 《根据总理教义编制过去一切党之法令规章已成一贯系统，确定总理主要遗教为训政时期中华民国最高根本法案》，载荣孟源主编：《中国国民党历次代表大会及中央全会资料》上册，北京：光明日报出版社，1985年，第654页。
③ 孙中山：《在"俄国皇后号"邮船上的谈话》，载王耿雄编：《孙中山集外集补编》，上海：上海人民出版社，1994年，第290页。
④ 《县组织法（十八年六月五日重订）》，载立法院编译处编：《中华民国法规汇编》第1—2编，上海：中华书局，1934年，第1034—1035页。修正后的《县组织法》在本文中统一用《县组织法（修正）》表示。

如。① 江苏省是南京国民政府统治的核心区,在实施《县组织法》方面具有典型性和代表性。本文以南京国民政府初期的江苏省为研究对象,全面深入地描画县以下自治组织的建设历程,呈现过渡时期重塑基层政治形态的复杂面貌,客观评价其所得与不足,揭示在背后发挥影响的机制,并以此作为考察国民党政权国家建设成效的窗口。

一、从理念到法规:《县组织法》框架下的制度设计与施行计划

地方自治和直接民权是孙中山政治理念的重要组成部分,与三民主义、五权宪法、革命程序论等主张相结合,形成了一套系统、完整的政治理论体系。孙中山认为,"政治之所以不完善,实地方自治未发达。若地方自治既完备,国家即可巩固",建设民国"当先从办理地方自治着手"。② 在《建国大纲》中,孙中山将民国建设之程序分为军政、训政、宪政三个阶段。训政是非常重要的过渡时期,在训政期间,"政府当派曾经训练考试合格之员,到各县协助人民筹备自治。其程度以全县人口调查清楚,全县土地测量完竣,全县警卫办理妥善,四境纵横之道路修筑成功,而其人民曾受四权使用之训练,而完毕其国民之义务,誓行革命之主义者,得选举县官以执行一县之政事,得选举议员以议立一县之法律,始成为一完全自治之县",当"一省全数之县皆达完全自治",即为训政结

---

① 相关研究成果如魏光奇:《官治与自治:20世纪上半期的中国县制》,北京:商务印书馆,2004年;黄珍德:《区乡自治与地方社会——民国〈县组织法〉框架下广东地方自治研究》,北京:人民出版社,2018年;陈明胜:《第三领域:近代江苏地方自治研究(1905—1937)》,南京:江苏人民出版社,2020年;李学峰:《南京国民政府时期关于县自治的探讨和设计》,《济南大学学报》(社会科学版)2017年第1期;黄珍德:《南京国民政府初期地方自治制度探论》,《中南大学学报》(社会科学版)2017年第5期;李畔晔:《孙中山地方自治思想与南京国民政府的实践》,吉林大学博士学位论文,2012年。
② 孙中山:《在浙江省议会的演说》,载《孙中山全集》第3卷,北京:中华书局,1984年,第345页。

束和宪政开始的标志。① 因此,推行地方自治是训政时期的重要任务,由县至省最终至国循序渐进的自治是孙中山规划的建国道路。②

孙中山是国民党重要的政治遗产,在北伐期间是号召革命、凝聚人心的旗帜,在政权建立后是增强执政合法性、塑造正统的标志,其政治学说是国民党政权从事政治建设、推行各项法规和政策的根本依据。1928年2月初,蒋介石在国民党二届四中全会上提出"要以《建国大纲》为施政之最高原则,确定军政、训政、宪政各个阶段的具体施政方案"③。此次会议通过的宣言也强调,今后"依照《建国大纲》规定之程序,切实努力训练人民对于政治之运用与认识"④。这意味着名义上即将完成统一任务的国民党,势必要按照孙中山的建国构想和程序逐步将地方自治付诸实践。

孙中山主要着眼于理论层面的思考和建构,缺少实践经验。将政治理念落实为政治运作,首先需要制度设计,构建彰显政治理念权威和原则的规范体系与法律秩序。1928年9月15日,南京国民政府颁布《县组织法》,这是国民党政权前期关于县制的基本法律,是施行地方自治的主要依据。《县组织法》体现了地方自治、直接民权的主旨,但又有所调整。该法没有遵照《建国大纲》的规定明确县为自治单位,将县及县以下组织划分为行政和自治两个系统,前者由县政府及所属科、局组成,后者包括区、村里、闾邻各层级。地方自治被下移至区以下施行,由区公所、村里公所、闾邻长掌理各级自治事务,受县政府的指导和监督。公民在不同层级的自治组织中可遵循相应程序行使四权,如区民可选举区长和

---

① 孙中山:《国民政府建国大纲》,载《孙中山全集》第9卷,北京:中华书局,1986年,第127—128页。
② 黄珍德:《孙中山地方自治的政治理想与现实考虑》,载中国社会科学院近代史研究所编:《纪念孙中山诞辰140周年国际学术研讨会论文集》上卷,北京:社会科学文献出版社,2009年,第466页。
③ 《蒋中正的提案》,载曹必宏主编:《中国国民党历次全国代表大会暨中央全会文献汇编》第4册,北京:九州出版社,2012年,第46页。
④ 《第二届中央执行委员会第四次全体会议宣言》,载曹必宏主编:《中国国民党历次全国代表大会暨中央全会文献汇编》第4册,北京:九州出版社,2012年,第224、228页。

监察委员会,对区公约及自治事项有创制权和复决权,对违法失职的区长有罢免权。不过,在民众接受自治和民权训练前,不能举行民选,区长由县长遴选,呈请民政厅委任;村里长由村民大会或里民大会选出加倍人数,由县长择任。①

民国时期的县政研究者称赞《县组织法》"是县自治的典范,推进自治事业的基本法规"②。凯尔森曾指出:"一个动态体系的诸规范,只能由那些曾由某个更高规范授权创造规范的那些个人通过意志行为而被创造出来。这种授权是一个委托。"③从这个层面讲,国民党政权制定《县组织法》,实质上是将地方自治和直接民权的基本精神以法律形式兑现,规定具体内容,使之成为规范体系中的一环从而具有效力,这一制定法的形成借鉴了既有现实经验。《县组织法》中关于村里闾邻的规定,源于阎锡山在山西推行的村制。1928年6月,阎锡山向国民党中央政治会议提议将山西村制推行全国,此举获得了积极回应:"现内政部法制局正草拟县组织法,自应尽量采纳。"④遂有"中央内政部订制乡村自治法令,多半采自山西"⑤的评价。

鉴于《县组织法》内容繁复,为督促各省尽快施行并完成各项任务,1928年9月21日,内政部部长薛笃弼拟定了《县组织法分期施行一览表》呈送国民政府审核。该表将《县组织法》的主要事务分三期举行:第一期,改组县政府;第二期,成立区组织,划定区的范围,由县长选任区长,组建区公所;第三期,成立闾邻和村里组织,即选举产生邻长、闾长,召开村民、里民大会,选举正副村里长,组建村里公所。《县组织法》的

---

① 上述关于《县组织法》的内容均引自《县组织法(中华民国十七年九月十五日)》,《国民政府公报》1928年第92期,第1—7页。
② 孙克宽:《县组织法与县自治法》,《县政学报》1944年第2期,第24页。
③ 凯尔森:《法与国家的一般理论》,沈宗灵译,北京:中国大百科全书出版社,1996年,第127—128页。
④ 王赐余:《村村无讼家家有余的解释(二续)》,《山西村政旬刊》1929年第10期,第26页。
⑤ 梁漱溟:《北游所见记略》,载《梁漱溟全集》第4卷,济南:山东人民出版社,1991年,第888页。

实施范围为 19 个省,按照完成期限的先后分为四类,作为南京国民政府统治的核心区,江苏省应最早完成全部任务:第一期限于 1929 年 1 月底完成,第二期限于同年 7 月底完成,第三期限于 1930 年 1 月底完成。① 从改组县政府到完成闾邻自治组织,全部时间仅一年。就此项施行计划看,县以下自治组织的建设是由行政主导的自上而下的过程,村里闾邻放在了最后施行,区长民选和县参议会索性暂不举办。

各省在施行《县组织法》之初便遇到问题,纷纷致电内政部,请解释各项疑义。为了解各地实际情形和具体意见,内政部于 1928 年 12 月 5 日召集江苏、浙江、福建、安徽、江西五省和南京、上海两特别市召开第一期民政会议。会议收到民政类提案 158 项,关于地方自治的有划分自治区域、训练区长、筹措区组织经费、训练村里长及闾邻长、筹集村里经费等。② 审议通过的议案经内政部整理后提交行政院和立法院审查,立法院以之作为修订《县组织法》的依据。1929 年 6 月 5 日,国民政府正式公布《县组织法(修正)》,与原版相比,关于自治系统的条文主要有三点变化:第一,明确提出筹备自治的重要性,在"县政府"一章增加了有关县长民选的条款。第二,调整区以下层级,由"区—村里—闾—邻"变为"区—乡镇—闾—邻",因为"村"是各地常见的自然单位,其规模与法定的"村"多有出入,且易造成旧村与新村称谓混淆不清,故将"村里"改为"乡镇"。③ 区的范围由至少 20 个村里组成调整为以 10—50 个乡镇组成。第三,将区长民选的时间由《县组织法》施行两年后缩短为一年后,县参议会于区长民选时设立,区长民选成为完成地方自治、设立自治机关的重要标志。

时人称:"因为现在刚刚训政开始,事实上还没有能够完全走入法治

---

① 《内政部长薛笃弼呈国民政府为与法制局会商拟定县组织法分期施行一览表请采择施行》,1928 年 9 月 22 日,台北"国史馆"藏国民政府档案,数位典藏号:001-012071-00107-004。
② 具体可参见内政部第一期民政会议秘书处:《内政部第一期民政会议纪要》,上海:商务印书馆,1929 年。
③ 谢振民编著:《中华民国立法史》(下),郑州:河南人民出版社,2016 年,第 831 页。

的轨道。"①为切实指导各地尽快完成县及县以下组织的建设工作,南京国民政府相继颁布一系列辅助性法规,使得以《县组织法》为核心的地方自治法规体系愈加完备,法律秩序逐步确立。1929年10月2日,南京国民政府颁布《县组织法施行法》,该法以国民党三届二中全会通过的《完成县自治案》为蓝本,意义共有三点。第一,扩大《县组织法》的施行范围,明确完成地方自治组织的期限,全国28省分为四类,江苏仍属最先完成的省,限于1930年6月底完成。第二,规定了举行区长民选、成立县参议会的具体步骤:各县政府应在两个月内划定自治区,编定自治乡镇;自治区划定后,各省民政厅应在一个月内委任区长;区长就职后,应在一个月内划定乡镇区域,组织区公所,限期召集乡镇民大会,选举乡镇长、副乡镇长、乡镇监察委员,并依法组织乡镇公所;乡镇长就职后,应于两个月内依法划定闾邻,分别召集闾邻居民会议,选举闾邻长;《县组织法》施行一年后,省政府应派员考查各县区乡镇组织情形,汇报内政部,合格者准许区长民选,同时得依法组织县参议会。第三,规定了各县实现完全自治的条件及期限。区长民选、县参议会成立一年后,各省政府考核各县户口、土地、警卫、道路及人民行使四权情形,符合《建国大纲》第八条规定者可成为完全自治之县。②

为给各省提供清晰、具体的施行指南,内政部依据《县组织法施行法》制定了两项计划供各省参照执行。第一项是《训政时期完成县自治实施方案内政部主管事务分年进行程序表》,在时间上将自治推行程序分为6期,1929—1934年每年为一期;内容上分为10个纲领,包括厘定自治系统、储备自治人才、确定自治经费、完成县市组织等,每个纲领下面又有分目。根据《程序表》的设计,"组织区乡镇闾邻"限于四年内完成,1930年成立区乡镇闾邻各级自治组织,运行一年后,于1932年实行

---

① 中侠:《对于修正省县组织法的贡献》,《江苏评论》1929年第3期,第9页。
② 《县组织法施行法(中华民国十八年十二月二日国民政府公布)》,载中央地方自治计划委员会编:《地方自治法规辑要》,南京:正中书局,1936年,第57—61页。

区长民选,并选举县参议员、成立县参议会。① 第二项是《训政时期县政府实施地方自治范围步骤及方针说明书》,对《程序表》中的重要事务进行详细解释。该说明书要求"在组织上应自上而下,以便督率,而自治实现之阶段,则以下层为起点,即先从闾邻着手,继以乡镇,依次推及于一区一县,各完成其筹备自治之工作"②。

在拟定《县组织法施行法》的同时,立法院依据《县组织法(修正)》的相应章节和条文,起草了《乡镇自治施行法》和《区自治施行法》,由南京国民政府颁布,定于10月10日起施行。③ 这两部法律对区和乡镇两级自治机关的机构设置、人员任免、职权范围等做出了全面规定。之后,内政部又相继公布了《乡镇公民宣誓登记规则》《乡镇闾邻选举暂行规则》等规章。上述《说明书》《程序表》与各项具体法规共同构成了一个有机整体,成为指导各省、各县推行地方自治、完成县区乡镇闾邻各级组织建设的行动指南。

上文所述主要集中在南京国民政府层面,意在从法律秩序与规范体系的角度呈现地方自治在国民党政权施政规划中的地位,描述以孙中山的政治理念为宗旨,以《县组织法》为主干,以《县组织法施行法》等相关法规为辅助的地方自治法规体系的构建过程。这些法律规章的最高效力,无疑源自孙中山的权威。南京国民政府立法院、行政院、内政部等机构通过制定一系列法律规章和实施计划,在制度层面将地方自治的基本原则、主要内容、组织形式、职能行使以及施行步骤等确定下来,形成一个逻辑顺畅、层次分明的法律秩序。这是解决如何将孙中山的政治理念

---

① 《中国国民党中央执行委员会政治会议函国民政府为训政时期完成县自治实施方案内政部主管事务分年进行程序表经该会议修正通过请查照令行政院分别转饬所属遵照办理并令立法院考试院等知照》,1929年12月7日,台北"国史馆"藏国民政府档案,数位典藏号:001-051212-00001-021。
② 《行政院长谭延闿呈国民政府主席蒋中正据内政部呈送训政时期县政府实施地方自治范围步骤及方针说明书转呈鉴核赐转》,1929年12月4日,台北"国史馆"藏国民政府档案,数位典藏号:001-051212-00001-016。
③ 《乡镇自治施行法(十八年九月十八日公布)》,《国民政府公报(南京)》1929年第273期,第3—14页;《区自治施行法(十八年十月二日公布)》,《国民政府公报(南京)》1929年第285期,第1—11页。

付诸实践这一根本问题的最重要举措,也是将理念与现实连接起来的桥梁。需要指出的是,国民党政权并非照搬孙中山的主张和设想,而是在制定法律的过程中有所增减和调整,但大体方向没有变化。

二、打造枢纽:《县组织法》框架下的区组织建设

江苏省是南京国民政府的统治核心区,是改革基层政治组织的先行地区。在建设地方自治组织方面,该省以南京国民政府中央颁布的法规为依据,先后制定了三份实施计划。第一份完全遵照薛笃弼拟定的《县组织法分期施行一览表》。第二份是在《县组织法(修正)》颁布后,因自治组织的名称、规模有所调整,江苏省民政厅制定了《区及乡镇自治事项临时办法》,将全省各县完成区及区以下各级自治组织的过程分为三个阶段:第一阶段是完成区组织,分为划分自治区、成立区公所和任用工作人员三个步骤,限于1929年8月15日前办竣;第二阶段是完成乡镇间邻组织,分为划分乡镇、选任乡镇长副、成立乡镇公所三个步骤,限于1929年8月30日前办竣;第三阶段是完成间邻组织,分为训练乡镇长副、编制间邻、选举间长和邻长三个步骤,限于1929年9月底之前办竣。① 第三份以《县组织法施行法》为蓝本,1929年10月29日,江苏省政府委员会议决通过了《江苏省完成县组织法实施进行程序》,该程序分为县政府及各局之组织、区公所之组织、乡镇公所之组织和间邻之组织四部分,按月编排具体事务,要求在1930年6月底之前完成自治组织的建设工作。② 从历史脉络看,江苏省于1928年底开启地方自治组织的建设进程,相继遵循前述三份计划安排具体事务,但最终是以第三份计

---

① 《区及乡镇自治事项临时办法》,载董修甲编著:《中国地方自治问题》第5卷,上海:商务印书馆,1936年,第549—551页。
② 《江苏省完成县组织法实施进行程序》,《江苏省政府公报》1929年第284期,第1—2页。

划为主要依据的。

1927年5月2日,江苏省政府在南京宣布成立。省级行政组织架构基本建立起来后,7月下旬起,省政府着手调整县及县以下政治组织,先后颁布《暂定江苏省各县村制组织大纲》和《江苏省市乡行政组织大纲》,规定县以下基层政治组织自高至低依次是市乡、村、闾邻,融行政控制与地方自治于一体的市乡行政局制和村制是江苏省在《县组织法》颁行前一年多的时间内推行的基层政治制度。日后《县组织法》框架下的地方自治建设实际上是在此基础上进行的,从市乡行政局制到区公所制的演变历程,恰是既有研究忽视之处。

(一)市乡行政局制的短暂施行

《江苏省市乡行政组织大纲》规定县与村之间的行政层级为市乡,其区域暂以原定之自治区域为准,即20年代初北洋政府推行地方自治时划定的市乡区域——在县以下划分市乡,分别选举市乡自治会和市乡自治公所作为议决和执行自治事务的机关。① 北洋政府的市乡制度名义上自治意味较浓,江苏省仅承接各市乡原辖区域,改革了组织和职权。在省政府看来,军事结束后,地方建设不容或缓,而地方行政制度尚未从新规定,运行殊多窒碍。② 按照《大纲》的规定,市乡行政机关为市政局、乡政局,各设局长一人,直接受县政府监督指挥,综理该市乡行政事务,包括财政公债、公安风纪、土地测量等12大类。为处理这些行政事务,市乡行政局下设总务、财政、公安、教育、建设各股,各股设股员一人。局长和股员由县长遴选本市乡公正人员委任,并呈报省政府、民政厅及各主管机关备案。市乡行政费以原有之各区自治经费充之。③ 按前述

---

① 《市自治制(中华民国十年七月三日)》《乡自治制(中华民国十年七月三日)》,《政府公报》1921年第1926期,第87—104页。
② 《苏市乡行政新组织》,《新闻报》1927年8月3日,第5版。
③ 《江苏省政府常务委员钮永建等呈国民政府为拟具江苏省施政方针草案并暂行县政府组织条例县长条例等案请鉴核备案》,1927年8月1日,台北"国史馆"藏国民政府档案,数位典藏号:001-012071-00171-005。

规定,原本为地方自治机关的市乡转变为行政机关,发挥联结县与村的枢纽作用,职权和人事全部由上级行政机关掌管。

尽管《暂定江苏省各县村制组织大纲》颁布时间稍早,但"实行村制案,决议由各行政局举办,先调查户口,再推荐村闾长"①,即县以下组织的建设遵循由上级行政机关自上而下指导的原则,因而各县首先着手将市乡自治公所改组为市乡行政局。在实施步骤上,各县大多先成立市乡行政筹备处或委任市乡筹备委员,基本脱胎于原市乡董事会或市乡公所。如吴县于1927年10月将各市乡董事会改组为市乡行政筹备处,各市乡董分别委为市乡行政局长,其中也有撤换而新委者。② 在经济繁盛的大县,市的规模较大,由县长兼任市政局长。③ 据统计,截至1928年底,江苏全省设305个市行政局,721个乡行政局。④

从各县实际情况看,将原市乡自治公所及市乡自治会改组为市乡行政局并非难事,行政局成员大多由原班人马改任,或由地方具有影响力的绅商充任,这种换汤不换药式的改组引来了舆论指摘,吴县各市乡行政局即被揶揄为"富豪的集会所",出入之人"大都是一辈富者和占有一方势力的人"。⑤ 江苏省政府在政权建立初期推行市乡行政局制的主要目的是重塑政治秩序,通过改变基层政治组织的形式确立新的统治原则,在这一新旧交接的过渡时期,加强对地方的控制、稳定地方秩序显然要优先于施行地方自治。

（二）划分自治区

1928年9月15日,《县组织法》正式颁行,内政部拟定的《县组织法

---

① 《宜兴·市乡行政会议纪略》,《新闻报》1928年5月15日,第10版。
② 《各市乡董实行撤销》,《苏州明报》1927年10月8日。
③ 无锡县各市乡行政局在1928年春全部成立,其中无锡市政局规模较巨,局长由县长兼任。无锡市政筹备处编印:《第一回无锡年鉴》,1930年,"政治部分"第46页。
④ 江苏省地方志编纂委员会编:《江苏省志·民政志》,北京:方志出版社,2002年,第180页。
⑤ 《我为区长贡献一言》,《苏州明报》1929年8月31日。

分期施行一览表》规定江苏省"划定县区,成立区公所期限,自1929年2月1日施行起,至是年7月底完成",民政厅认为"本省为中央政府所在地,亟应及早筹备,以利进行而树模范",遂于1928年12月制定了《江苏省自治区域划分办法》,令各县在收到命令一个月内完成划区,并绘制详细分区地图呈送民政厅核查。① 刚刚成立的市乡行政局马上面临新一轮改组。前述划区办法规定此事由县长召集各科长、局长及各市乡行政局长会商决定,依照面积、地形、户口、经济力、民性五条标准综合评定。② 每县自治区域以5区至15区为度。③ 办法颁布后,江苏省各县自1929年1月起陆续开始划区,吴县、宝应、江阴、六合、南通等县开展比较顺利,1—3月间相继完成划区工作。④ 仅2月就有十余县将详细的划区地图呈报民政厅⑤,其他县即便办理相对迟缓,也基本在7、8月间完成了划区工作。在具体操作上,各县大多以原市乡行政局辖区为单位,或将几个市乡合并,或将规模较大的市乡拆分。前者如江都县,该县政府于1929年初召集各市乡行政局长开会,议决划分为十区,每区以若干市乡组成,少者包含五六个,多者囊括十余个,划定之后对区重新命名。⑥ 后者如泰兴县,该县将较大的震东市、龙溪市、治平太和乡拆分,再分别与其他市乡合组为区。据该县所报告:"原有市乡区域或东西袤长,或南北狭直,故各区所辖市乡有割裂一部者,但征诸民性舆情,尚无不协和。"⑦合并与拆分市乡,触及这些原本独立的行政单元的切实利益——权力与经费,因此划区最主要的困难是市乡行政局长的阻力,如吴县政府于1929年1月15日召集各市乡局长讨论划区事宜,各市乡坚持吴县系三县二厅合并而来,区域辽阔为全省之冠,为行政便利计,均以

---

① 《令各县县长划分自治区域》,《明日之江苏》1929年第2期,第22页。
② 《江苏省各县自治区域划分办法》,《江苏省政府公报》1929年第111期,第22页。
③ 《增订本省各县区数标准令(十八年一月十日)》,载江苏省民政厅第一科编印:《法令辑要》下编,1929年,第97—98页。
④ 《划改自治区域》,《新闻报》1929年3月19日,第10版。
⑤ 《苏省区长训练所筹备近况》,《申报》1929年2月2日,第10版。
⑥ 《集议划分自治区域》,《新闻报》1929年1月24日,第10版。
⑦ 《呈报民政厅划定自治区域文》,《泰兴县政府公报》1929年第1期,第8页。

保存原有区域为请,因民政厅不同意方才作罢。① 无锡县也是如此,因划区方案牵涉三市二乡的归属问题,这些市乡都不愿意与其他市乡合并而丧失独立性,久商未决,前后拖延两个月。② 最终,县政府只得将原市乡直接改为区,不再合并。③

江苏省以人口多寡和事务繁简为标准对各区进行分等,规定人口在10万以上者为甲等区,8万以上者为乙等区,5万以上者为丙等区,不满5万者为丁等区,区等与各区的经费数量、成立区公所后的机构及人员设置有直接联系。④ 1929年3月16日,内政部颁布了《各县划区办法》,要求依照面积、地形、户口、交通、经济状况、人民习惯等六条标准划分自治区,在数量上,每县至少以四区为限,至多以十区为限。⑤ 江苏省划分区等的目的是便于分类管理,内政部则侧重控制区的规模和数量。1929年11月,江苏省将镇江等57县划区表呈送内政部,按部颁规定衡量,区数划分过多是突出问题,有18个县划区超过了10个,且个别县划分过于琐碎,如松江县没有甲等和乙等区,划分了2个丙等区和14个丁等区,青浦县全县划分为13个丁等区,表明这些县并未对人口规模较小的市乡进行适度整合。⑥ 鉴于此种情况,江苏省民政厅向内政部解释称:"本省人口稠密、商业繁盛,经济力亦较他省充裕,种种特殊情形,故规定数目较部定稍多。"⑦据1932年11月的调查,江苏61县共划分为608区,其中甲等区44个,乙等区42个,丙等区198个,丁等区324个。⑧

---

① 《呈报全县划区办法》,《时报》1929年2月27日,第3版。
② 《地方通信:无锡》,《申报》1929年4月18日,第9版。
③ 《第三次划区审查委员会会议记录》,《无锡县政公报》1929年第1期,"会议录部分"第7页。
④ 内政部年鉴编纂委员会编:《内政年鉴·民政篇》第1册,上海:商务印书馆,1936年,第B753页。
⑤ 《各县划区办法》,《江苏省政府公报》1929年第98期,第1页。
⑥ 《行政院长谭延闿呈国民政府主席蒋中正为据内政部呈报十九年一月各省办理县组织经过情形清册转呈备案》,1930年3月14日,台北"国史馆"藏国民政府档案,数位典藏号:001-042250-00002-007。
⑦ 《民厅呈报苏省划分自治区域情形》,《江苏省省政府公报》1929年第111期,第5—6页。
⑧ 《江苏省各县自治区数暨乡镇闾邻数一览表(二十一年十一月调查)》,《苏声月刊》1934年第5期,第288—292页。

（三）训练区长

按照相关法规的规定，自治区划定后，民政厅应在一个月内从训练考试合格人员中任命区长。为此，江苏省民政厅决定设立区长训练所。1929年1月，民政厅将《区长考试保送及应试办法》《江苏省区长训练所章程》下发各县县长，令其遵照办理。区长训练所训练时长三个月，学员由各县政府保送，须经考试合格后始得入学，各县保送学员应倍于所划区数，由民政厅确定。学员的基本资格为年龄在25岁以上50岁以下，身体健康，品行端正，向无劣迹，且须符合一定资格：或者受过一定程度的教育（中学及以上学校毕业）；或者具有基层工作经验（办理地方行政或自治事务二年以上著有成绩或办理党务著有成绩）；或者享有民间威望（在本县负有声望为民众所爱戴者），犯有反革命罪行、受褫夺公权处分者不得入所训练。① 各县县长应在1929年2月5日前将保送人员名单及相关资料呈送民政厅审核，各学员应在2月20日以前来镇江考试，科目为党义、国文、公牍、常识、个别谈话、体格检查。② 民政厅牵头组织了区长考试委员会、监试委员会，聘任了区长训练所各处主任，于1929年1月底完成了准备工作。至2月初，全省各县保送学员共1672人，各学员在3月初接受了笔试和口试，经民政厅审核后呈省政府批准，第一期共录取698人。③ 后因在训练过程中出现开除、退学等情况，自始至终完成训练者共685人。④

时人对区长训练所第一期学员的基本情况进行了统计，可大致看出江苏省区长后备人选的整体素质：

第一，年龄统计：25岁至35岁者约占78％，36岁至40岁

---

① 《江苏省区长训练所章程》，《明日之江苏》1929年第3期，第52页。
② 《区长考试保送及应试办法》，《明日之江苏》1929年第3期，第50—51页。
③ 陈祖荚：《江苏区长训练所概况》，《苏民》1929年第11期，第7—8页。
④ 顾俶南：《江苏省区长训练所第一届学员训练经过》，《明日之江苏》1929年第9期，第51页。

者占 12%，41 岁至 50 岁者占 10%。

第二，出身统计：以生长在乡村中者为大多数，约占全数 73%，生长于不繁华之城市中者约占 18%，生长于繁华城市中者占 9% 左右，故一般学员对于乡村情形及民间痛苦，皆能相当明了。

第三，学历统计：曾受高等教育者 150 人，中等教育者 471 人，其他教育者 73 人。

第四，职务统计：在教育界服务者 305 人，担任市乡行政局职务者 162 人，办理党务者 180 人，服务政界者 26 人，办理村自治者 16 人，服务警界者 13 人，从事农工者 10 人，服务新闻界者 9 人，服务财政与军界者 8 人，商界 7 人，医生 5 人，担任工务者 3 人，从事其他职业者 11 人，未任职务者仅十余人，而多数学员于职务之外，皆曾参加民众运动，至其服务年限，最高达 25 年，最低者亦在一年以上，大多数则在五六年之间。

第五，薪酬统计：学员入所前所得月薪最低者约 10 元，最高者约 200 元，多半在 25 至 40 元之间，平均约 30 元。其个人每年消费就调查统计所得，大都为 240 元，而其每年所需负担之经济大多需 500 元之谱，至各员之家庭经济状况（即其家庭所有财产之数值）以 1000 元至 5000 元者占多数，1000 元以下者约占全数 20%，1 万元以上者约占全数 10%。

第六，政党统计：国民党党员占三分之一。①

根据以上统计信息可知，各县的区长后备人选大多为青壮年，受过良好教育，在教育界工作及有过党务、行政、自治工作经历的人占绝大多数，虽然大多数学员居住在乡村，但家庭经济状况良好，家境殷实者不

---

① 顾俶南：《江苏省区长训练所第一届学员训练经过》，《明日之江苏》1929 年第 9 期，第 51—54 页。

少,总体来看这些学员基本上都是乡村中的新知识分子,是新一代地方精英。

第一期区长训练所于4月1日开学,教员均是一时之选,除国内大学毕业者外,有留学日、法、美、英、俄并得博士、硕士学位者,共50余位。① 训练内容分为党、政治、经济、军事四大部分,核心内容是三民主义、地方自治,以提升受训人员的自治认识、提高办理自治的能力为目标。② 课程包括三民主义、建国大纲、建国方略、政治学概要、经济学概要、社会学概要、地方自治概要、现行地方自治制度、公文程式、户籍、实业、水利等20余门。③ 为提升学员的实际工作能力,训练所安排了讨论课,分为社会调查、行政、财政、户籍、土地、公安、卫生、工务、教育、公益、经济等11组,讨论区公所在实际运行中面临的各种问题,比如内部组织及职权分配、经费收支、公款公产等。④

区长训练所最具特色的是其组织形式。为让学员适应区长工作,训练所将学员按照"村—间—室"编组,分为屏风、竹林、金山等7个村,如屏风村有学员104人,编为4间12室,竹林村有学员103人,编为3间10室。每村设指导员1人,从学生中选举村长1人,村副1人,另设村监察3人组织村监察委员会。训练所在村上设区,将7个学员村组成为京江自治区,设立区公所,选举产生区长1人,下设总务、公安、卫生、学术、演讲、教育、体育、游艺8股,每股设股长1人,股员若干人,由区长向训练所训育处推荐、委任。另选举区监察委员5人,组成监察委员会。⑤ 区长训练所制定了《京江自治区区公所组织规程》,详细规定区村制度的

---

① 沈沛霖(清尘)口述:《江苏文史资料》第112辑《耆年忆往》,沈建中整理,南京:《江苏文史资料》编辑部,1998年,第86页。
② 《江苏省区长训练所训练大纲》,《明日之江苏》1929年第5期,第2—13页。
③ 江苏省区长训练所教务处:《江苏省区长训练所课程纲要》,《明日之江苏》1929年第5期,第14—20页。
④ 顾俶南:《江苏省区长训练所第一届学员训练经过》,《明日之江苏》1929年第9期,第67页。
⑤ 顾俶南:《江苏省区长训练所第一届学员训练经过》,《明日之江苏》1929年第9期,第55—56页。

组织架构、各股职责、选举方法、全区代表大会的职权,以及区长、村长、间长、室长的职权,各级监察委员会的职权及区公所经费等,是一部非常规范的自治章程。① 训练所还从镇江县第一区划出 12 个镇作为实习区域,安排学员进行为期一个月的实习,从事户口调查、人事登记、土地调查等工作,并以此为基础划分乡镇、成立乡镇公所。这样的安排是一种新尝试,"实际练习自治的共同生活,以为他日办理区村间邻之实验"②。

1929 年 7 月 15 日,第一期区长训练所举行毕业典礼,685 名学员中有 631 人及格,54 人不及格。所有学员都由民政厅分派各县任实习区长,9 月底实习结束,之前综合评价及格者,如在实习期中未犯错误,一律发给毕业证;之前综合评价不及格者,如果实习结束经过考核确能胜任区政者,亦发给毕业证,准予毕业。③ 分发第一期毕业学员使得绝大多数县份的所有区长均一次性就位,有个别县空缺了一两个区,徐州地区的几个县空缺严重,铜山、丰县、萧县、睢宁等县没有区长到任,缺额达数十人。④ 鉴于"仍感人材缺乏之困难,是以就全省而言,匪特无人材众多之现象,且有供不应求之苦"⑤,省政府遂令民政厅举行第二期区长训练。第二期于 1929 年 9 月中旬举行考试,共录取学员 150 人,10 月 15 日开学授课。⑥ 鉴于第一期毕业生已开始实习,"第二期同学欲与之媲美,训练时间应较长久,训练方法应较精密,毕业后方能以充足之学识能力与第一期同学互相观摩也"⑦,故第二期训练长达六个月。

江苏省对区长训练颇为重视,时人对第一期学员的基本素质亦多持

---

① 《京江自治区区公所组织规程》,转引自顾俶南:《江苏省区长训练所第一届学员训练经过》,《明日之江苏》1929 年第 9 期,第 56—61 页。
② 顾俶南:《江苏省区长训练所第一届学员训练经过》,《明日之江苏》1929 年第 9 期,第 6 页。
③ 顾俶南:《江苏省区长训练所第一届学员训练经过》,《明日之江苏》1929 年第 9 期,第 73 页。
④ 《江苏省各县区长姓名一览表》,《区政导报》1929 年第 1 期,第 9—22 页。
⑤ 顾俶南:《江苏省区长训练所第二期训练实况》,《区政导报》1930 年第 10 期,第 2 页。
⑥ 《民政厅呈第二期区长考试经过情形》,《江苏省政府公报》1929 年第 314 期,第 9 页。
⑦ 顾俶南:《江苏省区长训练所第二期训练实况》,《区政导报》1930 年第 10 期,第 2—3 页。

肯定态度,各县亦期待"一俟录取训练后,归来为桑梓服务,或可一洗从前之积弊"①。但这些毕业生分赴各县各区从事实际工作后出现了不少问题,核心是新旧冲突,即接受了新政权举办的地方自治训练、代表着新政治理念的新式知识分子与原本在基层社会享有较高威望、在原政治组织中掌握权力的旧士绅之间的矛盾。在时人看来,区长训练所出身的青年区长"未能革除其年少气盛之恶习",虽然学识丰富,但缺乏社会经验,"而乡民习惯,每尊敬年高望重之旧式乡董,反藐视此辈神气活现之少年区长,故在在不能和协,改行区制后之成绩殆愈见其不佳耳"。②这种新旧冲突,根源于因政治理念更迭而带来的基层社会权势转换,这种转换由政治上的话语权、身份上的政治符号以及对政治组织的实际掌控共同促成。

由省政府集中派委区长到各县,有助于打破地方既有的权力格局与人际网络,然而吊诡的是,这些以"新"作为自恃资本的区长到任后表现恶劣者为数不少。翻阅1930—1931年的《江苏省政府公报》可知,民政厅发布的关于处分、惩罚、撤职各区区长的命令十分频繁,多达上百条,涉事区长或陷害无辜、违法渎职,或私征亩捐、敲诈钱财,或办事不力、无所作为,种种失当行为不胜枚举。江苏省政府也指令民政厅"对于任用区长,务宜格外慎重"③。鉴于前述原因,民政厅决定令各县对区长严加考核,成绩分为甲乙丙丁四等,甲乙两等准许继续工作,丙等需要接受补习训练,丁等予以撤职。④ 以阜宁县为例,该县划分为13区,区长均于1929年8月就职,自1930年6月起,县长分批次巡视各区,从办理自治成绩和委办各事成绩两方面考核各区长,除分甲乙丙丁四等外,另有申斥、记过、奖励、控告四项奖惩类别。总评结果为甲等区长2人,乙等区长3

---

① 徐祖绳:《扬中县县政概况》,《江苏》1929年第20期,第22页。
②《江苏各区长补受训练有感》,《钢报》1930年8月7日,第1版。
③《令厅慎选区长》,《江苏省政府公报》1930年第417期,第4页。
④《区长补习班计划大纲》,《江苏省政府公报》1930年第481期,第1页。

人,丙等区长5人,丁等区长3人。① 可见该县区长的水平相当一般。

(四) 组建区公所

第一期区长训练所学员分赴各县后,组织区公所一事便被提上日程,按照民政厅的要求,各区应在1929年8月15日前全部设立区公所。② 因之前划区时各市乡局长已参与其中,故整理财产和文件、交接工作等事困难不大。如昆山县将原有17市乡划为10个区,县政府将各区的预算编制就绪,各区设区长1人、助理员2人、雇员3人,区长业已到任,待乡行政局交接后便可正式开始工作。③ 常州、上海、宝山等县在8月上旬做好了准备工作,按期成立区公所。一些县虽然逾期,但大多在8月下旬9月初完成了区公所组织。④

尽管区公所相继顺利成立,但此时尚无关于区公所机构、人事、职权等方面的统一规定,《江苏省区公所办事细则》在1930年7月21日才经省政府审议通过。⑤ 最早颁行的规章是民政厅制定的《区及乡镇自治事项临时办法实施细目》,该《细目》分为区自治事项和乡镇自治事项两大部分。前者涵盖了区的划界和命名,区公所的机构设置和职权,区应办的各项事务,区长的资格、任期、奖惩,区务会议的议事规则,区公所经费收支等内容。如"区之事务"包括清查户口及人事登记、整理土地及垦辟荒地、修筑桥梁道路堤岸、保卫消防、卫生清洁、育幼养老、济贫救灾、发展教育、风俗改善等13项。⑥ 在区公所的组织和人事上,该《细目》给予了各县各区一定自主权:设股多少由各区决定,呈县政府核准并报民政厅备案;在人员设置上,《细目》未做具体规定,民政厅仅规定了大致

---

① 《考查各区办理自治成绩报告表(民国十九年五月)》,载王官献:《阜宁县政府施政方针及最近政绩》,《苏政》1930年第4期,第41页。
② 《苏省限期设立区公所》,《时报》1929年8月10日,第3版。
③ 《区公所成立在即》,《新闻报》1929年8月11日,第9版。
④ 《区公所成立》,《新闻报》1929年9月4日,第12版。
⑤ 《江苏省区公所办事细则》,《江苏省政府公报》1930年第488期,第1页。
⑥ 《区及乡镇自治事项临时办法实施细目》,载董修甲编著:《中国地方自治问题》第5卷,上海:商务印书馆,1936年,第551—565页。

范围,应设区长1人、助理员2—5人、雇员2人、区丁2—4人。① 各县遂大多自行制定区公所办事细则。以常熟县为例,《常熟县区公所办事细则》规定区公所下设三股,在《细目》的基础上增添了不少职责,各股具体职掌如下:

第一股掌理:关于清查户口及人事登记事项、关于保卫及消防事项、关于卫生清洁事项、关于育幼养老济贫救灾治病及其他公益事项、关于初级教育职业教育补习教育及社会教育事项、关于风俗改善事项。

第二股掌理:关于整理土地及垦辟荒地事项、关于建筑桥梁道路堤岸及疏浚水道事项、关于调剂粮食及积谷备荒事项、关于农田矿产森林防止丝茶渔牧酿造及其他农工商矿事项、关于各种经济合作事项、关于贮蓄奖进事项。

第三股掌理:关于区公所编制预算决算事项、关于审核所属各乡镇预算决算事项、关于本所经费出纳事项、关于收发管卷缮校事项、关于公物之购置及保管事项、关于典守印信事项、不属于其他各股事项。②

该《细则》还着力促进区公所日常行政规范化,详细规定了区公所的工作时间、文件处理程式。其他县份颁布的办事细则,如《仪征县区公所办事细则》《宝山县区公所办事细则》与常熟县类似。③ 江苏省将区划分为甲乙丙丁四等,各县成立区公所后,大多沿用这种分等方法,拟定了不同等级区的雇员人数和经费标准。仍以常熟县为例,该县原有7市28乡,归并为15个区,其中甲等区1个,乙等区1个,丙等区6个,丁等区7

---

① 《自治区公所不日成立》,《新闻报》1929年7月30日,第9版。
② 具体参见《常熟县区公所办事细则》,《常熟县政公报》1929年第5期,第9—10页。
③ 具体参见《仪征县区公所办事细则》,《仪征县政公报》1929年第20期,第13—16页;《宝山县区公所办事细则》,《宝山县政公报》1930年第25期,第11—12页。

个。按照规定,甲等区月支经费400元,设助理5人、雇员4人;乙等区350元,设助理4人、雇员4人;丙等区300元,设助理3人、雇员3人;丁等区250元,设助理2人、雇员2人。区长月俸一律60元,助理月俸30元,雇员月俸不等。①

常熟县区公所的组织架构比较简洁,"股"之下不再设分支机构。一些县的区公所组织要复杂一些,使区公所这一自治组织具备了科层制色彩。如无锡县,该县各区公所于1929年8月15日正式成立,各区长就职。②第一区区长上任后制定了《无锡县第一区区公所组织大纲》,规定区公所分设总务、组织、编辑三股,各股之下设组分掌具体事务,总务股下设文书、庶务、会计三组,组织股下设户籍、土地、训练三组,编辑股下设党义、宣传、编撰三组。③《大纲》还规定区公所应召集三种会议(常会、临时会议和特种会议),各种会议的参加人员、召开时间、会议内容、表决权、议案处理流程等均有详细要求。此种组织安排虽然完备,但失之于烦琐,如果每个组均由专任职员负责,那么区公所的人员规模必将膨胀;如果控制人员规模,那么只能由有限的人力身兼多职。第一区区公所选择了后一条路径,共有7名工作人员,其中6位年龄都在30岁上下,文化水平均较高,且具备一定行政经验,是承担区政任务的合适人选。④但从公布的区职员事务员分掌情况可知,区公所组织烦冗,职能划分琐碎,导致工作人员大多身兼二职,同时承担着不同分支机构的任务,职责和权力交叉、混合,实际上并不利于各类事务的有序处理和行政效率的提高。⑤

区公所是县域社会中的新事物,其性质、组织形式、职权范围和办事方式都与之前的市乡行政局有所区别。无锡县县长孙祖基认为:"区公

---

① 《常熟县政府组织区公所一览表》,《常熟县政公报》1929年第2期,第27—28页。
② 《自治区公所成立》,《无锡市政》1929年第1期,第135—136页。
③ 《无锡县第一区区公所组织大纲》,《无锡县政公报》1929年第16—17期,"来件"第1—5页。
④ 《无锡县第一区区公所工作人员一览表》,《无锡县政公报》1929年第16—17期,"来件"第6页。
⑤ 《无锡县第一区区公所职员事务员分掌情况》,《无锡县政公报》1929年第16—17期,"来件"第6—7页之间夹页。

所就性质而言,似不过为县与村里之联络机关,然在自治开始实行期间,一方面负划分村里与指导民众之责,一方面筹划区内各种自治事务,其任务实至重大,故非有健全之组织不可。"①组织健全意味着区公所负担的事务比较多,"为县地方自治活动之中心,非过甚之词也"②。于是造成作为地方自治最高层级的区,实际上仍扮演了一级行政机构的角色,重要性甚至超过了原市乡行政局,再加上其自治之属性,乃至有与县政府分庭抗礼之趋势,一方面表现在职权上,"区公所之范围与职权似嫌太大,区之事业既澎涨,则县政府与各局将无事可为"③;一方面表现在人事关系上,县长与区长关系紧张,"县长之不能绝对的指挥区长,已为推想中之当然事项"④。区公所与各局之间的地位及政令传达问题也引发了时人担忧。这从侧面说明,南京国民政府关于区公所的制度设计并不成熟,对该组织自身职能、角色的设定或许已很完备,但并未将其放置于基层政治的整体场域中进行周全考虑,缺少对基层政治系统中不同层级、不同组织之间关系的明确界定,导致系统的各个组成部分权力界限不清晰,运作起来多窒碍而少顺畅。之所以出现这种现象,归根结底是因为法规制定者大多纸上谈兵,脱离现实。

三、重塑最基层:从村里到乡镇闾邻

据江苏省民政厅呈送内政部的报告可知,1929 年 8 月,各县区公所基本组织完成,将自 9 月起推进乡镇闾邻层面的建设工作。⑤ 区以下自

---

① 孙祖基、沈维栋:《对于设置区公所及确定区经费之意见》,《明日之江苏》1929 年第 4 期,第 24 页。
② 方镇五:《上海县政》,南京图书馆藏。
③ 孙祖基、沈维栋:《对于设置区公所及确定区经费之意见》,《明日之江苏》1929 年第 4 期,第 29 页。
④ 孔充:《"县为自治单位"与江苏之县的行政系统》,《苏政》1930 年第 4 期,第 13 页。
⑤ 《行政院长谭延闿呈国民政府主席蒋中正为据内政部呈报十九年一月各省办理县组织经过情形清册转呈备案》,1930 年 3 月 14 日,台北"国史馆"藏国民政府档案,数位典藏号:001 - 042250 - 00002 - 007。

治组织应如何建设,又要达到何种成效,江苏省有一定经验可供承袭,只不过这一经验并不成熟,也算不上很成功。

按照《暂定江苏省各县村制组织大纲》的设计,市乡行政局之下依次是村、闾、邻,构成地方自治组织。民政厅厅长钮永建在将前述大纲呈送国民政府审核时,解释了借鉴山西村制的原因及设想:"如此则指挥灵便,脉络贯通,利可以兴,弊可以除。举凡农田水利工业商务普及教育公共安宁诸大端皆可因地制宜,积极发展。至于兵后亟宜办理之清乡,以及从前久无成效之户籍,皆可一以贯之,而于禁烟禁赌,并改革一切陋俗亦有莫大之助力。此诚民政之根本要图。"①大纲从编制、村长副资格及任用、职责及奖惩、经费等方面规定村制的主要内容。村、闾、邻的编组规则与山西村制一致,5户为1邻,设邻长1人,25户为1闾,设闾长1人,凡足100户编为村,设村长1人、村副1人。② 日后的《县组织法》几乎完全移植了山西村制,除在修正时将村里改为乡镇外,乡镇的规模和闾邻的编组原则未发生任何变化。从法规之间的内在联系还可看出,无论是江苏省试办村制,还是南京国民政府推行地方自治,通过行政力量自上而下地灌输是其一致的原则。前述大纲规定村长副由市乡局长在合格村民内按照定额加倍遴选,呈请县长委任;闾邻长则由村长副遴选保荐,呈由市乡局长派充。《县组织法》框架下乡镇长、闾邻长的产生方式亦是如此。

与市乡行政局在全省各县普遍施行相比,村制的实施范围只限于江南所属江宁、句容、溧水、镇江、丹阳等29县(包括后设置的启东县在内)。③ 江苏省民政厅选择松江县作为试点,因该县"交通便利,民物殷

---

① 《江苏省政府常务委员钮永建等呈国民政府为暂定江苏省各县村制组织大纲请鉴核备案》,1929年7月25日,台北"国史馆"藏国民政府档案,数位典藏号:001-012071-00171-001。
② 《暂定江苏省各县村制组织大纲》,《江苏民政厅公报》1927年第5期,第2页。
③ 江苏省地方志编纂委员会编:《江苏省志·民政志》,北京:方志出版社,2002年,第180页。

蕃,东控沪濒,西邻浙省,风声所树,观听易新"①。松江县分三步办理村制:首先是调查各市乡户口,由各市乡行政委员推选调查员,以一个月为期;其次是在调查户口的基础上编村,原则是大小合宜、距离合宜,经费足以应付村中应办之事;最后是选定村长副,由市乡行政委员物色合适人选,将名单呈县备选。②与松江相比,江宁县采取的举措略有差别,该县亦分三步办理:第一步是派员到民间去宣传和调查;第二步是设立筹办村制处和村制育才馆,培养实地办理村制的人才;第三步是将全县村庄划分为三百左右村区,派育才馆的毕业学员分村组织。③松江和江宁两县办理村制的步骤代表着两种施政取向,前者侧重程序的合理性,既然村和闾邻皆以户数为编组依据,那就应当从调查户口做起;后者更重视培养、遴选合适的自治人才,成立自治组织优先于调查户口,而且这种取向花费时间较少,适合在短期内速成。江宁先集中训练大批合格人才,再派赴各地组建自治机关,最后举办各项建设工作的方式在日后得到了推广。

《暂定江苏省各县村制组织大纲》规定市乡与闾邻之间的层级是村,各县在施行时实际上采用的是街村制,市或乡中人口稠密、商业发达、经济繁盛的地区编为街,各市乡内部采用街村混编的形式。如武进县,该县辖2市34乡,武进市划分为32个街,通江市划分为4街101村,怀北乡划分为1街32村等,全县共划分为114街1160村。④村制或街村制的施行情况并不乐观,据统计,至1928年仅有江宁、丹阳、松江、太仓、昆山、嘉定6县建立了村制,共编就街村2361个。⑤吴县、武进、江阴、扬中等县均尝试进行,但总体而言,完成这项任务的县仍属寥寥无几,市

---

① 《暂定江苏省各县村制组织大纲》,《江苏民政厅公报》1927年第5期,第4页。
② 《松江试办村制之初步》,《新闻报》1927年8月16日,第9版。
③ 江宁县政府政处编辑:《江宁村制初步》,载张研、孙燕京主编:《民国史料丛刊》第147册,郑州:大象出版社,2009年,"引言"第4页。
④ 武进县建设局编印:《第二回武进年鉴》,1928年,"邑政"部分第25—37页。
⑤ 江苏省地方志编纂委员会编:《江苏省志·民政志》,北京:方志出版社,2002年,第180页。

乡—村街—间邻式的融行政控制与地方自治于一体的基层政治组织在《县组织法》颁行前并没有完成。

南京国民政府成立初期,政治形势并不稳定,尚无关于基层政治组织、地方自治的全国性法规,江苏省仿照山西村制试办地方自治具有积极意义,但无论是从制度设计还是施行情况看,自治意味均被消解了很多。与其说大费周折重建基层组织是为了自治,不如说摸清地方情形、稳定基层秩序、严防中共势力才是主要目的。

虽然村街—间邻制与《县组织法》框架下的乡镇—间邻制异曲同工,但因村制在全省并未普遍施行,大多数县份对于如何建设乡镇和间邻组织没有头绪。江苏省启动乡镇间邻建设的时间点(1929年9月)比较微妙,《县组织法施行法》等辅助性法规尚未出台,施行依据是《区及乡镇自治事项临时办法》。在乡镇组织方面,《临时办法》规定各区区长首先要斟酌地方民众意见,划清各乡镇境界,树立乡镇界标,依照地方固有名称酌定乡镇名称;其次是设置乡镇公所,原则上正副乡镇长各设一人,如果乡镇户口在百户以上,每增加百户,可增设一名副乡镇长;最后是遴选和委任正副乡镇长,不经乡镇民大会选举产生,由区长在各乡镇的住民中在朴实公正、热心公务、粗通文艺、有正当职业且年龄在25岁以上者遴选四倍人数,呈由县长圈定。正副乡镇长获任后,进入乡镇长训练所接受为期一个月的训练,毕业后即着手编组间邻,间长和邻长由各乡镇长召集间邻居民开会选举产生。①

乡镇间邻组织的建设情况以无锡县为例。第一区公所成立后,于1929年8月30日在县政府召集各市乡原任董事商议划分乡镇自治区域事宜,确定了三项主要原则:在镇的数量和规模上,全区户口约3万户,按照法规一个自治区不得超过50个镇,故每镇约在600户以上;在选定界址上,将全区分为六段,每段均设划镇筹备会负责划界事宜;在操

---

① 《区及乡镇自治事项临时办法》,载董修甲编著:《中国地方自治问题》第5卷,上海:商务印书馆,1936年,第550—551页。

作上,户口之多寡、土地之广狭、工商之盛衰应平均分配,不致有偏多偏少之弊,在各乡镇交界之处应有显著之界限。① 完成乡镇组织的区需将乡镇公所概况和境界图呈送县政府审查备案。前者包括乡镇名称、户数、乡镇长名等信息,如第七区划分为7镇24乡,共13 037户,委任镇长7人、乡长24人、镇副29人、乡副87人,自1929年10月下旬陆续成立,至12月底全部完成,各乡镇公所概况经县政府核准后登报公示。②

与区公所相比,乡镇公所明显简陋很多,组成人员只有乡镇长和乡镇长副,选址也没有特别要求,大多选择宗祠、庙宇、学校等乡村社会中常见的公共场所,甚至直接在乡镇长的私宅办公。乡镇负责的事务与区基本一致,二者最大的不同是区乡镇长的任职资格,区长和区助理员基本都是区长训练所毕业的学员,若有反革命之言论行为、土豪劣绅、吸食鸦片等七种情形的话将被褫夺任职资格。乡镇长则由区长遴选,除前述七种情形外增添了额外要求:现任军人、官吏、警察、小学教员、僧道或其他宗教师、学校肄业者均不得被选任为乡镇长副,这意味着乡镇长副的人选有意向农、商、绅或者是更高层次的教育从业者倾斜。③ 根据仪征县对全县乡镇长的统计可看出,该县乡镇长在年龄上以30—50岁占绝大多数;在职业构成上,"农"是最多的,其次是"商"和"公正士绅",另有一些医生和大学、中学、专门学校的毕业者,与区长相比,乡镇长的职业构成更贴合乡村社会的特征。④

难以规避的缺点始终是换汤不换药,行政区划虽然重组,但"人"没有发生多少变化。按照规定,区长应遴选出乡镇长副人数的四倍呈县长圈委,淮安县第一区拟定了三条标准:曾为街长副者、对于地方自治具有

---

① 《无锡县第一区区公所工作概况(续)》,《无锡县政公报》1929年第21期,"来件"第2—3页。
② 《无锡县第七区乡镇公所概况一览表(十八年十二月)》,《无锡县政公报》1930年第30期,"图表"第1—3页。
③ 《区及乡镇自治事项临时办法实施细目》,载董修甲编著:《中国地方自治问题》第5卷,上海:商务印书馆,1936年,第555—562页。
④ 《仪征县全县乡镇长年龄统计图》《仪征全县乡镇长资格统计图》,《仪征县政公报》1930年第33期,"统计"第1—2页。

常识者、乡望素孚者,满足其一即可,结果遴选产生的 38 位镇长中,有 30 位是原来的街长或街副。① 虽然主要原因可能是该区各乡镇人才匮乏,街长副确实有能力和威望,但是否有助于兑现地方自治的原则是留有疑问的。

  乡镇长就任后应立即进入乡镇长副训练所接受训练,《江苏省各乡镇长副训练所简章》规定,训练所设于县政府所在地,或于各区公所所在地分别设立,县长兼任所长,接受过训练的科长、局长和区长担任教员,训练为期一个月,训练科目包括党义、现行自治制度要义、公共卫生要义、警卫须知、乡镇民四权行使之演习等内容。② 乡镇长副训练所应于 1929 年 9 月 1 日开始,由各县各区自行组织。③ 乡镇长副训练所的具体效果不宜高估,一些县囿于经费困窘,甚至都没有筹建正规的训练所,如淮安县第一区区长坦陈:"本县以经费支绌,训练乡镇长副,虽屡向县方请示,至今尚无办法……若谓以一区长之力,即可训练全区乡镇长副,训练全区闾邻长,训练全区民众,事实上实不可能,故述及训练实况,不得不深感地方经费之困难,真足以影响自治之前途也。"④这位区长采取的训练方法是召开乡镇长副谈话会,询问各乡镇的基本情况,讲解下层组织之重要及训练闾邻长之种种方法,待各乡镇委任闾邻长后,再前往各处演说,不免有舌敝唇焦、疲于奔命、分身无术的感慨。⑤

  江苏省建设地方自治组织的进度在全国独树一帜,组建区公所比较顺利,进展到乡镇和闾邻后就慢了下来:一方面是因为愈到基层面临的问题愈多、困难愈大;另一方面是乡镇闾邻长的产生方式变了。按照《区

---

① 宋煜:《淮安第一区乡镇闾邻组织及训练最近实况》,《区政导报》1929 年第 1 期,第 2 页。
② 《江苏省各乡镇长副训练所简章》,《无锡县政公报》1929 年第 14 期,第 24—25 页。
③ 《训令各实习区长奉民政厅令颁发各县乡镇长副训练所简章令饬遵照》,《无锡县政公报》1929 年第 14 期,第 23 页。
④ 宋煜:《淮安第一区乡镇闾邻组织及训练最近实况》,《区政导报》1929 年第 1 期,第 3 页。
⑤ 宋煜:《淮安第一区乡镇闾邻组织及训练最近实况》,《区政导报》1929 年第 1 期,第 3 页。

及乡镇自治事项临时办法》的规定,乡镇长圈选产生,闾邻长选举产生。1929年9月18日,国民政府颁布《乡镇自治施行法》,10月2日颁布《区自治施行法》和《县组织法施行法》,12月20日又颁布《乡镇公民宣誓登记规则》等几部法令,全国的县组织建设须统一遵照这些法规进行,乡镇长应由经过宣誓的公民组成乡民大会或镇民大会选举产生。1930年2月25日,内政部公布《乡镇闾邻选举暂行规则》,详细规定了选举的程序和应注意事项。由圈选改为选举,多了公民宣誓、登记选民、召开大会、投票选举等环节,需要花费极大的时间和精力。

上述法规陆续颁布时,江苏省各县建设乡镇闾邻的进度参差不齐。按照1929年10月底省政府通过的《江苏省完成县组织法实施进行程序》的规定:1929年12月,应划定各乡镇自治区域呈省政府审核,并报内政部备案。而到了1930年,2月,区长应召集乡镇民大会,选举正副乡镇长及乡镇监察委员;3月,乡镇公所一律成立;4月,各乡镇长划定闾邻;5月,乡镇长召集闾邻居民会议,选举闾长、邻长;全省各县在6月完成地方自治组织。① 这意味着自1930年起,全省的地方自治组织建设将完全并入南京国民政府铺设的轨道中。1930年1月,民政厅向内政部报告江苏省新一年工作计划,预计提前一个月,5月办竣所有工作。② 但实际进展显然不会如此顺利,1930年7月23日,民政厅向内政部呈文,请求展期完成县组织,称全省按期办理完竣者仅三个县,其余各县均或多或少遇有困难:江都等县因人民程度低下,宣誓和选举困难;南通等县因中共力量存在,殊感棘手;宝应等县因灾荒导致人民流离未返;嘉定、江阴等县因时值农忙,乡民正事耕作以致延缓,"各地方人民既不能安居乐业,自不能宣誓登记,既无宣誓登记之公民,则乡镇选举自然无

---

① 《江苏省完成县组织法实施进行程序》,《江苏省政府公报》1929年第284期,第1—2页。
② 《行政院长谭延闿呈国民政府主席蒋中正为据内政部呈报十九年一月各省办理县组织经过情形清册转呈备案》,1930年3月14日,台北"国史馆"藏国民政府档案,数位典藏号:001-042250-00002-007。

从进行,县组织法即万难完成"①。民政厅请求援引《县组织法(修正)》的相关条文展期两个月完成。即便如此,进展情况仍不容乐观,延至1931年2月,民政厅呈报内政部称"各县中已依法完成者七县,已将公民宣誓登记办竣正举行乡镇选举者九县,公民宣誓登记办理将竣现正继续进行者七县"②。

按照《县组织法(修正)》及相关法规的规定,乡镇长副的产生很难称得上是完全的民主过程,选举产生的仅是候选人,决定最终人选的仍是上级行政权力。但与由区长遴选、县长圈选相比,这一程序毕竟体现了一些民权意味。也正是因为规则改变后操作难度提高,引入了普通民众这一变量,各种问题随之而来,阻碍了行政权力的推展速度。这形成了一个悖论:如要在短期内迅速完成地方自治组织,哪怕只是形式上的,那么最好单纯依靠行政力量;如果真正将部分自治原则付诸实践,在实质上有所体现,反而难以顺利开展,达不到预期效果。至1932年10月,江苏各县才基本完成了区乡镇闾邻各级组织的建设工作,全省61县共划分为608区、17 422乡、3028镇、231 718闾、2 275 191邻。③

四、地方自治的困境:人才与经费

1933年7月,监察院监察委员高一涵视察江苏地方自治状况后提出批评意见:"查江苏各县之自治机关,均先后筹备成立,但多数县份自治机关仅到区公所为止。区以下之乡镇公所多未设立完备,即呈报设立,亦不过为纸上之空文。即就区论,大概只有行政费,而无事业费者居

---

① 《行政院长谭延闿呈国民政府主席蒋中正为据内政部呈准江苏省政府咨转民政厅呈关于完成县组织事项展期办理呈请转呈核示》,1930年7月23日,台北"国史馆"藏国民政府档案,数位典藏号:001-042250-00008-001。
② 《行政院长蒋中正呈国民政府为据内政部呈报十九年十二月份督催各省办理完成县组织情形造具清册转送核转》,1931年2月9日,台北"国史馆"藏国民政府档案,数位典藏号:001-042250-00004-013。
③ 《江苏省各县自治区数暨乡镇闾邻数一览表(二十一年十一月调查)》,《苏声月刊》1934年第5期,第288—292页。

多。惟因事业费无着,故区公所之一切事业不能举办。而区长惟一职务,仅在传达县政府之公文书而已。闻有不肖区长,勾结地方土劣,借机关之权力,以图私人之利益者。"①作为国民党统治的核心区,在《县组织法》框架下施行地方自治最主动、最有力的省份,江苏省采取的诸多举措具有代表性,其面临的困境也具有典型性,主要受"才"与"财"两方面的制约。

"才"是指人才,人是构成组织的关键要素,人的素质、能力、操守等直接影响组织的日常运作和成效。以《县组织法》为核心的自治法规对区、乡镇、闾邻各级自治组织的负责人十分重视,从年龄、教育水平、行政经验、政治立场、社会威望、道德品质等多个方面严加限定资格。为与原有的基层组织划清界限,防止自治组织落入旧官绅之手,江苏省颁行的细则对乡镇长副、闾邻长的职业限制更为严苛。然而,考虑到当时中国社会整体发展状况、民众受教育水平、乡村社会的权力结构以及由之而形成的地方秩序,前述看似公正、周详的人事制度设计显然难以付诸实践,满足各项要求的人选屈指可数,如若将在北洋时期就担任地方公职的旧士绅排除掉,那么可用之人更是寥寥无几。

人才匮乏在建设市乡—村街—闾邻制时就显露了出来,"关于局长人选,至感困难……殊无善策以处之也"②。《市乡行政组织大纲》规定,"局长股员,暂由县长遴选本市乡公正人员具有相当之学识经验者委任之"③,符合要求且能承担交接工作的人,大抵也就是原市乡公所的成员了,因而各县在将市乡公所改组为市乡行政局时,基本由原班人马转任。市乡行政局数量有限,与原市乡公所相比,辖区、户口等变动不大,人才有缺口也较容易补充。办理村街制和闾邻制是在基层社会建立起新的自治层级,所需自治人才数量膨胀,必有难以应对之感。如松江县令各市乡行政局加倍遴选村长副送县,由县长亲自逐一考询,结果"考询二三

---

① 戴建标:《改进地方自治之根本问题》,《地方自治(南京)》1935 年第 1 期,第 91 页。
② 徐祖绳:《扬中县县政概况》,《江苏》1929 年第 20 期,第 22 页。
③《市乡行政组织大纲》,《江苏省政府公报》1927 年第 2 期,第 38 页。

乡后,始悉各村长副程度不一,并有不识字者十居一二",市乡行政委员坦陈"现时教育尚未普及,合格人材求之乡间实难选择"。① 江宁县创设的村制育才馆是针对基层人员智识浅陋、程度不高等问题采取的应对之举。

在《县组织法》框架下,作为联结县与乡镇间邻的区承担着多项自治事务,发挥着承上启下的枢纽作用,区长人选愈发重要。为彰显地方自治之新风气,防止地方自治"悉操于土劣或群愚之手"②,在区长民选前,江苏省通过举办区长训练所培养地方自治人才,大规模集训的方式有助于在短时间内解决人才匮乏的问题,但并非长久之计,因为没有建立起补充人才的长效机制。上文曾论述即便经过区长训练,一些区长也表现不佳,除此之外,任期短、离职快导致区长训练的红利迅速消失,区级人事陷入恶性循环中。时人在评价江苏省区长训练所的成效时指出:"各县区长人选大都借才于此,第因人事的变迁,环境的推移,区长类多不能久于其职,或竟于一度任区长后,即翻然改图,别谋枝栖,致备有区长资格之人员,日渐减少。"为了尽快弥补缺口,遂由县长甄选,"斯例一开,营求区长者纷至迭来,流品既多,良莠难别"。而且,正因为区位于县与乡镇之间,上传下达皆无法绕开,重要的地位造成了"区长官僚化"。③如此更加快了区长的逆淘汰进程,造成"地方公正有为之士,往往不愿担任区长,而逐鹿区长者,又每多非热心办理自治之人"④的两难局面。

经过训练的区长腐化变质,难堪大任,出现人才流失、劣币驱逐良币等现象,这与个人素质、品质等有一定关系,但并非主要原因,根源是区公所在基层政治体系中的地位,即人的问题是由地方自治的结构性缺陷造成的。透过多项法规的安排可概括出区公所的特点——事务多、责任重、待遇低、经费少。国民党南京中央政治学校的学生曾到上海县实习,

---

① 《松江呈报选定村长副经过情形》,《江苏省政府公报》1928 年第 28 期,第 12 页。
② 祁良辰:《江苏现行县制之缺点及其改进意见》,《江苏月报》1935 年第 1 期,第 2 页。
③ 徐祖绳:《今后之地方自治》,《新苏政》1934 年第 1 期,第 16—17 页。
④ 黄汝鉴:《写在整理自治区域声中》,《新苏政》1934 年第 4 期,第 20 页。

经过亲身调查,总结了区公所存在的诸多问题:

> 区公所之区长,一方须执行县政府所命令之事项,一方须办理各局所委托之事项,而一方又须指挥监督乡镇长所应办理之乡镇自治事项,数目繁多,种类复杂,非洞达世务,兼有政治经济素养之人,绝难胜任而愉快。然而乡区之中,求才非易,青年有为之士,不敢局促,老年者思想陈腐,不合潮流,富有者逸居宴乐,罔顾公益,寒素者饥寒驱人,每多私累,社会阶级不外此四种,以求适当之人才,恐十难获一。且也,地方政费,为数至微,区长之职,概属义务,既难使专心任事,又不能多用雇员,助理其事,是以区长在职务上之误延,官厅虽严,亦不便加以斥责也。①

区公所的特殊地位、区长担负的重任对其素质提出了较高要求,但基层社会能胜任者着实难觅。江苏省的地方自治组织建设进展到乡镇层面便难以深入,主要受人才所限,这又反作用于区长,是区长逆淘汰的重要推动力。时人就此分析道:"自治人才太缺乏,区长有光干之苦痛。现在教育未能普及民间,乡村方面识字知书者,犹不多观,即充任闾邻长者,亦绝少受过中等教育之人,乡镇长亦然。大致在一乡稍副民望者,即有被选为乡镇长之可能。而具有此项资格者,大都年事已高,精神不振,区公所召集区务会议时,每致阒无一人,区长指挥不灵,乡镇长不为所用,即为用亦多庸材,至此区长不得不兴才难之叹。"②

所谓"财"是指地方自治经费,用来支持区、乡镇、闾邻各级自治组织的日常行政和举办各项地方自治事业所需。时人在全面考察江苏省施行《县组织法》的成果后,用"病态"形容之,重要表现就是"捉襟见肘的

---

① 方镇五:《上海县政》,南京图书馆藏。
② 徐祖绳:《今后之地方自治》,《新苏政》1934年第1期,第17页。

自治经费"——地方自治之不能完成,原因固多,而自治经费的缺乏,亦属主因之一。① 县政专家陈柏心亦持相同看法,他认为"中国近年来地方自治进展之所以迟缓,经费问题之未得适当解决,实为其主要原因"②。

与人才匮乏相同,经费短缺问题并非施行地方自治之后才出现,而是自市乡行政局时期就遗留下的痼疾。按照《江苏省市乡行政组织大纲》的规定,市乡行政费以原有之各区自治经费充之,局长、股员的薪俸亦取之于市乡行政费。③ 各县此时并无区这一级组织,"各区自治经费"应是指原市乡自治经费。④ 这部分经费基本出自田赋、漕粮带征的自治附捐,以及一部分地方杂税杂捐和公产公款,数量有限,不敷使用的情况比较普遍。如嘉定县称:"本邑各市乡划定区域,改组行政局,分股办事,规模扩大,惟一切开支,仍就原有市乡费给领,不敷甚巨。"⑤施行村制后,经费更是雪上加霜。按照《暂定江苏省各县村制组织大纲》的规定,村长副及闾邻长均为无给职,办公费用由该管区自治经费项下拨给,也就是由市乡行政经费拨给。⑥ 江阴县称:"职县乡自治费有限,现乡政局成立,拨用经费,已属不敷,更无余款拨助村长。"高淳县称:"体念地方财力,在在缺乏,以致良好善政,终觉难为无米之炊。"就连办理村制最有成效的江宁县也是"经费无出,诸感困难"⑦。解决之道并无新法,唯有加征税捐,或从其他款项中挪用。嘉定县各市乡筹备委员联名呈请县长:"于本年忙漕项每亩带征银元一角,以资办公。"⑧江宁县接连两次

---

① 黄汝鉴:《病态的县政》,《新苏政》1934年第2期,第8页。
② 陈柏心:《地方自治之经费问题》,《半月评论》1935年第12期,第8页。
③ 《市乡行政组织大纲》,《江苏省政府公报》1927年第2期,第38页。
④ 江苏省各县原有的自治经费包含两项内容:一是县自治经费,北洋时期充作县议会和县参事会经费,南京国民政府成立后移作县党部经费;二是市乡自治经费,南京国民政府成立后移充县行政局经费。《江苏省各县原有地方自治经费及其他收入概况》,《苏声月刊》1934年第1卷,第293页。
⑤ 《嘉定·拟请带征市乡行政费》,《新闻报》1928年2月1日,第11版。
⑥ 《暂定江苏省各县村制组织大纲》,《江苏民政厅公报》1927年第5期,第3页。
⑦ 《各县呈报办理村制经过情形》,《江苏省政府公报》1928年第26期,第10—13页。
⑧ 《嘉定·拟请带征市乡行政费》,《新闻报》1928年2月1日,第11版。

呈请民政厅和财政厅准许挪借县党部经费,该县还以村制经费情势迫切为由,呈请援照松江、昆山成案,在田赋项下每亩带征村制经费五分。①江阴、南通、如皋、太仓等县基本如此。

建设市乡—村街—闾邻制的短暂历程为各县建设地方自治组织提供了一些经验,但也将未能有效解决的问题遗留了下来。《县组织法(修正)》中没有关于各级自治组织经费的条款,《乡镇自治施行法》和《区自治施行法》均增设"财政"一章,规定区和乡镇的财政收入由公产公款之孳息、公营业之纯利、依法赋与之自治款项、省县或县区补助金以及特别捐(仅限乡镇)构成。实际上,公款公产和公营业的获利既因地而异,想必也不丰厚,在地方自治建设初期,自治经费主要来自市乡行政局经费,亦即原市乡自治经费。经费来源没有改变,原有问题也就被一并继承了下来。各县留存的市乡行政局经费情况不一,多者如吴县,达 102 500 元,江阴、南汇等县有万余元,少者如高淳、金山仅有一两千元。② 一些县看起来尚属充实,但若按区公所的经费标准换算下来,不敷者居多。如青浦县划分为 13 个区,原有市乡行政经费共 23 976 元,区行政经费需 27 240 元,仅有两区有盈余,其余 11 区均不敷,缺额 2785 元。③ 再如无锡县划分为 17 个区,全年行政经费预算为 57 000 元,原有市乡行政局经费 26 428 元,不敷甚巨。④

经费不敷是制约地方自治施行进度和效果的瓶颈:一方面导致自治事业无从举办,徒具虚名;另一方面造成上文所述的自治人才逆淘汰。据统计,江苏全省区行政经费每年共需 2 072 400 元,而收入仅 954 400 元,事业费没有着落,乡镇公所更是没有指望,"连笔墨费都无着"⑤。区

---

① 《江宁请征村制经费情势迫切》,《江苏省政府公报》1928 年第 44 期,第 16—17 页。
② 江苏省民政厅第二科第二股:《江苏省各县旧有市乡自治经费调查表》,《明日之江苏》1929 年第 2 期,"调查及统计"第 10—15 页。
③ 《青浦县原有市乡行政经费与现拟区行政经费比较表》,《青浦县政公报》1929 年第 38 期,第 22—23 页。
④ 《无锡县各区公所行政经费总预算表》,《无锡县政公报》1929 年第 13 期,第 7 页。
⑤ 黄汝鉴:《病态的县政》,《新苏政》1934 年第 2 期,第 8 页。

长、乡镇长待遇本就不高,经费困窘,为区长者,因不能畅行其所欲为,莫不灰心异常①;乡镇长之贤者,辄辞职远引,无可为继②。劣币驱逐良币后,不肖之区长、乡镇长或以经费困难为名文过塞责,或以筹募经费为名大肆敛财、作奸犯科。③

　　解决办法唯开源和节流两途。开源分为两种:向下取自民间,向上请求省政府补助。前者已在多个县实施,需要考虑民众的承受能力,后者无法落实——江苏省政府曾决议每年由省库补助各县自治经费100万元,但因省款支绌而作罢。④各县只得自行筹款,如皋县"区公所经费积欠两月,影响区政进行,最终由财务局长、建设局长向县内两大钱庄借款,月息一分五厘,以自治专款及自治事业做抵押"⑤。吴县乡镇公所"经费无着,办事殊感困难",各区长拟"在民间买卖土地费内提取三成,补助乡镇公所经费"。⑥

　　开源效果不佳,只得采用节流的方式。时人认为自治区域划分失当是造成经费紧张的直接原因,"因区数过多,于是所有自治经费,以之全部拨充经常费,犹嫌不足,事业费更无论矣"⑦,乡镇方面亦是如此。此判断是准确的,这一点在划区刚开始时就在一些县引起了讨论。如金山县认为最初的方案划区过多,召集各市乡行政局长一再讨论裁并区数。⑧在无锡县行政会议上,有人提议将17个自治区合并为9个,"区域宵小,机关众多,经费开支不敷甚巨,与其僧多粥少,毋宁划并区域,减少行政经费,增加建设事业"⑨。民政厅也意识到了"各县自治区域划

---

① 徐祖绳:《今后之地方自治》,《新苏政》1934年第1期,第17页。
② 陈熹:《改进苏省县行政之刍议》,《新苏政》1934年第2期,第18页。
③ 黄汝鉴:《写在整理自治区域声中》,《新苏政》1934年第4期,第20页。
④ 《江苏省各县原有地方自治经费及其他收入概况》,《苏声月刊》1934年第1期,第293页。
⑤ 《筹借区公所经费》,《新闻报》1929年12月4日,第9版。
⑥ 孙倬章:《乡公所提取中费》,《苏州明报》1930年3月21日。
⑦ 黄汝鉴:《写在整理自治区域声中》,《新苏政》1934年第4期,第21页。
⑧ 《电呈民政厅重行开会议决减并自治区域》,《金山县政公报》1929年第1期,第33—34页。
⑨ 《划并自治区以利行政而省经费案》,《无锡县第二次行政会议特刊》1931年第1期,第28页。

分过细,致人材经济两感困难,一切自治事业无由推进"①的窘境,拟从减并区数入手节省区行政经费,另一层考虑是避免因筹措经费而加重民众负担。但解决措施十分滞后,直至1934年2月16日,江苏省政府才议决通过民政厅拟定的《各县整理自治区域办法》。② 此时江苏省已在推行分区设署和编组保甲,《县组织法》及相关法规确定的地方自治原则被逐步更替,再来整理所谓的"自治区域",对于解决困扰许久的经费不敷问题已然于事无补。

综上所述,"才"与"财"相互影响,共同造成了恶性循环,经费困窘与自治人才逆淘汰之间的互动关系即是一个有力说明。之所以出现地方自治受制于"才"与"财"的问题,固然与基层社会的发展状况、客观条件有关,但制度设计层面存在的内在矛盾,以及制度与现实之间存在的张力是更深层的原因。反观南京国民政府和江苏省政府,在将复杂、烦琐的地方自治建设工作及相应责任推给各县的同时,却没有承担应有的责任,法规政策频频颁行,规章条文愈加繁密,期限设定十分紧张,人才与经费方面的支持却难觅踪影,对各县面临的困难缺乏足够了解,对地方社会的复杂面貌缺少充分认识,几乎没有采取针对性的有效手段。在这种局面下,地方自治组织或许能够勉强完成形式上的组建工作,但运转不灵,系统内部各个层级、各个部分之间龃龉不合,各项自治事业无法推进,徒有其表而已。高一涵对江苏省地方自治的尖锐批评,"徒有地方自治形式,而无地方自治实际,甚或利未见,弊窦丛生"③,乃一针见血。

---

① 《节省经费充实事业,民厅拟裁各县区公所》,《江苏月报》1934年第4期,第15页。
② 《民厅令颁各县整理自治区域办法,限于月底止办竣划区》,《崇民报》1934年3月20日,第2—3版。
③ 戴建标:《改进地方自治之根本问题》,《地方自治(南京)》1935年第1期,第91页。

五、结语

地方自治是中国近现代政治发展的一条重要线索,是一股不可忽视的社会思潮。清末新政拉开了传统县制转型的序幕,地方自治建设发轫。北洋时期,地方自治几经顿挫,但这一观念已经深深根植于中国社会,与之配套的法规体系和政治组织在名义上被恢复、被施行。地方自治和直接民权是孙中山政治思想中的重要组成部分:他广采欧美国家地方自治制度之长,又试图超越其局限;他扬弃中国古代政治制度和思想,撷取其中的有益成分。在某种程度上,地方自治已经不再是单纯的政治主张、社会思潮,俨然成了一种几近绝对正确的政治符号和意识形态话语,是社会重建的基础,更是解决国家政治发展的根本途径。正如呼吁地方自治者所言:"凡我们作社会运动和革命运动的人,应该逐处注意小百姓和小区域的地方自治,才是根本的办法……我们今后的改造运动,只有从地方自治着手,方是相当的办法。"①

学界对地方自治十分关注,既有研究侧重梳理地方自治思想的内容及演变,注重揭示国民政府时期地方自治实践的不良效果,分析其失败的原因。本文以南京国民政府初期江苏省在《县组织法》框架下建设地方自治组织的过程为例,旨在从更深层次探讨国民党政权主导的地方自治的意义,主要从三个方面解答:其一,地方自治对国民党政权意味着什么?其二,江苏省建设地方自治组织的成效如何?其三,江苏省将地方自治付诸实践的经验可以为我们带来什么启示?

关于第一点,本文认为,从本质上说,地方自治是国民党政权维护政治合法性的重要手段。让-马克·夸克(Jean-Marc Coicaud)认为政治合法性是对统治权力的承认,他以统治者的行为实践为例,阐述了合法性建立的依据,即统治者为了使共同体中的其他成员能够认可其统治地位

---

① 孙倬章:《地方自治》,成都:民力日报社,1928年,第24页。

的合法性,需要证明这种既有秩序拥有维持公共福祉的活力。① 沿着夸克的思考,中国学者对政治合法性加以探讨。狄金华指出,任何行为者的行为实践都需要一种合法性的建构——并非狭义上的合法律性,而是指行为具有某种正当性,只有具备了这种合法性,行为者的行为才能够被其他的行为主体所接纳。② 马宝成将"合法性"定义为"政治权力在对社会进行政治统治或政治管理时,何以能够得到社会和民众认可的问题"③,政治合法性意味着社会对政治权力的承认和服从。

中外学者有关合法性的研究为我们审视地方自治提供了新视角。国民党政权以革命为号召,用北伐这种暴力手段推翻北洋政府的统治,这是政权的获取方式,而塑造和维系政权的合法性则需要非暴力政治实践,通过意识形态的宣传和训导、法律规章的制定和实施、治理的成就和效果来巩固合法性。孙中山是国民党政权最大的政治遗产,是合法性最直接的理论来源,因而其自上而下的制度设计和规则制定无不追溯至孙中山,并通过将其理念付诸实践获得成效来巩固合法性。因此,初掌政权后,南京国民政府将三民主义、五权宪法、地方自治、直接民权、革命程序论等孙中山政治体系的支柱奉为圭臬,以意识形态化的政治理念为源头,构建起由不同层次的法律规章组成的制度体系,《县组织法》及相关法规是最重要的组成部分之一。孙中山的地方自治和直接民权不为人所注意的一面是其互惠性,也就是通过训练民众行使选举、罢免、创制、复决四权,通过调查户口、测量土地、办理警卫、修筑道路等实际建设工作,实现长期以来未能真正落实的地方自治,以此换取民众对政权的认可和支持。换言之,地方自治从理念转换为制度再落实到实践的过程,就是国民党政权以承担政治责任、兑现政治承诺来换取统治权和合法性的过程。

---

① 让-马克·夸克:《合法性与政治》,佟心平、王远飞译,北京:中央编译出版社,2002年,第13—47页。
② 狄金华:《被困的治理:河镇的复合治理与农户策略(1980—2009)》,北京:生活·读书·新知三联书店,2015年,第27页。
③ 马宝成:《政治合法性研究》,北京:中国社会出版社,2003年,第4页。

关于第二点,南京国民政府初期江苏省建设地方自治组织的历程,既代表了施行《县组织法》的"最好成绩",也集中暴露出各种困扰。时人称:"江苏是中央省份,中央颁发的一切法令,最先接受的省份便是江苏,所以江苏对于中央颁布的法令,无不最先实行,对于《县组织法》,当然也是一样。"①作为国民党统治的核心区,江苏省是全国最先完成全部地方自治组织建设任务的省份,基本反映了国民党政权组织动员能力和社会建设能力的上限——只有在统治中心才能勉强完成,其他那些中央政权难以触及的边缘板块的施行情况可想而知,或进展到乡镇便难以继续,或不断呈请延迟,最后不了了之。

即便是在江苏省,地方自治组织的成效也不宜高估,这包括两个层面的意涵,一是自治组织的完成情况,二是自治组织的运作情况,即民众自治权利的行使和地方自治事业的举办。时人评价称:"夫苏省以全国首善之区,东南文物之邦,而推行自治,时经多年,成效未观。"②1934年5月,民政厅新任厅长余井塘坦陈:"本省举办地方自治已历五载,而各县自治事业,均未能如期推进,各级自治机关亦多形同虚设。究厥原因,实由于区域之划分未当,下层组织未严,以及各级自治工作人员未尽得人之故。"③多重因素交织,导致自治组织徒具形式,自治事业难以切实推进,迁延几年都没有得到改进。更为人所诟病的是,因自治组织有名无实而导致民众的自治权利无从落实。民国时期有关地方自治的书籍大多将地方自治定义为"一地方区域内的人民,自动起来管理公共事务"④,若要实现这一点,地方自治团体必须能够代表地方民众的共同意志,地方自治机关必须拥有执行地方自治事业的政治权能。但在《县组织法》框架下,自治团体和自治机关"既不能代表地方人民共同的意思,

---

① 丘誉:《施行县组织法的意义:地方自治的根本问题》,《建设月刊》1929年第7期,第14页。
② 黄汝鉴:《写在整理自治区域声中》,《新苏政》1934年第4期,第19页。
③ 余井塘:《一年来之江苏民政》,《江苏月报》1935年第1期,第11页。
④ 《地方自治一般的意义》,载缪轸言编纂:《地方自治全书》第2卷,上海:公民书局,1930年,第503页。

又无享得执行地方自治事业的政治权能,如何可以说是地方自治?"①江苏尚且如此,其他各省只会更糟,"默察全国各县,已完成县自治局部工作者:如公民宣誓登记、选举乡镇长,近畿各省,虽已依期办竣,惜此局部工作,亦徒具形式,罕有实际"②。

第三点其实是对上述两点的总结和提炼:江苏省以及南京国民政府建设地方自治为何成效不彰?自治区域划分支离破碎、经费困窘、人才不足等是具体原因,根源是划一的公共规则与不一的地方情形之间的不适乃至冲突。"划一的公共规则"是指南京国民政府以孙中山的政治理念为宗旨构建的法律法规体系,这是国家政权尊崇的具有合法性、普遍性的规则。从这个角度看,建设地方自治的实质是国家推动公共规则进入并改造基层社会,这一过程会先后面临与地方的两次"交锋",首先是与地方实际情况。由《县组织法》及相关辅助性法规构成的公共规则带有强烈的划一性和迫切性,希望全国各省各县在尽量短的时间内全部按照设想完成地方自治,毕其功于一役,导致法规条文大而化之、标准单一、缺乏弹性,付诸实践面临方凿圆枘的窘境,这既是因其理想主义色彩浓厚,亦是因为法规制定者缺乏对现实的深入了解。诚如时人所言:"实施地方自治的法规以及其他一般底方案,每每为高尚的理想所眩惑而陷于空想主义。"③例如试图将幅员辽阔、地域差异极大的中国全部按照五户一邻、五邻一闾的标准整编起来,"在如此户口稀密,经济盈绌,文化高低,以及其他种种情况各不相似的中国,要施以全国划一的制度而推行任何事业,无论怎样,事实上是不可能的"④。

公共规则面临的更棘手问题是与地方性规范之间的龃龉和碰撞。"地方性规范"是指关于村社共同体行为习惯的一套知识体系,它源于传统、习俗、惯例等"地方上流行的知识",学术界一般把地方性规范放在

---

① 赵如珩:《地方自治之实施的研究(续)》,《复兴月刊》1933年第12期,第3页。
② 戴建标:《改进地方自治之根本问题》,《地方自治(南京)》1935年第1期,第90页。
③ 赵如珩:《地方自治之实施的研究(未完)》,《复兴月刊》1933年第11期,第8页。
④ 赵如珩:《地方自治之实施的研究(续)》,《复兴月刊》1933年第12期,第6页。

村庄社区结构和功能范畴上讨论。① 综合目前社会学界、人类学界对地方性规范的研究和运用,我们可以明确知晓地方性规范在维持地方社会秩序、强化地域认同、分配基层权力、塑造群体身份等方面发挥着不可或缺的作用,是地方社会日常运作的逻辑所在。地方自治的实质是重塑基层政治组织、重构权力的组织网络,是对地方权力的重新分配,公共规则必然会与地方性规范发生冲突,当前者遭遇后者的阻碍、反击以致无力应对时,地方自治便陷入僵局。公共规则与地方实际情况的龃龉往往是导致冲突的根源。如时人分析:"划区办法第七条第二项规定乡镇均不得超过千户,但依江浙两省的情形,繁盛市集,户口在千户以上的很多,就是乡镇聚族而居的,其户口也往往超过千户以上,原来同一区域,同一族姓,若然必以户数强迫分割,那末因为他固有关系的密切,不但人民所不愿,且亦足以阻碍自治的进展。"②"固有关系的密切"即是地方性规范的体现,这种"关系"既包括人际关系,也包括权力关系,前者对后者具有重要影响。时人反复强调地方自治法令"必须附有弹性而予省县政府以伸缩变通因地制宜的余地"③,既是指法规条文应考虑到千差万别的现实情况,也是指公共规则必须为地方性规范预留出缓冲的空间。

综合上述三点,我们可从更高层次进一步反思,美国学者詹姆斯·斯科特(James Scott)在《国家的视角》一书中提出了非常有意义的问题:20世纪乌托邦式的大型社会工程为何会失败?他认为,那些由国家发起的社会工程带来的巨大灾难产生于四个因素的致命结合:对自然和社会的简单化管理制度、极端现代化的意识形态、一个独裁主义的国家、软弱的公民社会。具体而言,社会的清晰性提供了大规模开展社会工程的可能性,极端现代主义的意识形态提供了愿望,独裁的国家有实现这一愿望的决定权和行动能力,软弱的公民社会提供了等级社会作为其实现

---

① 周庆智:《地方性规范:作为乡村扩展秩序的基础》,《华中师范大学学报》(人文社会科学版)2020年第5期,第1页。
② 赵如珩:《地方自治之实施的研究(续)》,《复兴月刊》1933年第12期,第10页。
③ 赵如珩:《地方自治之实施的研究(续)》,《复兴月刊》1933年第12期,第11页。

的基础。在斯科特看来,简单化是现代国家机器的基本特征,代表着国家管理方式的理性化、标准化,这种简单化的制度是被设计或规划出来的,经常会忽略真实的和活生生的社会秩序的基本特征。① 斯科特为我们考察南京国民政府的政治行为提供了新视角,地方自治也是试图改善人类状况的一次尝试——拥有高尚的目标、清晰的路径、完备的法律、绵密的计划,但效果并不尽如人意。沿着这条分析路径,我们会发现南京国民政府推行的地方自治建设工程难以取得预期成效是再正常不过的事情了。国民党政权设计的地方自治组织及其编组方式体现了简单化的原则,试图将全国人口浓缩在简略的地图和一目了然的表格中;作为所有法规、政策出发点的孙中山的政治理念具有积极意义,但理想色彩十分浓厚,相对于中国社会而言过于超前;国民政府时期,虽然名义上有着理论解释,但国民党独揽国家政权、一党专政的现实无可置喙,只不过国民党是"弱势独裁",自始至终没有真正在全国范围内行使其统治权力。② 最后,当时的中国显然并没有形成公民社会,民权观念难以普及和落实,而地方性规范的坚固亦足以消弭公共规则的有效性,束缚其施展手脚的空间。那么,即使南京国民政府是一个真正强有力的独裁主义政权,地方自治就能取得更好的成效吗? 历史不可以假设,但本文认为结果并不会乐观,根源并不是国家权力的大小,而是简单化与极端现代主义的结合,如果人为制定的计划不能充分考虑现实社会的多样性和复杂性,总试图实现单一、僵化、抽象的目标,那么其结果大多不会畅遂其志,合法性无法得到巩固,反而会受到质疑和消解。

总而言之,南京国民政府初期江苏省在《县组织法》框架下建设地方自治组织的历程,可视作将孙中山的政治理念付诸实践的一次并不成功的尝试。不久之后,发轫于南昌行营的一系列举措——分区设署、编组保甲——逐步取代了地方自治原则,放弃了政权建立之初的宏大理想,地方自治徒留空名。

---

① 詹姆斯·斯科特:《国家的视角:那些试图改善人类状况的项目是如何失败的》,王晓毅译,胡博校,北京:社会科学文献出版社,2017年,"导言"第2—5页。
② 参见王奇生:《党员、党权与党争:1924—1949年中国国民党的组织形态》,北京:华文出版社,2010年。

The Construction of Local Autonomous Organizations under the Framework of *The County Organization Law* in the Early Stage of Nanjing National Government: Centered on Jiangsu Province

Xiang Haonan

Abstract: Local autonomy and direct civil rights are important components of Sun Yat-Sen's political ideas. After the establishment of Nanjing National Government, it formulated and promulgated the local autonomy legal system composed of *The County Organization Law* and relevant auxiliary laws and regulations. Jiangsu Province is the core area ruled by the Kuomintang regime. Before the promulgation of *The County Organization Law*, the local political system promoted by Jiangsu Province laid the foundation for the implementation of local autonomy. After the promulgation of *The County Organization Law*, Jiangsu Province formulated a detailed implementation plan and took a variety of measures to successively complete the construction of local autonomous organizations. However, limited by the lack of talents and financial difficulties, the operation of autonomous organizations at all levels is not effective, various autonomous undertakings cannot be held. In essence, local autonomy is an important means for the Kuomintang regime to consolidate political legitimacy. The key reason why it is difficult to achieve the expected goals is that the system design is divorced from reality. The process of building local autonomy in Jiangsu Province is an opportunity to examine the effectiveness of the Kuomintang's state building.

Keywords: *The County Organization Law*, local autonomy, Jiangsu Province, district office, autonomous funds

评 论

如何戒掉布迪厄？

刘思达[*]

对于 21 世纪初的西方社会学而言，布迪厄是一剂诱惑力极强的毒品，长期吸食足以致命，却又令无数社会学家欲罢不能。美国社会学界是这剂毒品泛滥的重灾区，自从 20 世纪末《区分》《实践理论大纲》《艺术的法则》《国家精英》等著作被逐渐译成英文之后，在社会理论、文化社会学、组织社会学、历史社会学等多个领域掀起了一股布迪厄热，他的场域、资本、惯习、符号暴力等概念在各种经验研究中被广泛使用，在社会理论界也出现了大量的追随者和模仿者。然而，大多数经验研究对于布迪厄理论的应用都浅尝辄止，经常只用某一两个概念来附庸风雅，误用、滥用的现象十分普遍。

这种"言必称布迪厄"的倾向对社会学研究的发展是十分不利的，正如曾经的帕森斯热、福柯热一样，布迪厄热迟早会过去，但他留下的学术遗产——或者说学术伤害——却将很难祛除。因此，如何更为清醒地阅读、理解和批评布迪厄的社会理论，减少误用和滥用，尤其是不能让下一代社会学家在没有任何抗体的情况下继续中毒，就成了一个有意义的学术问题。作为一个已经与这个毒品斗争了十几年而久病成医的资深患者，我在这篇短文里将秉承治病救人的精神，采用中西医结合的方针，为戒除布迪厄提出三种治疗方法：1.整体疗法；2.本土疗法；3.美感疗法。这三种疗法可以同时使用，也可以分疗程进行，其中整体疗法是西

---

[*] 刘思达，多伦多大学社会学系、法学院副教授。

医基础,本土疗法是中药辅助,美感疗法则是心理治疗。

疗程一：整体疗法

毫无疑问,布迪厄是一位杰出的社会理论家。纵观西方社会学史,社会理论家大致可以分为两种理想类型:第一种人才华横溢、文采超群,可以在不经意间提出令人眼前一亮的概念和思路,但理论的系统性和整合性却比较弱,例如齐美尔、福柯、戈夫曼等;第二种人虽然理论原创性不强,但整合能力特别强,可以把别人提出的概念和视角巧妙地整合在一起,形成一套自己独特的理论体系,例如帕森斯、吉登斯、哈贝马斯等。在这两种理想类型之间,布迪厄明显更接近第二种。他的理论体系中绝大多数核心概念都源自其他学者(如亚里士多德、马克思、列维-施特劳斯等)或其他相关领域(如哲学、人类学、现象学等),但其过人之处在于把这些概念发展成了一套非常精致、完善的理论词汇,然后几十年如一日地把这套理论词汇用到了经济、政治、文化、法律、学术等不同社会领域。布迪厄之所以能在不喜欢宏大理论的美国社会学界有如此之大的影响,最重要的原因就是他一直孜孜不倦地用经验研究阐释和推广自己的理论,而不像卢曼、吉登斯、哈贝马斯等几乎从不做经验研究的欧陆学者,让理论功底很差的美国人接受起来比较困难。

布迪厄的社会理论有三个最核心的概念:场域、惯习、资本。除此之外,他的这套理论词汇还包括幻象(illusio)、同构性(homology)、权力斗争、符号暴力等五花八门的概念。在布迪厄本人看来,这些概念是彼此相关、共成体系的,需要一起使用才行,尤其是场域、惯习、资本三个核心概念,其实是紧密相连的,不能只把资本拿出来用而不提场域和惯习,也不能只说场域但里面却没有资本和惯习。[1] 这也就是我所谓的"整体

---

[1] Pierre Bourdieu, Loïc Wacquant, *An Invitation to Reflexive Sociology*, Chicago: University of Chicago Press, 1992.

疗法"——要用布迪厄的理论词汇做社会学研究,就应该把这套词汇作为一个整体来使用。然而,在今天的西方社会学界,如果随机选 100 篇引用布迪厄的文章,可能有八九十篇都是从他的词汇里抽出一两个概念单独来用,比如说自己的经验研究借鉴了布迪厄的场域理论,或者借鉴了布迪厄的惯习概念、资本概念或者符号暴力概念……这种附庸风雅的文章多了,就出现了普遍的理论滥用现象。

举例来说,"资本"或许是布迪厄的理论词汇中被用得最滥的一个概念,当代西方社会学里几乎一切东西都变成了资本,马克思笔下的资本是关于商品、劳动、剩余价值的生产关系[1],而在一百多年后社会学界对布迪厄的各种滥用里,甚至连一个人的肤色、语言、宗教也成了资本[2]。布迪厄本人的确讲了很多种资本[3],比如教育是人力资本,关系是社会资本,品位是文化资本……但问题在于:这些东西是在什么情况下才成了资本?正如马克思认为资本不是金钱或者货币,而是一种生产关系和权力象征,布迪厄的意思也并不是说教育、关系、品位这些东西本身就是资本,而是要把它们放在一个具体的场域里面,让具备某种惯习的人拥有了,然后这个东西才变成了资本。

我再举个更具体的例子来进一步说明这个问题。我是北京大学本科毕业的,有一个北大文凭当然是资本,因为文凭所体现的是受教育程度,也就是所谓的"人力资本"。但按照布迪厄的理论,文凭不只是人力资本,它还是符号资本,是一种声望和地位的象征。[4] 如果我们仔细想

---

[1] 马克思:《资本论》第 1 卷,北京:人民出版社,2018 年。
[2] 美国社会学研究中此类例子很多,如 Ellis Monk, "The Color of Punishment: African Americans, Skin Tone, and the Criminal Justice System", *Ethnic and Racial Studies*, Vol. 42, No. 10, 2019, pp. 1593 – 1612; Jaeeun Kim, "Migration-Facilitating Capital: A Bourdieusian Theory of International Migration", *Sociological Theory*, Vol. 36, No. 3, 2018, pp. 262 – 288.
[3] Pierre Bourdieu, "The Forms of Capital", in John Richardson ed., *Handbook of Theory and Research for the Sociology of Education*, New York: Greenwood Press, 1986, pp. 241 – 258.
[4] Pierre Bourdieu, Loïc Wacquant, "Symbolic Capital and Social Classes", *Journal of Classical Sociology*, Vol. 13, No. 2, 2013, pp. 292 – 302.

一想:北大文凭什么时候才是符号资本呢?它并不是在任何一个场域里都是符号资本。在北京高校的圈子里,你可能觉得北大文凭是个很有价值的符号资本,走到哪里几乎都能用,但十几年前我做博士论文田野调查的时候,去了十几个省,包括西部地区的一些中小城市,我就发现北大文凭在有些地方不好用。我说我是北大法学院毕业的,没人理我;我说我是中国政法大学的访问学者,很多人都理我。为什么呢?因为我在这些地方访谈法官和律师的时候发现,中国政法大学的毕业生遍地都是,有些是科班出身的,也有些是函授的硕士生,北大的毕业生却几乎没有。场域不一样了,符号资本也就变了。一个东西是不是符号资本,要放在一个具体场域里才能判断,才有意义。要是把北大文凭放在一个菜市场里,比如很多年前有新闻说一个北大毕业生去卖肉了,我想这个文凭对他而言恐怕就不是什么符号资本,甚至都不一定是人力资本。

资本与惯习两个概念之间的关系也是如此。文化社会学家们经常把布迪厄在《区分》一书中所讲的惯习等同于文化资本[1],事实上,这两个概念虽然密切相关,却并不能等同。惯习所强调的是人的"性情系统",也就是一个人在某种社会环境下的生活史里逐渐形成的生活方式和品位。北方人爱吃面,南方人爱吃米;工薪层喜欢说唱音乐,贵族喜欢古典音乐;英国人看足球,美国人看橄榄球……这些都是人的惯习。但关键问题在于,惯习并非什么时候都是文化资本,只有放到一个具体场域里才会产生资本。比如我从小就是个足球迷,长大之后却不幸在美国这个足球荒漠生活了很多年,每次跟美国同学或同事们一起吃饭、聊天的时候,他们聊的都是橄榄球、棒球之类的东西,让我总有种格格不入的感觉。但我每次去英国开会,或者和来自欧洲、南美的学者聊天,就发现自己多年积累的足球阅历特别管用,几句话就拉近了彼此的距离。对足

---

[1] Pierre Bourdieu, *Distinction: A Social Critique of the Judgment of Taste*, Richard Nice trans., Cambridge, MA.: Harvard University Press, 1984.

球的爱好是同一种惯习,但在不同的场域里效果却完全不同,有时候是很有用的文化资本,有时候就什么也不是。

因此,如果要用布迪厄的这套理论词汇,就应该把它整体对待,而不是只抽出某一个概念来用,而忘记了与之相关的其他概念。这是戒掉布迪厄的第一个疗程——整体疗法。我想,如果每个社会学家都能努力做好这第一个疗程,就会减少一大半对布迪厄的滥用。

疗程二:本土疗法

戒掉布迪厄的第二个疗程是本土疗法,也就是在理解了布迪厄的主要理论词汇的基础上,进一步思考一下:这套理论词汇在汉语世界是否已经有了相应的概念,它的学术增量究竟在哪里?许多人第一次读布迪厄的书时都觉得挺新鲜,有眼前一亮的感觉,但如果仔细推敲一下就会发现,其实他讲的道理别人都说过,并没有那么超凡脱俗。如前所述,布迪厄的过人之处,是把这些东西非常精致地整合起来,在他三四十岁作为一个学者还很年轻的时候,就发展出了一套彼此融会贯通的词汇,然后用自己的后半辈子把这套词汇应用在各种经验研究里,举了许多例子,让其他人很容易就能模仿。但问题在于:这套理论词汇的学术增量到底在哪里?如果一个理论所讲的其实都是很直白的道理,都是前人已经讲过的东西,不管你讲得再漂亮、再精致,为什么还需要再费很多工夫创造一套十分晦涩的理论词汇呢?比如惯习、幻象、同构性这些概念,翻译成中文之后不使劲解释大家都不知道是什么意思。无论是自然科学还是社会科学,一个好的理论应该是能把复杂的事情变简单,而不是把简单的事情变复杂,布迪厄的一个致命伤,恰恰在于把原本简单的事情变复杂了。对于中文学术研究而言,这套舶来的复杂理论词汇的学术增量就更值得怀疑。

我举两个例子来说明这个问题。首先谈谈布迪厄最核心的理论概念之一——"场域"。这是一个充满了弹性和张力的概念,有人说,场域既是一个"磁场",又是一个"竞技场"。① 人在场域里受到各种社会结构的约束,仿佛是在磁场里被拉着、拽着,有身不由己的感觉;但与此同时,所有在场域里的人都在一起玩游戏,你只要掌握了游戏规则,就可以利用自己的资本和惯习来改变自己在场域里的空间位置,通过权力斗争获得相对于其他人的优势地位。场域里的支配与服从,都是从权力斗争里来的,这也是布迪厄受马克思主义理论影响很深的一方面。但场域归根结底是个结构性概念,一个场域首先要有行动者(agents),然后要把这些行动者放在不同的空间位置上,这样才能讨论场域的社会结构以及这个结构对个体行动的约束。②

布迪厄的这套理论很复杂,用法语、英语说得费劲,用汉语说就更费劲。但如果仔细思考一下,其实在中文里并不需要"场域"这个概念,因为我们本来就有一个比场域更好的概念——"江湖"。你跟中国人说"场域"没人懂,说"江湖"大家都懂。有句俗话只要是中国人都知道,叫"人在江湖,身不由己"。想想看:布迪厄讲了半天场域对行动者的结构性约束,其实说的意思不就是"人在江湖,身不由己"吗?再进一步推敲一下:我们中国人说的江湖到底是什么样子的?我小时候是个听老师话的好学生,所以读武侠小说比较晚,直到20多岁时才把金庸小说通读了一遍。武侠小说里经常讲江湖,我现在反思一下,场域里有的那些东西,其实江湖里也都有。比如江湖上有各路门派,少林武当昆仑峨眉、东邪西毒南帝北丐,这都是不同的空间位置。而每个门派修炼不同的武功,这就相当于布迪厄说的惯习,需要在某个空间位置上多年的生活史才能养成。而所谓"权力斗争",就相当于不同门派之间的比武,在武林大会上争武林盟主。要想笑傲江湖,不仅需要超强的武功,还需要各种素质和人脉,而后者就相当于布迪厄所谓的那些资本。除了这些场域里有的东

---

① Philip Gorski ed., *Bourdieu and Historical Analysis*, Durham: Duke University Press, 2013.
② Liu Sida, Mustafa Emirbayer, "Field and Ecology", *Sociological Theory*, Vol. 34, No. 1, 2016, pp. 62 - 79.

西,江湖上还有不少事情是场域里没有的,比如友谊、爱情、背叛、复仇,各式各样的血雨腥风……另外,江湖上也没有场域里那么多固化的制度、阶级和支配关系,而是一个正式体制之外的社会空间,更像是芝加哥学派所说的"生态系统"。[①] 所以我认为,如果围绕着"江湖"这个概念发展一套社会学词汇的话,可能会比布迪厄的场域理论更丰富、更有趣。

更重要的是,对于我们这些用中文做学术研究和写作的人而言,很多时候不需要把布迪厄这一套晦涩的洋概念拿过来,就能把要研究的社会现象说得很清楚。除了"江湖"之外,我们中国人还常用的另一个词是"圈子",这个概念和场域也有类似之处。但如果深究的话,圈子更像是一个社会网络概念,而不是社会空间概念。因为圈子之所以成为圈子,其核心纽带是人与人之间的联结,而不是人和空间位置之间的联结。但归根结底,汉语里其实已经有了不少江湖、圈子这样的概念,简单易懂、形象生动,根本没必要再引进场域这种洋概念。那么,场域这个概念对于正在从曾经的"言必称希腊"逐渐走向本土化的中国社会学的学术增量到底在什么地方呢?我觉得是可以质疑的。

再举一个关于"资本"的例子。如前所述,这是布迪厄的理论词汇里被滥用最严重的概念,金钱、地位、教育、品位、性别、种族、语言、肤色等等,几乎一切东西都被社会学家们当成了资本。但仔细想想,其实我们中国人就算不用这一套复杂的资本话语,也照样可以把这些东西说得很清楚,而且有时候比布迪厄说得更精炼。汉语里有两个很通俗的概念,"素质"和"关系"。我认为,这两个概念基本上涵盖了布迪厄所讨论的各种主要资本类型,人力资本和文化资本可以归为素质,社会资本可以归为关系。符号资本虽然既不全是素质也不全是关系,但也可以用"荣誉"或者"面子"之类的本土概念来替代。

先说说素质。我原来在威斯康星大学任教时,有一位很优秀的美籍

[①] 罗伯特·帕克等:《城市:有关城市环境中人类行为研究的建议》,杭苏红译,北京:商务印书馆,2016年。

华人学生叫梁丽丽(Lily Liang)。她的博士论文是研究中国的中小学教育问题,研究的时间长了,就对"素质"这个概念越来越感兴趣。因为梁丽丽的导师埃米尔拜尔(Mustafa Emirbayer)是当代美国社会理论界对布迪厄研读最深的学者之一,写了不少介绍布迪厄理论的文章①,所以她也受到了导师的影响,想把素质归类为布迪厄理论体系中的某一种资本。可她左思右想,觉得素质既像人力资本,又像文化资本,可又不全是人力资本,也不全是文化资本,生搬硬套布迪厄的概念的话,怎么套都不合适。后来我就问她:为什么一定要把"素质"这个原本通俗易懂的概念归到布迪厄那一套非常复杂的话语体系里呢?一说素质,中国人都懂,但作为学术概念,素质二字背后其实蕴含了很多层次的意涵,比如家教、学历、文化、修养,还包括城里人对乡下人的歧视、知识分子对暴发户的嗤之以鼻等;此外,素质还是一个在改革开放时期现代化发展的特定语境下逐渐流行起来的概念,体现了国家的意识形态和政治动员。② 如果我们从素质这个概念来切入的话,其实可以分析许多对于理解当代中国社会结构和变迁至关重要的理论问题,比如对阶级、城乡、性别等各种社会差异的区分。

素质作为一个学术概念当然也有很多问题和弱点,但我举这个例子想说明的是,理解社会现象,用布迪厄这一套复杂的资本话语只是一种方式而已,它不一定是最好的,更不是最全面的。因为资本归根结底是一个经济学概念,强调的是一样东西的价值,而这个价值只有在交换过程中才能实现。但素质就不一样,它是一个人内在的东西,不需要交换,其价值也不需要用资本来衡量。作为社会学家,我们应该反思一下:用一套资本的话语来做社会学研究,到底得到了什么,又失去了什么?当

---

① Mustafa Emirbayer, Chad Goldberg, "Pragmatism, Bourdieu, and Collective Emotions in Contentious Politics", *Theory and Society*, Vol. 34, No. 5 - 6, 2005, pp. 469 - 518; Mustafa Emirbayer, Victoria Johnson, "Bourdieu and Organizational Analysis", *Theory and Society*, Vol. 37, 2008, pp. 1 - 44.
② Delia Lin, *Civilising Citizens in Post-Mao China: Understanding the Rhetoric of Suzhi*, London: Routledge, 2017.

代的社会学家整天说的那些所谓"资本",和马克思在《资本论》里所讲的资本,是否已经谬之千里了?

除了素质之外,中国人常说的"关系"和资本的异同也很值得推敲。如果把"关系"翻译成布迪厄那套词汇的话,就变成了所谓"社会资本",这也是西方社会学界对中国语境下"关系"这个概念的主流解读方式。[1]但我认为,关系的意涵比社会资本的概念要更丰富,如果把关系等同于社会资本的话,其实是一种片面的解读。为什么这么说呢?因为社会资本是一个功利性的概念,社会资本是有用的,没用的话就不是资本了。但关系不一样,我们中国人说两个人关系很好,有时候是很功利的,我和你搞好关系,是想求你帮我办事,在这个意义上,关系基本上就相当于社会资本。可也有时候两个人之间的关系并没那么功利,我就是和你关系好,我不图你什么,你也不图我什么。比如我们常说的"发小儿""闺蜜""战友"这些关系,不一定像社会资本那么功利,而是关于人与人之间的感情。所以你看社会学家们几十年来用社会资本理论解释了那么多东西,但总是解释不好友情、亲情、爱情这些人与人之间最朴素、真挚的关系,因为这些关系本质上都没那么功利,与"资本"这个概念是格格不入的。

总结一下,本土疗法的实质,是解决我们在应用包括布迪厄在内的西方社会理论时的"食洋不化"问题。如果一项研究只是用几个既复杂又晦涩的舶来概念来装饰一下,看似"高大上",让人"不明觉厉",和通俗易懂的本土概念相比却对社会事实并没有更强的解释力,那么这样的概念和理论还不如不用。事实上,即使不考虑中文翻译问题,在法语或英语学界,布迪厄的这套理论词汇的学术增量也是可以质疑的。当今美国社会学界之所以产生布迪厄热,一个重要原因是美国社会学自20世纪中后期以来就被以因果关系为基础的量化回归分析所主导[2],而布迪

---

[1] Lin Nan, *Social Capital: A Theory of Social Structure and Action*, Cambridge: Cambridge University Press, 2001; Bian Yanjie, *Guanxi: How China Works*, Cambridge: Polity, 2019.

[2] Andrew Abbott, *Time Matters: On Theory and Method*, Chicago: University of Chicago Press, 2001.

厄的关系社会学和反思社会学为那些不喜欢用因果关系来思考问题的社会学家们提供了另一种可能性。但问题在于，布迪厄并不是唯一的可能性，也未必是最好的可能性，如果穿透他这套理论词汇的光环和面纱，就会发现，其实布迪厄是为了提升自己理论的系统性和普遍性，而把一些原本简单的事情变复杂了。

疗程三：美感疗法

美国社会学界产生布迪厄热的另一个原因，是他的理论倾向与对人性的基本假设恰好与美国人的学术和文化品位臭味相投，把一些美国社会学家们想说却不知该怎么说的事情给说清楚了。从这个意义上讲，对布迪厄的顶礼膜拜不仅反映出当代美国社会学在理论方面的匮乏，而且也体现了美国社会文化中某些与他这一套理论十分契合的特质。这也就引出了本文要介绍的第三种疗法——美感疗法。

与经济学、政治学相比，社会学是一个特别开放和宽容的学科，理论流派众多，不同流派之间对社会现象的认识有着根本性的差异，比如社会的本质究竟是结构还是互动，社会变迁究竟是源于因果关系还是历史偶然性，连这些最基本的本体论和认识论问题都没有什么公认的正确答案。正是由于这个原因，不同理论流派的社会学家们的学术品位往往大相径庭，马克思主义者不喜欢结构功能主义，结构功能主义者看不惯后现代理论，后现代理论家受不了社会网络分析……各式各样的学术"鄙视链"在社会学界层出不穷。就我本人而言，布迪厄当然不是我最讨厌的社会理论家，否则我也不会花那么多时间读他的书，事实上我很欣赏他的一些作品，比如《艺术的法则》就是一本非常好的书①，但我一直不喜欢他这套理论背后潜在的人性假设。我认为布迪厄对人性的假设是

---

① Pierre Bourdieu, *The Rules of Art: Genesis and Structure of the Literary Field*, Susan Emanuel trans., Stanford: Stanford University Press, 1996.

非常丑陋的,和古典社会理论中的人性假设形成了鲜明对比。

社会学在19世纪中后期兴起时,马克思、涂尔干、韦伯、齐美尔这几位奠基人所关注的核心问题都是所谓"现代性"问题,也就是在从传统社会向现代社会的转型过程中人的生存状态问题。无论是马克思笔下的"异化"、涂尔干笔下的"失范"、韦伯笔下的"铁笼"还是齐美尔笔下的"陌生人",都充满了对现代社会中人性的忧虑和关怀,而这些社会理论的美感也恰恰来源于这种对人的情感关怀。以韦伯的经典著作《新教伦理与资本主义精神》为例①,当资本家身上曾经"轻飘飘的斗篷"变成了冰冷坚硬的"铁笼",当脱离了伦理束缚的资本主义让"专家没有灵魂,纵欲者没有心肝",我们从这本书中读出的是什么呢?不是新教各个教派之间的教义差异,也不是欧美资本主义兴起的伦理根基,而是现代社会中每个个体面对资本主义这台迅速膨胀的机器时的生存困境,是一种彻骨的悲凉和绝望——这才是有情感和美感的社会理论。

那么,我读了十几本布迪厄的书,读到最后读出了什么呢?我发现布迪厄对人性的假设和韦伯、涂尔干、马克思都不一样,既不追求社会团结和集体欢腾,也不向往一个比资本主义更美好的社会,更不会在理性化的浪潮中无所适从,而是一个非常精明、冷酷的实用主义者。对这个人而言,无论在哪个场域里,无论有什么资本和惯习,最重要的事只有一件,就是为了实现自己的利益而征服别人。所以我觉得,今天的西方社会学把布迪厄捧成这个样子,其实是一件令人悲哀的事,因为它或许恰恰反映了我们所生活的21世纪初的人类社会已经和19世纪末不太一样了,甚至还不如各种批判性社会思潮风起云涌的20世纪中后期,变成了一个由冷酷、精明的利己主义者和实用主义者所组成的社会。我认为即使在最坏的时代,最好的社会理论也不应该是这样的,不能把人性假

---

① 马克斯·韦伯:《新教伦理与资本主义精神》,于晓、陈维钢等译,北京:生活·读书·新知三联书店,1987年。

设得这么丑陋,而是应该能把人的情感和社会的美感都写出来。① 从这个意义上讲,布迪厄的理论或许很好用也很强大,但其中没有情感,也没有美感,所以我不喜欢。

也许有人会问:社会学的研究目的是描述和解释社会现象,理论能把经验现象解释清楚就好了,美不美有那么重要吗? 的确,在这个学术八股文盛行、量化指标横行霸道的时代,对美感的追求似乎已经成了大多数学者的奢望。然而,社会理论的使命从来不只是为经验研究提供分析框架和思路,同样重要的,是为人们理解自己所处的时代和社会状况提供精神食粮。每一代社会理论家所面对的社会问题不同,写出来的理论也不一样,但借用一下芝加哥大学的校训,好的理论应该可以让人"益智厚生"。即使不谈韦伯、涂尔干这样的古典社会理论家,在布迪厄的同辈社会学家里,也有福柯和戈夫曼那样或激情澎湃或灵光乍现的理论家,他们笔下的文字,有情感也有美感,有直击心灵的力量。相比之下,布迪厄笔下虽然也有人,可他却把有血有肉的人都简化成了"行动者",这些行动者深谙游戏规则,擅长权力斗争,却仿佛是一个个牵线木偶,既不会欢笑,也不会流泪。这样的社会理论,或许可以益智,但恐怕很难厚生。

因此,美感疗法的本质是一种心理治疗,是让那些中了布迪厄之毒的社会学家们在社会理论的阅读和写作中重新体会到情感和美感,而不满足于做一个没有灵魂和心肝的专家。与整体疗法和本土疗法相比,美感疗法的疗程或许是最长的,也是最难见效的,因为我们所处的这个时代已经不是韦伯笔下"诸神之争"的祛魅时代②,而是一些丑陋、狂妄的人把自己当成了神的时代。在这样一个时代里,情感被扭曲成情绪,审美被消化成道德,知识分子被培养成精致的利己主义者,而布迪厄这剂毒品却还摆在那里,让麻木的行动者们可以从中获得一点存在感和慰藉。

---

① Andrew Abbott, "Against Narrative: A Preface to Lyrical Sociology", *Sociological Theory*, Vol. 25, No. 1, 2007, pp. 67 – 99.
② 马克斯·韦伯:《以学术为业》,载《学术与政治》,冯克利译,北京:生活·读书·新知三联书店,2005 年。

社会学本土化:知识社会学的合理"悖论"

吴肃然*

谢宇在《走出中国社会学本土化讨论的误区》一文中,对倡导学科本土化的中国社会学家提出了严肃批判。在他的批判对象中,中国台湾社会学家叶启政的"范式本土化"被视为"迄今为止最激进、最具感召力,也最强有力的"观点,故而该文对叶启政予以了重点批驳。谢宇认为,叶启政的本土化论述破坏了社会学的学科纪律性,违背了学科规范,它会让中国社会学变成"一门其他的学问",以致"不再是社会学了"。[①]

然而上述批驳令人生疑。叶启政在美国获得社会学博士学位,他对本土化议题所做的探讨也在总体上体现了西方社会学的知识背景,若读者试图将其观点以及所引发的思考理解为"一门其他的学问",反倒不太可能。本文将对叶启政的本土化思想做出概括,将其与西方知识社会学的三位代表人物的观点进行比较,阐明叶启政的本土化思想与西方社会学学科传统的紧密联系,进而指出其更深层的学科意义,以此反驳谢宇对社会学本土化所做的批评。

一、为什么要本土化:叶启政的知识社会学立场

叶启政对本土化问题的方法论探讨主要收录于《社会理论的本土

---

* 吴肃然,哈尔滨工程大学社会学系教授。
① 谢宇:《走出中国社会学本土化讨论的误区》,《社会学研究》2018年第2期。

建构》一书,另两部近年出版的方法论著作《实证的迷思》《从因果到机制》也提供了重要的关联讨论。此外,《进出"结构—行动"的困境》《穿越西方社会理论的省思》《象征交换和正负情愫交融》《深邃思想系链的历史跳跃》四部著作代表着对西方社会学理论所做的本土化尝试,《彳亍躓顿七十年》这部自传体著作则呈现了其本土化思考背后的人生经历和历史背景。

从字面上看,"本土化"意味着研究者基于自己所处社会的特点,对源自异域的知识进行改造。就此人们可以很自然地提出一个疑问:为什么要这么做?倡导本土化的社会学家通常也会给出回答,这种回答强调知识与社会因素的内在关联,带有鲜明的知识社会学色彩。在叶启政关于本土化的表述背后,也正存在着这样一种知识社会学的立场,在他看来,本土化正是一种知识社会学的社会实践。[①]

通过对其著述的方法论梳理,本文从叶启政的本土化论述中总结出了以下十个知识社会学的观点:

(一) 知识的存在决定论

知识的存在决定论(Seinsgebundenheit)反对把知识当成"神圣物",认为在知识之上还存在某些更为根本的存在,人们可以把这种存在当成自变量,用以解释知识的产生、发展、形态和内涵。这是一种对于知识的外在主义理解,常见的存在来自神学、生物学、经济学、心理学等等。而在知识社会学看来,知识是由社会这种存在所决定的,实际上这正是知识社会学最基础的命题。

就本土化问题来说,知识的存在决定论可以提供两个重要提示:第一,西方的社会科学知识与西方社会的整体背景分不开,后者能够为前者提供因果解释;第二,特定社会背景中产生的知识到了不同的社会背景下,就会有脱离存在的可能,从而反过来损害知识自身的效力。

[①] 叶启政:《社会学家的絮言絮语》,杭州:浙江大学出版社,2018年,第82页。

以上观点也正体现于叶启政对本土化的立论之中。他说道:"西方社会学理论未必是放诸四海皆准之绝对客观的解释体系,它们只不过是,在其特定之文化与社会条件的催动下,西方社会学者所提出的特定观点和见解,原本就带着特定的意识形态与价值色彩","知识既是社会的产物,生于社会,成于社会,也用于社会",如果缺少了知识社会学的反思,那么中国社会学家就会"东施效颦,怎么说都是不成样子,总感觉到少了些什么的:得不到人们的感应同情,自是可以预见"。①

(二) 对知识的尼采式理解

作为哲学家的尼采在知识社会学的议题上有一个鲜明的论断,即思想乃是人类谋求生存与权力的工具。② 这一论断为许多社会学家所继承,也为本土化提供了知识论角度的正当性。叶启政也曾从这一角度评价道:"(本土化)可以看成是 20 世纪以来亚非地区的人民,在政治与经济上,企图摆脱西方帝国主义牵制,扩衍到学术思想(也是文化)上的民族主义的倾向。更积极地说,边陲地区向中心地区的学术体系挑战,并争取(至少属该地区之)文化象征的创造和诠释主导权的整体斗争中的一环。"③

谢宇在评价叶启政的上述观点时将"学术体系"一词理解为"学术评价体系",指出当代中国的学术评价体系之弊病并不是美国化所带来的,并进一步批评本土化是在"人为地划定学术社区的中西阵营"。④ 这种批评完全偏离了叶启政上述表达的方法论要点。将知识与权力联结在一起这种尼采式的立场,背后有着复杂的哲学人类学的理论根基,不了解哲学人类学的背景,就容易从常人的角度对叶启政的上述观点做一番

---

① 叶启政:《社会理论的本土化建构》,北京:北京大学出版社,2006 年,第 27、64 页,"自序"第 2 页。
② 彼得·伯格、托马斯·卢克曼:《现实的社会建构:知识社会学论纲》,吴肃然译,北京:北京大学出版社,2019 年,第 10 页。
③ 叶启政:《社会理论的本土化建构》,北京:北京大学出版社,2006 年,第 57 页。
④ 谢宇:《走出中国社会学本土化讨论的误区》,《社会学研究》2018 年第 2 期。

心理的解读,似乎其只体现出一种自尊和反抗,缺少理性和逻辑的成分。其实在叶启政的原初论述中,就已经预见了这种看法,他说道:

> "本土化"具有民族情结,而身为边陲地区的学者宣泄其储存已久,且又过度压抑的集体情绪,实可以理解,也值得同情。从历史心理学的角度来看,基于民族和文化自尊的立场来提倡"本土化",并没有什么大罪过……只要我们让此类因素保留为只具引导研究方向之"动机"性的心理促发因子,或用来形塑论述之哲学人类学上的存有性预设命题的触媒,而让科学逻辑与程序理性作为研究和思考理路能被保证,(那么)带民族情结的思考和论述本身,并不会扞格到学术作为理性之心智活动的要求。①

(三) 揭示无意识

并非所有的研究者都能看到知识与社会的内在关联,为学术共同体揭示这种关联,从而摆脱学术的无意识,是知识社会学的一项重要任务。这一任务,也正是中国社会学本土化的第一学术目标。

叶启政在《社会理论的本土化建构》一书的开篇部分就说道:在西方社会学家的"科学"论述里,存在着来自其所承继文化深层底处的"定见",这些定见是常不被意识到的。② 叶的观点并不是一个东方学者的发明,不少西方社会学家都对此展开过具体的分析。③ 这种无意识在实证主义社会学家身上往往体现得最为明显,正如哈贝马斯所指出的:"即使实证社会学的理论建构表面上看似具普遍性,但其经验结论还是以一

---

① 叶启政:《社会理论的本土化建构》,北京:北京大学出版社,2006年,第57页。
② 叶启政:《社会理论的本土化建构》,北京:北京大学出版社,2006年,"自序"第1页。
③ 叶启政:《社会理论的本土化建构》,北京:北京大学出版社,2006年,第27页。

些预设价值为后盾的。只是他们常把这些原带特定价值与意识形态的预设命题供奉成为理所当然的'公理',要不,就是素朴而毫不察觉到此等预设命题的存在。"①

作为一种研究上的认知态度,本土化提供了一种"例外感"和"陌生感"。如同文学艺术理论中的著名概念"陌生化"(defamiliarization)所主张的,主动拉开一定的思想距离,才有助于我们发现原本难以看到的问题,对习以为常的事物产生更深入的本质理解。学科本土化正基于这样一种方法论策略。

(四)从特殊"回转"到普遍

学科本土化并不是一味地强调本土社会的特殊性,它最终服务于一种普遍主义的知识追求,拒绝"画地为牢"②和"义和团式的心态"③。按照叶启政的论述,本土化的知识过程涉及以下从特殊到普遍的"回转"步骤:

第一,研究者要认识到,西方学术传统未必是普遍的知识,它本身就是一种特殊和例外;

第二,将本土作为一种特殊和例外来研究,运用外来、本土的知识传统和认知思考模式来创造新论述,以谋求更加贴切地理解身边的社会现象;

第三,从自身社会文化传统的特殊性出发,揭示西方知识体系背后的深层预设,以此撼动优势文化的普遍性霸权;

第四,对比优势文化和本土文化,寻找哲学人类学预设上的意义分离点,让优势的知识论述借助例外实现"回转",以此超越既有的理论体系,最终为人类整体文明拓展更宽广、更深邃、更具启发性的思维和认知空间。

---

① 叶启政:《社会理论的本土化建构》,北京:北京大学出版社,2006年,第67页。
② 谢宇:《走出中国社会学本土化讨论的误区》,《社会学研究》2018年第2期。
③ 叶启政:《社会理论的本土化建构》,北京:北京大学出版社,2006年,第70页。

可以看到，虽然"本土化"一词在字面上强调特殊性，但它真正的知识取向是彻底的普遍主义。它对特殊和例外的强调只是一种迂回的策略，因为只有借助这种策略，它才能摧毁那些把某种特殊称为普遍并拒绝反思的"普遍主义论述"。在倡导本土化的学者看来，那些拒斥本土化的"普遍主义者"，往往正身处特殊主义的观念铁笼中。

（五）批判实证主义

一些倡导学科本土化的华人社会学家认为本土化的关键在于能够提供不一样的证据，这种实证主义风格的主张受到了叶启政的批判："整个华人社会学科界的基本认知模式，受到美国社会与行为科学界里主流所持有之经验实证方法论的影响，实在是太深了。"[①]这种主张只会让本土化变得窄化甚至被扭曲。

可以看到，叶启政批判的这种本土化正是谢宇所批判的"议题本土化"和"应用本土化"，叶、谢二人都认为这种本土化是有问题的，不过他们的观点却有着根本差异。在主张实证主义的谢宇看来，这种本土化是社会学家的日常事务，其在方法论上并没有特别之处，根本不值得发明一个词来突出其特殊性。但在批判实证主义的叶启政看来，上述本土化不具有真正的知识社会学效果，从事这种本土化工作的学者，不仅不能完成本土化的真正任务，反而给本土化制造出更多的障碍。

叶启政指出，实证主义是美国经验社会学的最重要特征，在美国社会科学向外扩散传播的过程中，那些有待反思和批判的隐含预设恰恰就是借助实证主义这一表面看上去纯中立的思想工具来达成的。学科的本土化，首先要撬开的恰恰就是这一层方法论的硬壳。[②]

---

① 叶启政：《社会理论的本土化建构》，北京：北京大学出版社，2006年，第60页。
② 叶启政：《实证的迷思：重估社会科学经验研究》，北京：生活·读书·新知三联书店，2018年。

（六）理论的述行性

对实证主义的不同态度意味着对以下两对关系的不同理解：一是社会科学研究中的理论与经验的关系，二是社会科学知识与社会现实之间的关系。实证主义者对这两对关系往往持有自然科学式的理解，但实证主义的批评者往往强调社会科学理论的"述行性"（performativity）。述行性是一个语言哲学概念，它强调语言本身的"行动性"，本质上不同于实证主义对于语言和理论的"镜式"隐喻。欧美社会学家已经在性别研究和金融研究等诸多研究领域中对此概念做出了深入的运用和阐释。①

叶启政认为，"解放旨趣"是启蒙理性的精髓所在，也是西方社会学的基本精神。不同于自然科学知识，社会学的知识本身就具有意识启蒙的作用，它往往形成为一股实际的社会力量来引导社会变迁。当前美国的一些社会学知识只体现了一种世俗现世的气质，未能展现出社会学应有的知识效果；而本土化则兼具解构与重构的双重任务，让人们有机会开拓更宽阔的想象、理解、感受与行动实践空间。② 社会学家的形象不应是一个穿着白大褂、看着显微镜的"科学家"，而是一个编织理念型故事的艺匠人。③

（七）现象学悬置

对作为研究对象的"知识"进行现象学的悬置，这也是知识社会学的重要主张。正如"逻辑学悬置了它的内容，数学悬置了它的形象物，生物学悬置了物理学，文学悬置了纸张油墨，电影悬置了银幕，美食悬置了营养构成，恋爱悬置了繁殖等等"④，知识社会学也悬置知识的"真伪"。不

---

① 朱迪斯·巴特勒：《身体之重：论"性别"的话语界限》，李钧鹏译，上海：上海三联书店，2011年；Donald MacKenzie, *An Engine, Not A Camera: How Financial Models Shape Markets*, Cambridge: MIT Press, 2006.
② 叶启政：《社会理论的本土化建构》，北京：北京大学出版社，2006年，第73页。
③ 叶启政：《社会学家作为说故事者》，《社会》2016年第2期。
④ 邓晓芒：《胡塞尔现象学导引》，《中州学刊》1996年第6期。

管研究者是否承认存在着"客观事实",他都无须关心知识的"真假",不用找寻这种知识背后的"经验证据"。

叶启政指出,学科本土化所依赖的知识社会学路径,其最重要的是帮助我们掌握潜藏在问题意识背后的"历史-文化质性",更是希望有效地理解本土化的回转所带来的"治疗"内涵。① 在这种理论目标的指引下,"能够客观而高度契合"地掌握被研究者实际行为体现的"本身"并不是考虑的重点。更进一步来说,本土化知识所赋予人们的"真实感"也完全不同于实证主义者的"真实",本土化所引发的并不是"真伪认定的问题",而是"因不同书写和阅读现象的方式"所带来的意见分歧。②

(八) 回到日常生活世界

日常生活世界是本土化理论与实践的微观基础。任何知识的建构都来自也回照于日常生活中的常识世界③,自然科学知识也不例外。正如瑞士现象学哲学家耿宁(Iso Kern)所说:"尽管客观科学的逻辑亚建筑超越了直观的主观生活世界,但它却只能在回溯到生活世界的明证性时,才具有它的真理性。"④

叶启政认为,之所以本土化需要让研究者返回日常生活世界,原因在于建构社会学知识时必须尊重行动当事人的身心状态和行为体现,只有这种经过拟情诠释的知识,才能具有主体互通之"真切契合"的可能性,用俗话说就是一种"接地气"的社会学。缺少本土化意识的中国社会学很容易陷在"中心社会学的知识体系所编织的观念世界"⑤里,远离了社会成员的生活世界,被"西方社会学家长期经营下来之厚重且组织细密、传承悠久的知识体系所慑服,以至于我们总是毫无警觉地以他们所

---

① 叶启政:《社会学家的絮言絮语》,杭州:浙江大学出版社,2018年,第84页。
② 叶启政:《社会理论的本土化建构》,北京:北京大学出版社,2006年,第66页。
③ 叶启政:《社会理论的本土化建构》,北京:北京大学出版社,2006年,第64页。
④ 倪梁康:《现象学及其效应》,上海:上海三联书店,1994年,第135页。
⑤ 叶启政:《社会理论的本土化建构》,北京:北京大学出版社,2006年,第119页。

提供的概念和设立下的命题作为依据,而依样画葫芦地做起学问来"①。可以看到,对于谢宇从学术规范角度所提出的批评,叶启政已然做出了预见性的回答。其实当代中国社会学研究者多多少少都能意识到学科的"无力",对于这一现象,谢宇等学者所给出的是"年轻的原罪"(sin of youth)这一经典的默顿式解释②,叶启政所给出的则是另一种看法。

(九) 研究者的反身性

"反身性"是知识社会学的经典问题,它的最基本定义"自我指涉"已经成为当代社会理论的认识论基础。③ 作为一种知识社会学的规划,学科本土化问题也牵涉到对反身性问题的思考。

"反身性"这一概念具有多元的内涵④,叶启政对于反身性的强调并不直接指向本土化理论的反身性,而是指向承担本土化工作的研究者。本土化是一项"带有自我反省性的象征创造转化活动",作为本土社会成员的研究者,既是导演,也是演员。这两种角色之间的张力就内含着显著的反身性。"研究者要对自己的身心状态有着自省的了解","厘清、界定自己的问题意识、方法论立场、文化观点甚至实践态度"⑤,从自己自觉的身心状态出发来转化自己已知的外来知识传统,这对研究者的自我剖析和自我披露的能力提出了很高的要求。

在对研究者提出反身性要求的基础上,本土化的社会学也自然要彰显反身性的特质,这就体现出"本土化"与"范式"的差异。库恩科学革命论中的"范式"强调不可通约,而本土化则强调通过反身性来建立外来与本土之间的诠释学循环,它追求的要旨恰恰是"通约"。从此角度来

---

① 叶启政:《社会理论的本土化建构》,北京:北京大学出版社,2006年,"自序"第2页。
② Piotr Sztompka, *Robert K. Merton: An Intellectual Profile*, London: Macmillan Education Ltd., 1986, p. 85.
③ 尼克拉斯·鲁曼:《社会系统:一个一般理论的大纲》,鲁贵显、汤志杰译,台北:暖暖书屋,2021年。
④ 肖瑛:《反身性与"曼海姆悖论"——兼论相对主义社会学的可能性》,《社会学研究》2004年第3期。
⑤ 叶启政:《社会理论的本土化建构》,北京:北京大学出版社,2006年,第70页。

说,谢宇将"范式"与"本土化"二词连在一起用以描述叶启政的知识取向,是一种概念错配。

(十)文化相对主义

知识社会学强调社会背景与知识之间的关联,就难免携带相对主义的先天气质,这也是知识社会学所遭遇的最主要批评。在有关本土化的论述中,叶启政并没有掩饰自己的文化相对主义立场。

上述文化相对主义的观点可以概括为以下六点:第一,西方社会科学知识背后的文化预设不具有普遍价值意涵;第二,边陲地区的文化传统、社会结构和思维模式与西方社会有着哲学人类学层次的根本差异,这种差异不可能通过前者对后者的模仿和学习来消除;第三,一个社会的学术体系如果单纯从外移植进来,这种学术就肯定缺乏独立自主与原创活力;第四,本土化体现了文化自觉意识,民族与文化情结是本土化的基本心理色调;第五,学术上的文化相对主义是打破百年来世界体系的再生产的观念起点,为边陲地区摆脱中心地区的政治与经济的霸权地位提供了重要助力;第六,反对本土化的学者往往只是为了捍卫中心地区在象征秩序中的神圣地位,这种捍卫意识嵌入到了一种宏观的文化逻辑中,以致这些学者自己未能清楚觉察。①

二、卡尔·曼海姆:知识社会学的象征

尽管"知识社会学"一词的发明人是马克斯·舍勒,但这一学科能够进入英语学界特别是美国学界,主要是卡尔·曼海姆的功劳。相对于舍勒的哲学家形象,曼海姆才被社会学家视为自己人。② 因此也就不难理解,为何一谈起知识社会学,曼海姆就会是大多数美国和中国社会学家

---

① 叶启政:《社会理论的本土化建构》,北京:北京大学出版社,2006年。
② 彼得·伯格、托马斯·卢克曼:《现实的社会建构:知识社会学论纲》,吴肃然译,北京:北京大学出版社,2019年,第12页。

首先想到的名字之一。

与许多犹太裔的欧洲知识分子一样，四处流亡的经历会让学者本人不断受到新的文化体系的冲击，从而使其更可能察觉到自然科学式知识观的问题，并对社会科学知识与社会背景之间的联系产生浓厚兴趣。曼海姆的知识社会学深受德国历史主义的影响，他主张"观念体系不能只根据其内在自主性的发展来了解，必须参考它在社会结构中的位置，方能充分了解其意义"①，"社会不仅决定着几乎所有人类思想的表象，而且决定着其内涵"②。

不同社会位置的人在知识构成上存在着七点重要差异：1. 对一个概念的理解不同；2. 使用对立的概念；3. 回避某些概念；4. 所用基本范畴的特点不同；5. 采用的思维方式不同；6. 对发展理论的态度不同；7. 思想模式背后的本体论不同。③ 在对世界观、意识形态、千禧年主义、德国保守主义、无政府主义和法西斯主义等"思想"的讨论中，曼海姆展示了这种知识社会学分析的效力。④

曼海姆明确指出了自己的知识社会学与尼采思想的关联："现代的意识形态论和知识社会学的另一个源头可以在尼采的洞见闪光中找到，这就是尼采将内驱力理论和知识社会学结合起来所做的具体观察。"⑤曼海姆认为，不同社会群体之间从根本上是竞争关系，而思想就是集体竞争的一种武器。⑥ 之所以会出现关于世界的不同解释，很大程度上是由于不同群体在权力斗争中所占据的位置不同："所有的历史的、意识形态的、社会学知识，都根源于且运转于特定社会群体对于权力和认知的

---

① 黄瑞祺：《曼海姆：从意识形态论到知识社会学诠释学》，台北：巨流图书公司，2000年，第52页。
② 彼得·伯格、托马斯·卢克曼：《现实的社会建构：知识社会学论纲》，吴肃然译，北京：北京大学出版社，2019年，第13页。
③ 林建成：《曼海姆的知识社会学》，郑州：河南人民出版社，2011年，第52—60页。
④ Karl Mannheim, *Ideology and Utopia*, London: Routledge & Kegan Paul Ltd., 1998.
⑤ Karl Mannheim, *Ideology and Utopia*, London: Routledge & Kegan Paul Ltd., 1998, pp. 278-279.
⑥ Brian Longhurst, *Karl Mannheim and the Contemporary Sociology of Knowledge*, London: The Macmillan Press Ltd., 1989, pp. 13.

欲求中，这些群体总想把自己对于世界的解释说成是唯一普世的。"①

对"无意识"的发现是曼海姆知识社会学思想在认识论上的重要出发点。在曼海姆看来，集体无意识的现象以及围绕此现象所展开的各种意识形态论争，已经成为他身边的时代问题。② 人们通常意识不到自己所持知识观念的社会根源，这就妨碍人们走向自由，只有让"存在于我们身后的无意识动机直接进入我们的视野，我们才能在个人生活中变成自己的主人"③。

曼海姆对"无意识"问题的讨论已经触及西方社会学乃至人文社会科学的关键点。许多社会学家把"社会"看成个人的聚合，在对社会进行分析时一定要搜集到个人层面的客观指标或主观感受证据，以"均值人"或其他"统计量人"的思维来理解社会。这种做法从本质上来讲是"反社会学"的，因为它认为社会是个人行为的结果，把人而非社会看成第一性的实体。而弗洛伊德、涂尔干以及索绪尔等人所代表的结构主义者都明确反对这种观点，并且试图将解释方式倒转，对"无意识"的强调正是这一倒转工作的切入点。④

"无意识"问题也进一步打通了曼海姆思想中的"特殊"与"普遍"。将知识与社会予以关联，意味着对知识局限性的提示，也就势必带来一种"特殊化"的倾向。对曼海姆来说，特殊化是一种研究工具，"通过对思想中的范畴、含义进行分析"，每一种思想背后的视角以及视角背后特殊的社会境况，都可以被研究者确定进而理解。但这种"特殊化"显然不是曼海姆最终的知识目标，他所追求的是通过"特殊化"来实现诠释学意义上的"视域融合"，借助对于"无意识"的揭示与反思，实现个人与个

---

① Karl Mannheim, *Essays of the Sociology of Knowledge*, London: Routledge & Kegan Paul Ltd., 1959, p.196.
② Karl Mannheim, *Ideology and Utopia*, London: Routledge & Kegan Paul Ltd., 1998, p.59.
③ 林建成：《曼海姆的知识社会学》，郑州：河南人民出版社，2011年，第62页。
④ 乔纳森·卡勒：《索绪尔》，张景智译，北京：中国社会科学出版社，1989年，第95—104页。

人、个人与群体、群体与群体以及文化传统与文化传统之间的对话和理解。①

受卢卡奇的影响,早年的曼海姆参加了许多反对实证主义、倡导人文精神的学术团体活动。但是不同于卢卡奇从马克思主义角度所做的批判,曼海姆主要批评的是实证主义者将知识与世界观互相剥离的企图。在实证主义知识观中,知识的理想形式就是自然科学,即这种知识是可量化的,具有普遍有效性。②曼海姆不同意这种观点,他指出:"只有在一种确定的世界观的基础上,完全可量化和可分析的世界才会显现出来。"③实证主义者追求一种摆脱了主体世界观影响的知识,这在曼海姆看来是不可能成功的。其实很多实证主义取向的社会学家都多少意识到了自己所做研究的历史-社会局限性,但他们常会调用一些方法论修辞来调和实证主义与社会情境的矛盾。曼海姆肯定不会赞同这种做法,相反他会把这种做法进一步纳入知识社会学的分析框架中来解读。

如同弗洛伊德在精神分析中不会对正常人和精神病人的言行做出区分,曼海姆也对知识的"真假"保持现象学的悬置,"这种探求思想之根源而暂时不过问其效度或真假的方式"④,正是知识社会学的特征。不仅如此,曼海姆还试图在更深的层次纠正实证主义者的常见误识,即把社会因素与知识的客观性对立起来。他指出,当我们发现某种思想是由某种社会境况所决定时,并不意味着思想就是错误的,"一种世界观并不一定是错误之源,相反它还常常开启了被其他世界观关闭的知识之门"⑤。

---

① 黄瑞祺:《曼海姆:从意识形态论到知识社会学诠释学》,台北:巨流图书公司,2000年,第171页。
② 张建忠:《曼海姆知识社会学思想研究》,上海:上海人民出版社,2013年,第184页。
③ Karl Mannheim, *Ideology and Utopia*, London: Routledge & Kegan Paul Ltd., 1998, p. 150.
④ 黄瑞祺:《曼海姆:从意识形态论到知识社会学诠释学》,台北:巨流图书公司,2000年,第68页。
⑤ Karl Mannheim, *Ideology and Utopia*, London: Routledge & Kegan Paul Ltd., 1998, p. 150.

曼海姆知识社会学中最具洞见的内容当属对知识述行性的体察。在曼海姆笔下,意识形态思想和乌托邦思想分属社会的主导集团(dominant groups)和新兴集团(rising groups),后者具有前者没有的重要特质,即"它内含一种让现实向自己的愿景转化的动力"[1]。乌托邦思想所提供的社会科学知识并不仅仅是规范论述、行动规划或未来愿景,对现实的描述才是它最重要成分。这种表面上扭曲现实的做法恰恰能制造出相应的现实,这意味着在乌托邦和现实之间存在着一种辩证关系。[2] 这种辩证关系蕴含的理论观显然超出了实证主义的界限,但它却在法兰克福学派的批判理论那里获得了共振。[3]

几乎所有的知识论都会指定真理的承载者,对于大多数实证主义者来说,承载者是使用自然科学方法来发现客观事实的社会科学家,对于曼海姆的同胞卢卡奇来说,承载者是唯一能够避免异化的无产阶级,而曼海姆则将这一角色赋予了具有某种特质的知识分子。这些知识分子摆脱了自己所处的社会位置,超越了阶级利益,能看到知识与社会之间的必然关联却又保持着充分的反身性。面对着思想和政治乱象,他们有着救赎性格,愿意"在漫漫长夜里扮演守夜人的角色"[4]。不难看出,曼海姆本人,这个漂泊不定的知识社会学家,正是守夜人的最好人选。

三、彼得·伯格:知识社会学的最强音

1933年,纳粹开始清洗犹太人,曼海姆被迫移居英国。为了推动知识社会学在英语学界的本土化,曼海姆做了大量努力。他在英文版中对

---

[1] 彼得·伯格、托马斯·卢克曼:《现实的社会建构:知识社会学论纲》,吴肃然译,北京:北京大学出版社,2019年,第14页。
[2] Karl Mannheim, *Ideology and Utopia*, London: Routledge & Kegan Paul Ltd., 1998, p. 179.
[3] 黄瑞祺:《曼海姆:从意识形态论到知识社会学诠释学》,台北:巨流图书公司,2000年,第139页。
[4] 黄瑞祺:《曼海姆:从意识形态论到知识社会学诠释学》,台北:巨流图书公司,2000年,第5页。

《意识形态与乌托邦》进行了改写,也用英文出版了许多著作的修订版,这些著作在美国社会学界产生了广泛影响。

尽管如此,在20世纪前半叶美国社会学的大环境中,由于自身的哲学气质和历史气质,知识社会学总体上还被视为一种"老式的、带有欧洲风的边缘学科"①。1966年,与曼海姆一样同为移民的两位美国社会学家彼得·伯格和托马斯·卢克曼出版了名著《现实的社会建构:知识社会学论纲》,打破了知识社会学在美国的旧有学科形象。该书试图用"社会建构主义"这一知识社会学的分析框架来化解"结构—行动"这一社会学学科的基础问题,将知识社会学"从社会学理论的边缘移至中心"②。这一做法对70年代之后的西方人文社会科学产生了极其广泛的影响,深刻改变了人们对于社会问题的解读方式。在目前谷歌学术的统计中,《现实的社会建构》一书的被引量超过了《经济与社会》《新教伦理与资本主义精神》《自杀论》等经典著作,可谓奏响了知识社会学的最强音。

伯格主张,知识社会学应该关注常识而非思想,因为常识"构造出了所有社会赖以维系的意义之网"③。常识显然与社会背景之间存在着紧密关联,这一点人们都不会否认。反对建构论的社会学家会指出,常识的确是"社会决定的",但社会科学知识与常识不同,前者不接受社会决定论的解读。伯格则破除了社会科学家这种圣俗二分的看法,把知识分子与他们创造的社会科学知识也纳入了社会建构论的分析框架中,并做出了极其精彩的论述。

在伯格的笔下,"象征世界"(symbolic universe)是社会科学知识的最高形式。当不同的象征世界发生冲突时,能获胜的一方并不是更"精巧"或更"符合客观事实的",而是更有权力的。曼海姆笔下那些持有意识形

---

① 彼得·伯格、托马斯·卢克曼:《现实的社会建构:知识社会学论纲》,吴肃然译,北京:北京大学出版社,2019年,第6页。
② 彼得·伯格、托马斯·卢克曼:《现实的社会建构:知识社会学论纲》,吴肃然译,北京:北京大学出版社,2019年,第24页。
③ 彼得·伯格、托马斯·卢克曼:《现实的社会建构:知识社会学论纲》,吴肃然译,北京:北京大学出版社,2019年,第20页。

态和乌托邦观点的知识分子,到了伯格这里就被描述成"官方定义"的捍卫者和挑战者,他们眼中的"现实"来自各人所处的制度空间位置。① 这种尼采式的观点并不是虚空的理论预设,伯格在书中提供了大量的历史证据。

伯格在《与社会学同游》一书中所做的著名的"木偶"比喻非常动情地阐述了社会学在揭示"无意识"方面的学科任务②,这一观点在他的知识社会学中有着更为系统化的表述,这种表述是通过对"物化"(reification)现象的批判来完成的。"物化就是把人类活动的产品当作非人类产品",知识就是产品的一种。普通人或知识分子在遭遇某种知识时常常会忘记它的人造属性,这种现象也普遍"存在于理论思维中,特别是存在于社会学思维中"③。而知识社会学有助于矫正这种物化倾向,这种矫正与叶启政对本土化的知识期望并无二致。伯格认为,帕森斯的结构功能主义天生就带有将社会现象物化的危险④,这种评价其实响应且深化了曼海姆对于意识形态的批评。

知识社会学的研究旨趣始于研究者对于知识的特殊性的觉察,但这种觉察只是起点。知识社会学"这门学科要关注的不仅仅是'知识'的社会差异,它同样关注人类社会在确立'现实'之时所遵循的普遍法则"⑤,这种普遍法则指向了"人与社会的关系"这个社会学的根本问题,它促进了人们对于历史进程和当代社会的理解,为宗教学、心理学、哲学人类学等学科做出了社会学视角的贡献。⑥

---

① 彼得·伯格、托马斯·卢克曼:《现实的社会建构:知识社会学论纲》,吴肃然译,北京:北京大学出版社,2019年,第155页。
② 彼得·伯格:《与社会学同游:人文主义的视角》,何道宽译,北京:北京大学出版社,2014年,第205页。
③ 彼得·伯格、托马斯·卢克曼:《现实的社会建构:知识社会学论纲》,吴肃然译,北京:北京大学出版社,2019年,第111—115页。
④ 彼得·伯格、托马斯·卢克曼:《现实的社会建构:知识社会学论纲》,吴肃然译,北京:北京大学出版社,2019年,第233页。
⑤ 彼得·伯格、托马斯·卢克曼:《现实的社会建构:知识社会学论纲》,吴肃然译,北京:北京大学出版社,2019年,第5页。
⑥ 彼得·伯格、托马斯·卢克曼:《现实的社会建构:知识社会学论纲》,吴肃然译,北京:北京大学出版社,2019年,第231—236页。

作为人文主义社会学的旗手,尽管伯格尽可能回避了对实证主义的直接批判,但他的知识社会学蕴含着清晰的反实证主义立场。伯格说道:"如果实证主义被理解为定义社会科学对象的哲学立场,并以这种方式把社会科学中那些最重要的问题加以合法清除,那我们的方法就是非实证主义的。"①实证主义者追求理论与经验的一致性,并将其视为真理的发现,这在伯格眼中可能正是"物化"思维的体现。从这个意义上来讲,实证主义社会学天生就带有一种保守主义的特质。

在理论与现实关系的问题上,社会建构主义所主张的辩证关系也意味着对理论的述行性的肯定:"对现实的定义有着自我实现的潜能。即使理论在刚被发明者构思出来时极端晦涩,它们也可以在历史中得到实现,在英国国家博物馆的阅读室中忧思的马克思便为这一历史可能性提供了众所周知的例证……所有的象征世界和所有的正当化都是人类产品,这种认识对社会学来说是最根本的东西。"②

作为阿尔弗雷德·舒茨的学生,伯格和卢克曼将现象学作为社会建构主义的分析起点,这就意味着他们的两个分析预设:将知识的真假予以悬置;回归日常生活世界。在将常识作为分析对象时,知识社会学无须关心常识的"对错",它关心的是所有常识共有的"理所当然"的性质。这种性质决定了人们对其如何学习、理解、运用、转换,而日常生活中的面对面互动也构成了一切制度化的基础。③

《现实的社会建构》一书被许多身份政治运动的参与者看成行动纲领,这其实是对此书一定程度上的误读,因为社会建构主义所提出的辩证关系并不是要将行动置于结构之上,它实际是一种互构色彩的理论。不过,对称思想所引发的现实后果往往就是不对称的,更何况在将帕森

---

① 彼得·伯格、托马斯·卢克曼:《现实的社会建构:知识社会学论纲》,吴肃然译,北京:北京大学出版社,2019年,第235页。
② 彼得·伯格、托马斯·卢克曼:《现实的社会建构:知识社会学论纲》,吴肃然译,北京:北京大学出版社,2019年,第157—158页。
③ 彼得·伯格、托马斯·卢克曼:《现实的社会建构:知识社会学论纲》,吴肃然译,北京:北京大学出版社,2019年,第25—59页。

斯作为论战对象之时,伯格所做的论述必然避免不了浓厚的文化相对主义气质。在分析海地的伏都心理学时,伯格就肯定了伏都治疗法的合理性,表现出了与实证主义取向的美国社会学家截然不同的立场。①

四、大卫·布鲁尔:社会学帝国的"皇帝"

曼海姆在阐释自己的知识社会学思想时,对数学和部分自然科学表现出了"不够彻底"的态度。他认为,虽然知识社会学是社会科学研究的一项有效工具,但这种分析方式很难运用于 $2\times2=4$ 这种知识。② 曼海姆的这个立场标明了知识社会学的限度,也获得了外界最多的接纳。

自20世纪70年代开始,曼海姆为知识社会学分析所划定的界限逐渐遭遇挑战。一些欧美社会学家开始主张,自然科学甚至数学并不能豁免于知识社会学的分析,这些学者汇聚到名为科学知识社会学(sociology of scientific knowledge, SSK)的旗帜下,主张在自然科学的知识论叙事中用建构主义替代实证主义,掀起了一轮褒贬不一却影响广泛的思想运动。

SSK的出现有着深刻的思想背景和社会背景③,科学知识社会学家们用社会建构主义来解构自然科学知识的做法,又反过来刺激了以女性主义为代表的社会运动思潮,这就给那些持传统知识观和政治观的知识分子带来了很大冲击。由于人文社会科学领域中存在着普遍的"政治正确",于是一些自然科学家率先站出来,对科学知识社会学和它主张的社会建构主义提出了质疑和对抗。1996年爆发的"索卡尔诈文事件"将这种对抗推向了顶点,批评者纷纷指责SSK的"社会学帝国主义"。

---

① 彼得·伯格、托马斯·卢克曼:《现实的社会建构:知识社会学论纲》,吴肃然译,北京:北京大学出版社,2019年,第217—220页。
② Brian Longhurst, *Karl Mannheim and the Contemporary Sociology of Knowledge*, London: The Macmillan Press Ltd., 1989, p. 45.
③ 赵万里:《科学的社会建构:科学知识社会学的理论与实践》,天津:天津人民出版社,2002年,第11—44页。

这个社会学帝国的心脏在英国爱丁堡大学,现爱丁堡大学荣休教授大卫·布鲁尔(David Bloor)就是这个帝国中的"皇帝"式的人物。这一比喻并不是在描述布鲁尔的人格特征,而是说相较于其他科学知识社会学家来说,布鲁尔对于 SSK 的阐述最为深刻、系统、自洽。

布鲁尔在其影响力最大的著作《知识和社会意象》中直面了曼海姆对于数学和自然科学知识的保留态度。他同样以 $2×2=4$ 为例开展论证,主张数学也适用于知识社会学的分析。① 在阐述自身工作的意义时,布鲁尔说道:"由于社会学只把科学所具有的一个维度当做某种复杂的文化现象来研究,所以社会学家永远无法说明与科学有关的任何东西。然而我相信,社会学可以取代以前由科学哲学家提供的许多真知灼见,并且可以进一步推进这些真知灼见。"②

布鲁尔知识社会学的核心是他提出的"强纲领"(strong programme)。所谓"强",指的就是在进行知识社会学分析时不能有所回避,要坚信在所有类型的知识背后都有相应的社会因素在起着决定作用。显然,在布鲁尔看来,曼海姆的知识社会学倡导只是一种"弱纲领"。

强纲领具体包括四个信条:

1. 因果信条。知识社会学应当关注信念或知识陈述产生的社会条件,以及与社会条件共同作用的其他原因。

2. 公正信条。知识社会学应该公正对待真理/谬误、理性/非理性、成功/失败。正反两方面都需要被解释。

3. 对称信条。解释正反两方面时,所用的原因应该是一样的。

4. 反身信条。知识社会学的解释应当能够应用于社会学自身。③

可以看到,因果信条反映了知识的"存在决定论";公正信条和对称

---

① 大卫·布鲁尔:《知识和社会意象》,艾彦译,北京:东方出版社,2001年,第133—249页。
② 大卫·布鲁尔:《知识和社会意象》,艾彦译,北京:东方出版社,2001年,"中文版作者前言"第1页。
③ David Bloor, *Knowledge and Social Imagnery*, Chicago: The University of Chicago Press, 1991, p.7.

信条意味着需要对研究对象做现象学的悬置;反身信条旨在解决"曼海姆悖论",它对研究者的反身性提出了很高要求。对不少研究者来说,这四个信条不太好理解,即便理解了也很难接受。比如人们在分析美国的航天飞机事故时,能够找出某些工作人员的失职或管理制度的漏洞作为内在原因,而螺丝松动等物理原因只是人为原因的后果。但是当航天飞机成功发射时,人们往往就不会将人或制度当成内在原因。人们会认为,航天飞机之所以能够成功发射,内在原因是物理学定律,人和制度所起的只是外部作用。这种司空见惯的理解就不符合上述的公正信条和对称信条,而强纲领就试图揭示人们在理解自然科学问题时所表现出的这种对"社会"范畴的"无意识",这一思路后来在拉图尔等人那里得到了发扬光大。[1]

布鲁尔深受后期维特根斯坦的启发,他的知识社会学并不像某些SSK学者那样服务于特定的政治目标,而是要对西方传统的认识论基础发难。通过对"硬科学"的社会学分析,布鲁尔重估了涂尔干、斯金纳和米塞斯等人的社会科学,更进一步尝试着对心身关系、意义、同一性、自然状态、社会规范等西方思想中的核心议题做出新的解读。[2]

作为社会建构主义的嫡子,科学知识社会学与实证主义存在着根本的立场差异。实证主义所主张的以事实证明理论、感觉和物理测量是基础判据、科学依靠证伪推动等观点,都受到了SSK研究者的严厉批驳。[3] SSK研究者主张回到真实的科学实践中来认识科学,因此他们开展了大量的实验室日常研究,批判了以波普尔的科学哲学为代表的(后)实证主义。[4]

---

[1] Bruno Latour, *Resembling the Social*, Oxford: Oxford University Press, 2005.
[2] David Bloor, *Wittgenstein: A Social Theory of Knowledge*, London: Macmillan Education, 1983; David Bloor, *Wittgenstein, Rules and Institutions*, London: Routledge & Kegan Paul Ltd., 1997.
[3] 大卫·布鲁尔:《知识和社会意象》,艾彦译,北京:东方出版社,2001年,第35—67页。
[4] 巴里·巴恩斯:《科学知识与社会学理论》,鲁旭东译,北京:东方出版社,2001年;迈克·马尔凯:《科学与知识社会学》,林聚任译,北京:东方出版社,2001年。

许多社会科学家否定社会科学与哲学的联系,甚至以贬低哲学的方式来树立自身的学科形象,科学知识社会学坚定反对这种做法。它先是揭示出了很多社会科学家或明或暗的科学哲学观点,并进一步从社会学的角度指出了这些观点的谬误。布鲁尔的学生、SSK的骨干人物唐纳德·麦肯齐就以诺贝尔经济学奖为案例,指出了金融学理论的述行性,澄清了以经济学为代表的当代社会科学方法论话语中的迷思。①

布鲁尔毫不掩饰自己的文化相对主义主张。在《知识和社会意象》一书中,布鲁尔将西方文化与英国人类学家埃文斯-普理查德所研究的非洲阿赞德人的巫术做了比较。了解阿赞德人巫术的西方人,通常都觉得该巫术存在根本的逻辑矛盾,因此阿赞德人的文化是相当非理性的。布鲁尔则主张一种换位的批判:如果有一个来到英国从事人类学研究的外国人类学家,那他也能在英国文化里找到同样的东西,但这种判断肯定就不会被英国人认可。② 布鲁尔的这种分析方式和观点带有浓郁的后期维特根斯坦风格,响应了彼得·温奇等解释社会学家的文化相对主义。这种文化相对主义看上去有悖人类对于文明的主流理解,实际却具有真正的逻辑合理性。③

五、社会学本土化:一个合理的"悖论"

到这里我们可以将叶启政的本土化理论与上述西方知识社会学代表人物的观点做一个比较(表1),可以看出,"社会学本土化"这一知识社会学的纲领紧密贴合于西方知识社会学的学科逻辑,因此如果要从学科纪律和学科规范的角度来批评它,是很难说得通的。事实上,知识社

---

① Donald MacKenzie, *An Engine, Not A Camera: How Financial Models Shape Markets*, Cambridge: MIT Press, 2006.
② 大卫·布鲁尔:《知识和社会意象》,艾彦译,北京:东方出版社,2001年,第138—145页。
③ 邱慧:《非理性还是不同的合理性——阿赞德人的案例》,《自然辩证法研究》2004年第5期。

会学自身的发展,尤其是曼海姆和伯格的工作就体现了欧洲思想在美国的本土化。更进一步来说,对比谢宇的论述,我们也就不难发现本土化争议背后的深层原因,这就是西方社会学的多元性,同一学科名称下的学者在方法论立场上存在着巨大的分歧。

表1 叶启政的本土化理论与西方知识社会学的比较

叶启政的本土化理论	曼海姆	伯格	布鲁尔
知识的存在决定论	√	√	√
对知识的尼采式理解	√	√	
揭示无意识	√	√	√
从特殊"回转"到普遍	√	√	√
批判实证主义	√	√	√
理论的述行性	√	√	√
现象学悬置	√	√	√
回到日常生活世界		√	√
研究者的反身性	√		√
文化相对主义		√	√

虽然"本土化"在字面上体现着本土学者对西方社会学的反抗,但它在学术逻辑上却反映了西方知识社会学的主要理论追求,更体现了20世纪整个西方思想界在认识论方面的社会学转向。① 我们从近几十年西方经济学和政治学的发展也能发现这一点,只不过它们对社会学思维的融入有着各自的独特方式。面对着这样一种思想潮流,社会学家究竟应该表现出什么样的理论态度和实践反应,的确是一个容易引发争辩的问题。

从知识社会学自身的角度来看,"社会学本土化"所呈现的"以西方反西方"的悖论恰恰是合理的。曼海姆曾以"星座"为喻,从思想史的角

---

① 赵万里:《科学的社会建构:科学知识社会学的理论与实践》,天津:天津人民出版社,2002年,第85—113页。

度阐释了知识社会学的理论精神。① 他认为,知识社会学本身就是西方现代性的一环,西方近代思潮中的一些因素结合在一起,形成了知识社会学的"问题星座",昭示了知识社会学的气质和命运。这些因素中最重要的就是思想的自我超越和自我相对化,尽管它天生带有逻辑上的吊诡(logical paradox),但它带来了现代人心灵上的"自我揭穿转折"(unmasking turn of mind),进而深刻影响了现代社会的走向与面貌。② 作为这一历史过程的参与者、见证者和阐释者,社会学家究竟要摆脱还是要珍视这种强烈的"自我否定"气质,是一个值得深思的问题。美国社会学家阿尔文·古尔德纳(Alvin Gouldner)在《西方社会学正在到来的危机》中说,像社会学家一样生活就意味着朝向一种反身性的社会学③,叶启政的本土化理论就响应了这一召唤。

---

① Karl Mannheim, *Essays of the Sociology of Knowledge*, London: Routledge & Kegan Paul Ltd., 1959, pp. 134 - 190.
② 黄瑞祺:《曼海姆:从意识形态论到知识社会学诠释学》,台北:巨流图书公司,2000年,第 80—87 页。
③ Alvin Gouldner, *The Coming Crisis of Western Sociology*, London: Heinemann Educational Books Ltd., 1970, p. 481.

书 评

自戕以绝宗:论鲁迅《孤独者》中的继承法

赵晓力*

在1918年9月15日《新青年》第5卷第3号上发表的《随感录二十五》中,鲁迅写道:

> 最看不起女人的奥国人华宁该尔(Otto Weininger)曾把女人分成两大类:一是"母妇",一是"娼妇"。照这分法,男人便也可以分作"父男"和"嫖男"两类了。但这父男一类,却又可以分成两种:其一是孩子之父,其一是"人"之父。第一种只会生,不会教,还带点嫖男的气息。第二种是生了孩子,还要想怎样教育,才能使这生下来的孩子,将来成一个完全的人。①

"父男"和"嫖男"、"人"父和"孩"父,这两对概念正可为新文化运动确立的新的正反面"父亲"形象张本。但遍览《呐喊》《彷徨》《故事新编》《朝花夕拾》这几本鲁迅主要的文学作品,可以看到鲁迅塑造了众多的"母妇"形象,如单四嫂子(《明天》)、祥林嫂(《祝福》)、长妈妈(《阿长与〈山海经〉》)、眉间尺之母(《铸剑》),以及万母之母女娲(《补天》)。"父

---

* 赵晓力,清华大学法学院副教授。
① 鲁迅:《鲁迅全集》第1卷,北京:人民文学出版社,2014年,第585—586页。

男""嫖男"也好,"人"父、"孩"父也罢,"父亲"的形象,始终是缺席的。①

在鲁迅的思想文本中,从《随感录二十五》,到1919年11月1日《新青年》第6卷第6号发表的《我们现在怎样做父亲》②,一直到鲁迅逝世前留下的遗嘱③,对"父亲"这一角色的思考从未断绝。在文学文本中,这一思考可能隐藏在1925年写下的小说《孤独者》中,它的主人公魏连殳,是一个拒绝做父亲的魏氏后人。④

一、承重孙

"我和魏连殳相识一场,回想起来倒也别致,竟是以送殓始,以送殓终。"⑤这是《孤独者》的第一句话。

第一次送殓,是魏连殳的祖母病逝;第二次送殓,是魏连殳病逝。

魏连殳的祖母去世,魏连殳的角色是"承重孙"。魏连殳死,他的从堂兄弟的儿子跪在他的灵前,继承了宗祧。

什么是"承重孙"?《仪礼·丧服》:"嫡孙。《传》曰:何以期也?不敢降其嫡也。有嫡子者,无嫡孙,孙妇亦如之。"唐贾公彦疏:"此谓嫡子死,其嫡孙承重者,祖为之期。"

有嫡子者,无嫡孙,魏连殳的父亲——魏家的嫡子,早就去世了;嫡子死,嫡孙承其重,魏连殳就是魏家的承重孙。而魏连殳死时,承重的是他的从堂侄:"一个十多岁的孩子伏在草荐上,也是白衣服,头发剪得很

---

① 《五猖会》中鲁迅回忆小时候,父亲偏偏要在他着急看五猖会的节骨眼上背书,背不出就不准去,这里的父亲不过是个普通的严父形象,算不到任何鲁迅自己发明的类型里去。
② 鲁迅:《鲁迅全集》第1卷,北京:人民文学出版社,2014年,第736—738页。
③ 鲁迅:《死》,载《鲁迅全集》第10卷,北京:人民文学出版社,2014年,第117—121页。
④ 选择《孤独者》的另外一个理由是,魏连殳的原型就是鲁迅本人。周作人:《鲁迅小说里的人物》,北京:北京十月文艺出版社,2013年,第231—240页。小说中的"我"名申飞,这是鲁迅用过的笔名之一,小说中魏连殳和申飞的辩论,可以看作鲁迅设想的自己跟自己的辩论。
⑤ 鲁迅:《孤独者》,载《鲁迅全集》第3卷,北京:人民文学出版社,2014年,第30—51页。以下引用该文不再一一注明。

光的头上还络着一大绺苎麻丝。"这个过继给魏连殳,给他披麻戴孝的孩子是下一个承重者。《仪礼·丧服》:"为人后者。《传》曰:何以三年也?受重者,必以尊服服之。何如而可为之后?同宗则可为之后。"

祖母去世时,魏氏宗族的族长、近房,他祖母的母家的亲丁,还有寒石山的闲人,议定了穿白、跪拜、请和尚道士做法事三条,要这个"吃洋教的""新党"遵行。没想到魏连殳全部答应。

装殓也是魏连殳:"那穿衣也穿得真好,井井有条,仿佛是一个大殓的专家,使旁观者不觉叹服。寒石山老例,当这些时候,无论如何,母家的亲丁是总要挑剔的;他却只是默默地,遇见怎么挑剔便怎么改,神色也不动。"

只是到了处置房屋的时候,魏连殳才和亲戚本家发生了矛盾:"连殳要将所有的器具大半烧给他祖母,余下的便分赠生时侍奉,死时送终的女工,并且连房屋也要无期地借给她居住了。"

然而魏连殳才是承重孙。按照中国传统的继承法,宗祧继承是财产继承的前提。① "亲戚本家都说到舌敝唇焦,也终于阻当不住。"

二、从堂兄

《孤独者》写魏连殳与周围人的格格不入,有两条线索,一是他和"S城的人们"的矛盾,一是他和寒石山他的亲戚本家的矛盾。

后一矛盾的核心便是那房子。一天,他的从堂兄带着小儿子上城来,要把那孩子过继给魏连殳。

魏连殳很清楚:"他们其实是要过继给我那一间寒石山的破屋子。我此外一无所有,你是知道的;钱一到手就化完。只有这一间破屋子。他们父子的一生的事业是在逐出那一个借住着的老女工。"

---

① 滋贺秀三:《中国家族法原理》,张建国译,北京:法律出版社,2003年,第95—100页。

宗祧继承是财产继承的前提,魏连殳懂得,从堂兄也懂得。大功同财①,而这个从堂兄并不是和魏连殳同一个祖父的大功亲。要得到那一间寒石山的屋子,只有过继一个孩子给魏连殳。当年魏连殳的父亲去世,本家们要他在笔据上画花押,已经打过一次那房子的主意了。

那时,那个叫魏连殳的孩子大哭着的时候,他还不懂得这继承法;现在,他懂得了。

面对这个继承法,小说中的"我"——申飞聪明地总结道:"总而言之:关键就全在你没有孩子。你究竟为什么老不结婚呢?"

是的,不结婚就没有孩子,魏连殳没有孩子,按照寒石山的宗法,从堂兄便可以正大光明地把小儿子过继给他,光明正大地继承那房子。

"他诧异地看着我,过了一会,眼光便移到他自己的膝髁上去了,于是就吸烟,没有回答。"

这有什么好诧异的?

三、孩子

魏连殳没孩子,也不打算结婚,但并不是不爱孩子;魏连殳在 S 城租住的那一家房东的孩子,"总是互相争吵,打翻碗碟,硬讨点心,乱得人头昏。但连殳一见他们,却再不像平时那样的冷冷的了,看得比自己的性命还宝贵。听说有一回,三良发了红斑痧,竟急得他脸上的黑气愈见其黑了;不料那病是轻的,于是后来便被孩子们的祖母传作笑柄"。

魏连殳爱房东的孩子大良、二良、三良,一是这几个孩子的母亲去世了,只有一个祖母,这一点正和他相似;另一个是他认为,"孩子总是好的。他们全是天真",孩子的坏都是环境使然。

小说中的申飞第一次与魏连殳辩论,辩题就是"根苗论"与"环境

---

① 《仪礼·丧服》:"继父同居者。《传》曰:何以期也?《传》曰:夫死,妻稚,子幼。子无大功之亲,与之适人,而所适者亦无大功之亲。"郑玄注:"子无大功之亲,谓同财者也。"堂兄属于大功亲,魏连殳这个最亲的从堂兄属于小功亲,不在大功同财的范围之内。

论"。魏连殳持"环境论",申飞持"根苗论":"如果孩子中没有坏根苗,大起来怎么会有坏花果?"

谈话不欢而散,甚至让魏连殳记了申飞三个月的仇,只是后来"他自己竟也被'天真'的孩子所仇视了,于是觉得我对于孩子的冒渎的话倒也情有可原"。

大街上一个还不会走路的孩子,拿着一片芦叶指着魏连殳说"杀",这只不过是一个"坏根苗"的象征。从坏根苗长成坏花果,一个现成的例子就是魏连殳从堂兄的小儿子。魏连殳对这一对父子的评价是:"一大一小","都不像人","儿子正如老子一般"。

后来,魏连殳被攻讦围困,失业乃至穷愁潦倒,大良二良们和他们的祖母一样势利,连他的花生米也不吃了。坏根苗大面积地长成了坏花果。

魏连殳后来的复仇对象,也包括这些孩子们。魏连殳死后,大良二良们的祖母向申飞报告:"他先前怕孩子们比孩子们见老子还怕,总是低声下气的。近来可也两样了,能说能闹,我们的大良们也很喜欢和他玩,一有空,便都到他的屋里去。他也用种种方法逗着玩;要他买东西,他就要孩子装一声狗叫,或者磕一个响头。哈哈,真是过得热闹。前两月二良要他买鞋,还磕了三个响头哩。"

这并不是逗着玩,而是复仇。魏连殳原来看大良二良比自己的性命还宝贝,现在他们在他眼里也变得像狗一样,"不像人"。寒石山的房子,也像鞋子一样,以这种复仇的心态,丢给了他的从堂兄,代价是一个响头。在魏连殳的灵前,"一个十多岁的孩子伏在草荐上,也是白衣服,头发剪得很光的头上还络着一大绺苎麻丝"。

魏连殳所承的"重",终于被寒石山的人承去了。想必那孤苦的老女工,也将很快被逐走了吧。

四、继祖母

从堂兄父子,是坏根苗长成的坏花果;大良二良和他们的祖母,也是坏根苗长成的坏花果:但魏连殳不愿做寒石山这坏根苗上的坏花果。

魏连殳为之恸哭的祖母,并不是他血缘上的祖母。他血缘上的祖母,在他父亲3岁的时候就去世了;魏连殳的母亲,也是年纪轻轻就去世了;魏连殳的父亲随后不久也去世了。抚育他长大的,是他父亲的继母,那个"终日坐在窗下慢慢地做针线"的继祖母,她"管理我,也爱护我,虽然少见笑容,却也不加呵斥",在魏连殳的父亲过世、家道衰落以后,继祖母靠着一针一针做针线,把魏连殳送进了寒石山以外的学堂。

这和魏连殳、和魏连殳的父亲没有血缘,自己也没有亲生儿女的继祖母,受过族人和旁人多少欺凌啊! 在魏连殳小的时候,就连抱他的女工,在正月里也总要指着他亲祖母的遗像,让他拜,让他记住那才是他真正的祖母。

继祖母和别人家的祖母有些不同。魏连殳回忆说:"无论我怎样高兴地在她面前玩笑,叫她,也不能引她欢笑,常使我觉得冷冷的。"

《孤独者》中写了两个"孤独者",一个是魏连殳,另一个就是魏连殳这个一辈子都在做针线的继祖母。一辈子都在做针线的继祖母,多么像一条一辈子织茧的蚕!

作茧自缚,是申飞对于魏连殳的意见。申飞说魏连殳自甘孤独,是"亲手造了独头茧,将自己裹在里面了"。申飞不知,这也曾是魏连殳对做针线的继祖母的意见。

但是,现在轮到魏连殳反问了:"独头茧"——"那丝是怎么来的?"蚕的丝是自己吐的,包裹人的丝呢? 也是人自己吐的吗?

就连魏连殳自己,对这个继祖母,知道她并非亲生后,也因为她的冷,逐渐和她疏远起来了。连接他们的,却是魏连殳痛恨的寒石山的宗法。《仪礼·丧服》:"继母如母。《传》曰:继母何以如母? 继母之配父,与因母同,故孝子不敢殊也。"继祖母因为这宗法的规定,一针一线将魏连殳抚育成人;魏连殳因为这宗法的规定,"一领薪水却一定立即寄给他的祖母,一日也不拖延"。魏连殳当时之所以答应穿白、跪拜、请和尚道士做法事这三条,也是因为这"孝子不敢殊"的宗法。甚至,申飞注意到魏连殳穿的还是"毛边的白衣",即斩衰的孝服,而其实孙为祖母服齐衰(缝边的孝服)就可以了。

宗法将这两个本无血缘的人,结成了祖孙。

为祖母送终的是生前侍奉她的女工,魏连殳当时还在水旱 170 里路外。冷冷度过一生的祖母,在咽气前说了一句魏连殳从没有亲耳听到过的暖话:"为什么不肯给我会一会连殳的呢?"

两天后魏连殳才赶回来。他在祖母的葬礼上大哭,长嚎,"像一匹受伤的狼",并执意"将所有的器具大半烧给他祖母,余下的便分赠生时侍奉,死时送终的女工,并且连房屋也要无期地借给她居住了"。

宗法连接着相依为命的祖孙俩,也阻碍着他们生前的亲近。在寒石山的宗法下度过的祖母的一生,是"亲手造成孤独,又放在嘴里去咀嚼的人的一生"。魏连殳在祖母的灵前第一次意识到:"我虽然没有分得她的血液,却也许会继承她的运命。"

五、"爱"与"恩"

魏连殳在寒石山外的学堂里学的是动物学,毕业却到中学去教历史。魏连殳是否会用动物学讲人的历史?

但鲁迅本人的确用动物学讲过人的历史。1907 年他在日本留学期间,就写过《人之历史》[①],1919 年在《新青年》上发表的《我们现在怎样做父亲》一文,也是用生物学讲"如何做父亲":"我现在心以为然的道理,极其简单。便是依据生物界的现象,一,要保存生命;二,要延续这生命;三,要发展这生命(就是进化)。生物都这样做,父亲也就是这样做。"[②]

人怎么向生物学习做父亲?简单说,就是仅仅扮演进化过程中的一

---

① 鲁迅:《鲁迅全集》第 1 卷,北京:人民文学出版社,2014 年,第 69—78 页。20 年后,1926 年,鲁迅还将这篇旧文收入了文集《坟》。
② 鲁迅:《鲁迅全集》第 1 卷,北京:人民文学出版社,2014 年,第 737—738 页。

环。父母给子女以生命,对这生命,"他也不永久占领,将来还要交付子女,像他们的父母一般。只是前前后后,都做一个过付的经手人罢了"①。

如果我们套用费孝通的概念,鲁迅所说的,就是把父母子女关系,从中国传统的反馈模式改为西方的接力模式。② 不过,鲁迅并不关注,也不反对物质赡养上的反馈,正如魏连殳"常说家庭应该破坏,一领薪水却一定立即寄给他的祖母,一日也不拖延"。

鲁迅反对的是中国反馈模式中的"长者本位":"本位应在幼者,却反在长者;置重应在将来,却反在过去。前者做了更前者的牺牲,自己无力生存,却苛责后者又来专做他的牺牲,毁灭了一切发展本身的能力。""长者本位与利己思想,权利思想很重,义务思想和责任心却很轻。以为父子关系,只须'父兮生我'一件事,幼者的全部,便应为长者所有。尤其堕落的,是因此责望报偿,以为幼者的全部,理该做长者的牺牲。"③

鲁迅认为,长者本位的背后是中国旧观念里的"父子有恩"。要破除长者本位,就要大声地说出"父子间没有什么恩",而仿照生物界④和欧美家庭,树立长者对幼者的"爱":动物挚爱幼子,"不但绝无利益心情,甚或至于牺牲了自己,让他的将来的生命,去上那发展的长途"。

---

① 鲁迅:《鲁迅全集》第1卷,北京:人民文学出版社,2014年,第738—739页。
② 费孝通:《家庭结构变动中的老年赡养问题——再论中国家庭结构的变动》,《北京大学学报》(哲学社会科学版)1983年第3期。费孝通在这篇文章中主要是在抚育、赡养的意义上区分这两种模式的。接力模式只有亲代对子代的抚育,而反馈模式除了亲代对子代的抚育外,还包括子代对亲代的赡养。不过鲁迅的关注点不是物质上的赡养和抚育。另外,中西这两种家庭模式的区别,潘光旦1928年在《中国之家庭问题》中实际上已经提出来了,只不过没有用"接力"和"反馈"这样的术语。潘光旦:《潘光旦文集》第1卷,潘乃穆编,北京:北京大学出版社,1995年,第133—134页。
③ 鲁迅:《鲁迅全集》第1卷,北京:人民文学出版社,2014年,第739页。以倡导优生学闻名的潘光旦也表达过类似的意思:"昔者国人之权利观念不深,于一般之人我交际为然,于家庭中为尤甚;此根本与西方家庭制度异者也。即责任或义务一端亦然。父母对于子女应为之事,每称之曰愿;为儿女婚嫁,曰'了向平之愿';盖显然以儿女之事为一己之事,为一己欲望之一部分,而不能不求满足者。子女之奉养父母,与父母之受其奉养,亦未尝作责任或权利观。"潘光旦:《潘光旦文集》第1卷,潘乃穆编,北京:北京大学出版社,1995年,第135页。
④ "动物中生子数目太多——爱不周到的如鱼类除外",鲁迅:《鲁迅全集》第1卷,北京:人民文学出版社,2014年,第740页。

在鲁迅看来，中国人并不缺这种父母对子女的无利害的"爱"，只是被旧观念里的"恩"的思想污染了：

> 便在中国，只要心思纯白，未曾经过"圣人之徒"作践的人，也都自然而然的能发现这一种天性。例如一个村妇哺乳婴儿的时候，决不想到自己正在施恩；一个农夫娶妻的时候，也决不以为将要放债。只是有了子女，即天然相爱，愿他生存；更进一步的，便还要愿他比自己更好，就是进化。这离绝了交换关系利害关系的爱，便是人伦的索子，便是所谓"纲"。倘如旧说，抹煞了"爱"，一味说"恩"，又因此责望报偿，那便不但败坏了父子间的道德，而且也大反于做父母的实际的真情，播下乖剌的种子。①

魏连殳的继祖母，本来可以做一个"心思纯白，未曾经过'圣人之徒'作践的"村妇，嫁给同样一个"心思纯白，未曾经过'圣人之徒'作践的"农夫，却不幸做了魏连殳爷爷的续弦、魏连殳父亲的继母和魏连殳的继祖母。这是一个怎样的家庭呢？家境还好的时候，"正月间一定要悬挂祖像，盛大地供养起来"，魏连殳亲祖母和母亲的遗像，"穿着描金的红衣服，戴着珠冠"，虽是在离城170里的寒石山，也和《祝福》中鲁四老爷家一样，是一个受过"圣人之徒"作践的宗法礼教之家。她虽然抚育大了魏连殳父子两代人，却一直压抑着自己天然的"爱"，而将之纳入"恩"的轨道，直到临终，才说出了那句魏连殳从没有听到过的暖话："为什么不肯给我会一会连殳的呢？"

六、"爱"与"恨"

祖母的爱本来是非血缘的，却受到了寒石山宗法礼教和"恩"的观念

---

① 鲁迅：《鲁迅全集》第1卷，北京：人民文学出版社，2014年，第740页。

的污染。起初,魏连殳对大良二良们的爱,也是非血缘的,不求回报。大良二良们在一个势利的家庭中生长,"总是互相争吵,打翻碗碟,硬讨点心,乱得人头昏",魏连殳给他们买口琴,却是一人一个,并且嘱咐:"一人一个,都一样的。不要争呵!"

魏连殳在走投无路、做了杜师长的顾问后的一年多时间里形象大变:对大良二良们的祖母,他不再叫"老太太",而是叫"老家伙";对大良二良们,像对待狗一样对待他们,"要他买东西,他就要孩子装一声狗叫,或者磕一个响头"。魏连殳在生命的最后一年,加倍地、加速地实践了他原来所反对的一切。

不求回报的"爱",如何变成了赤裸裸的恨?仅仅是因为生活所迫么?

当杜师长的顾问,在小说写作当时的语境中,并不等于卖身投靠或者自甘堕落。写作《孤独者》时,鲁迅本人已经在政府教育部做了十几年的官员了,包括袁世凯时期也是如此。鲁迅在写《孤独者》时,因为支持女师大的学潮,被当时的教育部长章士钊革职,的确动过去同乡陈仪的军队里"当兵"的念头。[①] 魏连殳当杜师长的顾问,在小说里并不是投靠军阀,不过意味着要和办《学理七日报》的"绅士们"往来,以及每月80元的薪水,而学校小职员的月薪,是每月15元;魏连殳失业后曾央求申飞帮他找抄写的工作,一月二三十元。在魏连殳写给申飞的信中,是这么说的:

> 人生的变化多么迅速呵! 这半年来,我几乎求乞了,实际,也可以算得已经求乞。然而我还有所为,我愿意为此求乞,为此

[①] "当鲁迅先生写《孤独者》时,陈仪(公洽)带兵驻在苏北,是师长。他是陈公威的兄弟,绍兴人。他们和鲁迅先生、许寿裳等曾经同时在日本留学,是要好的。我曾经间接听知,鲁迅先生在四面碰壁时说,'到公洽里"当兵"去!'自然只是一时激愤的话。"钦文:《祝福书》,《新文学史料》1979年第2辑,北京:人民文学出版社,1979年,第216页;汪晖:《论鲁迅小说〈孤独者〉》,《扬州师院学报》(人文社会科学版)1982年增刊第1期,第218—224页。

冻馁，为此寂寞，为此辛苦。但灭亡是不愿意的。你看，有一个愿意我活几天的，那力量就这么大。然而现在是没有了，连这一个也没有了。同时，我自己也觉得不配活下去；别人呢？也不配的。同时，我自己又觉得偏要为不愿意我活下去的人们而活下去；好在愿意我好好地活下去的已经没有了，再没有谁痛心。使这样的人痛心，我是不愿意的。然而现在是没有了，连这一个也没有了。快活极了，舒服极了；我已经躬行我先前所憎恶，所反对的一切，拒斥我先前所崇仰，所主张的一切了。我已经真的失败，——然而我胜利了。

仅仅失业以至于求乞，并不足以让魏连殳改弦更张，只要这个世界上"有一个愿意我活几天的"，为了不使这个人痛心，魏连殳也会像以往那样活下去。

这世界上愿意魏连殳活几天的，以前包括和魏连殳来往的青年，以及魏连殳爱过的孩子，现在连一个这样的人也没有了。魏连殳落魄之后，青年们不再上门，大良二良们连他的花生米也不吃了。

魏连殳这时发现，自己对人间的爱并不是无条件的、不求回报的，哪怕他要求的回报不是花生米，而只是孩子们继续吃花生米的善意。当他发觉这一点时，他觉得自己也不配活下去了。

如果一个要求以爱报爱的人不配活下去，那么那些要求以恩市恩的人也不配。为了那些不愿意魏连殳活下去的人，包括魏连殳往来过的青年和爱过的孩子，也包括魏连殳自己，魏连殳要以活下去报复他们！"爱"经过这样一次转换，变成了"恨"，变成了复仇。魏连殳的"爱孩子"变成了"恨一切人"，包括孩子，也包括自己。

"我已经躬行我先前所憎恶，所反对的一切，拒斥我先前所崇仰，所主张的一切了"，就此而言，魏连殳是失败了，他的"爱的计划"失败了。但就魏连殳在不愿意他活下去的人面前活下去而言，魏连殳又胜利了。

胜利的魏连殳恨着失败的魏连殳,因为那个失败的魏连殳丧失了"爱"的能力。

七、承重者

1919年《我们现在怎样做父亲》一文中,鲁迅在阐述了以"爱"代"恩"的大义之后,非常突兀地提到了易卜生的《群鬼》。欧士华因为父亲遗传的梅毒,央求母亲帮自己吃下吗啡以结束生命。他对母亲说:"我不曾教你生我。并且给我的是一种什么日子?我不要他!你拿回去罢!"

> 这一段描写,实在是我们做父亲的人应该震惊戒惧佩服的;决不能昧了良心,说儿子理应受罪。这种事情,中国也很多,只要在医院做事,便能时时看见先天梅毒性病儿的惨状;而且傲然的送来的,又大抵是他的父母。但可怕的遗传,并不只是梅毒;另外许多精神上体质上的缺点,也可以传之子孙,而且久而久之,连社会都蒙着影响。我们且不高谈人群,单为子女说,便可以说凡是不爱己的人,实在欠缺做父亲的资格。就令硬做了父亲,也不过如古代的草寇称王一般,万万算不了正统。将来学问发达,社会改造时,他们侥幸留下的苗裔,恐怕总不免要受善种学者的处置。①

鲁迅的意思是,在谈论"我们现在怎样做父亲"之前,应该谈论的其实是"我们有资格做父亲吗"。有着身体上的梅毒和精神上的梅毒的人,是没有资格做父亲的。如果连健全地产生下一代也做不到,什么"尽力

---

① 鲁迅:《鲁迅全集》第1卷,北京:人民文学出版社,2014年,第741—742页。

教育""完全解放"之类就无从谈起了。①

> 你究竟为什么老不结婚的呢?
> 他诧异地看着我,过了一会,眼光便移到他自己的膝髁上去了,于是就吸烟,没有回答。

魏连殳就是那些认为自己没有资格做父亲的人之一,他"眼光便移到他自己的膝髁",并不是他的膝髁有什么毛病,魏连殳怀疑的是自己精神上有什么毛病。魏连殳固然不会做"嫖父",但也不会只做"孩父",他心目中的父亲,应该和鲁迅在《随感录二十五》中谈到的那样,是"人父",既会生,又会教;或者像《我们现在怎样做父亲》一文所主张的那样,有动物似的"爱"的本能——不求回报的"爱"的本能。

但他没有。他以为自己是纯粹地施与,但到头来,大良二良拒绝他的花生米这么一个举动就可以击倒他。他恨自己不能"爱",如同他恨周围这个世界不能"爱"。实际上,当他恨自己不能爱的时候,他已经接受了小说中申飞的坏根苗理论:"如果孩子中没有坏根苗,大起来怎么会有坏花果?譬如一粒种子,正因为内中本含有枝叶花果的胚,长大时才能够发出这些东西来。"当他发现这一点的时候,他也和《群鬼》中的欧士华一样,发现自己其实早就被遗传了梅毒。他终于确证,他也是那坏根苗之一。

于是,他当上了杜师长的顾问,凭借新获得的财力和地位杀向周围,也包括自己。

魏连殳最后一年的生命完全是自戕。他来往的人,他的生活方式,他对待大良二良及其祖母的态度,跟以前完全倒了个个儿。魏连殳以往不结婚,是因为他认为父母对子女无条件的爱,在中国已经受到了"圣人之徒"的污染,变成了求回报、要反馈的"恩"。他要破坏这种"父子有

---

① 鲁迅:《鲁迅全集》第 1 卷,北京:人民文学出版社,2014 年,第 743 页。

恩"的家庭观,要用不结婚断绝寒石山的宗法。现在,他把复仇的对象转向了自己,他要绝孤独者之宗,使自己成为世界上最后一个孤独者。

魏连殳最后一次和申飞谈话,说过这么一句话:"人要使死后没有一个人为他哭,是不容易的事呵。"

继祖母这个孤独者,死后还是有人哭的。魏连殳要做得比这更决绝一些。

他以一种狂欢式的生活结束了自己的孤独状态。"三日两头的猜拳行令,说的说,笑的笑,唱的唱,做诗的做诗,打牌的打牌。""水似的化钱","譬如买东西,今天买进,明天又卖出,弄破……"他从堂兄弟、远房侄子为他操办的葬礼,包括那个跪在灵前、承重的小孩,也成为魏连殳设计的这场恨的狂欢的一部分。

小说写他的葬礼,和他的祖母的葬礼,在形式和细节上充满了照应。祖母的葬礼上是魏连殳为祖母穿衣,这次,是"三个亲人"为魏连殳穿衣:

> 不多久,孝帏揭起了,里衣已经换好,接着是加外衣。这很出我意外。一条土黄的军裤穿上了,嵌着很宽的红条,其次穿上去的是军衣,金闪闪的肩章,也不知道是什么品级,那里来的品级。到入棺,是连殳很不妥帖地躺着,脚边放一双黄皮鞋,腰边放一柄纸糊的指挥刀,骨瘦如柴的灰黑的脸旁,是一顶金边的军帽。

魏连殳在葬礼上似乎回到寒石山的宗谱中。但这些敷衍的细节却明明白白地揭露着这里面的虚伪。魏连殳的葬礼上,并没有一个孤独者对另一个孤独者发出的狼似的嗥叫和长啸。孤独者的谱系断绝了。

"我早已豫先一起哭过了。"那才是他自己为自己举办的宗法的葬礼,在那个没有血缘的继祖母的葬礼上。在他死后,在从堂兄弟、远房侄子为他举办的寒石山的葬礼上,在棺材之中,他听人摆布:"他在不妥帖的衣冠中,安静地躺着,合了眼,闭着嘴,口角间仿佛含着冰冷的微笑,冷笑着这可笑的死尸。"

曾经,《我们现在怎样做父亲》的结尾写道:

> 总而言之,觉醒的父母,完全应该是义务的,利他的,牺牲的,很不易做;而在中国尤不易做。中国觉醒的人,为想随顺长者解放幼者,便须一面清结旧账,一面开辟新路。就是开首所说的"自己背着因袭的重担,肩住了黑暗的闸门,放他们到宽阔光明的地方去;此后幸福的度日,合理的做人"。这是一件极伟大的要紧的事,也是一件极困苦艰难的事。①

在继祖母的葬礼上,魏连殳结清了旧账;在自己的葬礼上,魏连殳却没有开辟新路。

八、小结

众所周知,"弑父"是西方文学和文化中一个经久不衰的母题:最远可以追溯到赫西俄德《神谱》中克洛诺斯阉割其父乌拉诺斯,宙斯捆绑其父克洛诺斯②;晚近也可以从加缪的《异乡人》中曲折地看到③。100 年前,在新文化运动重新确定中国的父子继承法,重新界定中国现代"父亲"的概念时,总体上出现了两种思路:一种是父亲的"母亲化"和父爱的"母爱化",其代表作之一,便是朱自清广为传诵的《背影》一文;另一种则是鲁迅在《我们现在怎样做父亲》和《孤独者》之中提出的更为决绝的道路,"弑父"不是将父亲"母亲化"以阉割父亲,而体现为"自戕以绝

---

① 鲁迅:《鲁迅全集》第 1 卷,北京:人民文学出版社,2014 年,第 747 页。
② 赫西俄德:《工作与时日;神谱》,张竹明、蒋平译,北京:商务印书馆,1996 年,第 31、41 页。
③ 赵晓力:《摩尔索的成年礼:加缪〈异乡人〉导读》,载加缪:《异乡人》,张一乔译,北京:北京大学出版社,2015 年,第 129—144 页。

宗",是将父亲的、传统的、过去的"遗毒"彻底从自我身上清除出去。鲁迅在遗嘱中明确地写道:"孩子长大,倘无才能,可寻点小事情过活,万不可去做空头文学家或美术家。"①这也可以看作鲁迅作为新文化的旗手和父亲,给新文化的子子孙孙留下的总遗嘱。

---

① 鲁迅:《死》,载《鲁迅全集》第 10 卷,北京:人民文学出版社,2014 年,第 121 页。

《清华社会科学》投稿指南

一、刊物宗旨

《清华社会科学》是由清华大学社会科学学院主办、商务印书馆出版的综合性社会科学集刊,旨在为社会学、政治学、理论经济学、心理学、国际关系学、历史学等学科和领域提供一个高水平的学术交流平台,现阶段每年出版两辑。本刊坚持学术为本、问题导向,采用编辑部审稿与匿名审稿结合的方式,倡导严谨的学风,鼓励理论、历史和实证研究相结合。

《清华社会科学》常设"专题""论文""评论"和"书评"四个栏目。"专题"栏目围绕主题发表原创性的研究论文;"论文"栏目发表原创性的研究作品;"评论"栏目刊登学术演讲、学术对话、学术综述;"书评"栏目刊登对国内外社会科学经典著作和最新著作的介绍和评论;另不定期设置"特稿"栏目。

二、投稿体例

(一)专题类、论文类来稿除正文外应同时提供英文标题、中英文摘要及关键词、所有作者的单位及职称(或学历)、主要作者的电话和电子邮箱。评论类、书评类来稿除正文外仅须提供所有作者的单位及职称(或学历)、主要作者的电话和电子邮箱。

(二)引证文献采用页下注形式,每页断码排列注释序码。引证文献无须在文末单列。

(三)注释中的非连续出版物,需依序标注作者、文献题名(若系析出文献,依序标注析出文献题名、文集责任者、文集题名)、出版地点、出版者、出版时间、页码。

（四）注释中的连续出版物依序标注作者、文献题名、期刊名、年期（或卷期、出版年）。

（五）注释中的电子文献依序标注作者、电子文献题名、获取或访问路径。

三、说明

（一）来稿请投专用信箱：qhshkx@tsinghua.edu.cn。

（二）来稿录用与否,本刊都会在2个月内通知作者。

（三）来稿一经刊用,即付稿酬并赠刊2册。

四、著作权使用说明

本刊已许可中国知网等网络知识服务平台以数字化方式复制、汇编、发行、信息网络传播本刊全文。本刊支付的稿酬已包含网络知识服务平台的著作权使用费,所有署名作者向本刊提交文章发表之行为视为同意上述声明。如有异议,请在投稿时说明,本刊将按作者说明处理。

图书在版编目(CIP)数据

清华社会科学.第4卷.第1辑/应星主编.—北京：商务印书馆,2022
ISBN 978-7-100-21508-4

Ⅰ.①清… Ⅱ.①应… Ⅲ.①社会科学—文集 Ⅳ.①C53

中国版本图书馆 CIP 数据核字（2022）第 140389 号

权利保留，侵权必究。

清华社会科学
第4卷 第1辑（2022）
应 星 主编

商 务 印 书 馆 出 版
（北京王府井大街36号 邮政编码100710）
商 务 印 书 馆 发 行
江苏凤凰数码印务有限公司印刷
ISBN 978-7-100-21508-4

2022年10月第1版　　开本 700×1000 1/16
2022年10月第1次印刷　　印张 18½

定价：98.00元